A Prova *(como signo)* do Crime

A Prova *(como signo)* do Crime

AS LÓGICAS DA RAZÃO PROBATÓRIA

2024

Eliomar da Silva Pereira

ALMEDINA

A PROVA *(COMO SIGNO)* DO CRIME
AS LÓGICAS DA RAZÃO PROBATÓRIA

AUTOR
Eliomar da Silva Pereira

CONSELHO CIENTÍFICO DA COLEÇÃO *RATIO IURIS*
Alexandre Miguel Mestre, Anja Bothe, Armindo Saraiva Matias, Bárbara Lobo, Bruna Capparelli, Manuel Monteiro Guedes Valente, Maria Constança Urbano de Sousa, Maria João Guia, Pedro Trovão do Rosário, Ruben Bahamonde Delgado

EDITOR
EDIÇÕES ALMEDINA, S.A.
Avenida Emídio Navarro, 81, 3D
3000-151 Coimbra
Tel.: 239 851 904 • Fax: 239 851 901
www.almedina.net • editora@almedina.net

DESIGN DE CAPA
EDIÇÕES ALMEDINA, S.A.

PRÉ-IMPRESSÃO
EDIÇÕES ALMEDINA, SA

IMPRESSÃO E ACABAMENTO
Europress - Indústria Gráfica
Fevereiro, 2024

ISBN
978-989-40-1776-9

DEPÓSITO LEGAL
527797/24

ALMEDINA | GRUPOALMEDINA

Este livro integra o Projeto de I&D: «*Corpus Delicti* – Estudos de Criminalidade Organizada Transnacional», sediado no Centro de Investigação e Desenvolvimento em Ciências Jurídicas da Universidade Autónoma de Lisboa – Ratio Legis, cientificamente coordenado pelo Doutor Manuel Monteiro Guedes Valente.

ÍNDICE

A Deus, pela razão que nos inspira, toda honra deste ensaio, e
a Maria Carolina, por seu amor presente enquanto o escrevia.

APRESENTAÇÃO

O ato de provar um crime – ou qualquer fato juridicamente relevante a um processo, mesmo civil ou administrativo – é um evento problemático. Trata-se de empreendimento mais complexo do que as sentenças judiciais conseguem justificar, os discursos de acusação podem admitir e os relatórios de investigações estão dispostos a revelar. E mais problemático ainda quando se trata de provar organizações criminosas, a partir das quais começamos a pensar esse problema do ato de provar que interessa a todo o processo penal. Este livro integra o Projeto de I&D: *Corpus Delicti – Estudos de Criminalidade Organizada Transnacional* do *Ratio Legis* (Centro de Investigação e Desenvolvimento em Ciências Jurídicas da Universidade Autónoma de Lisboa – Ratio Legis), com coordenação científica do Professor Doutor Manuel Monteiro Guedes Valente, a quem devo meus agradecimentos iniciais pela oportunidade de debater com outros investigadores integrados os diversos problemas que giram em torno das organizações criminosas, de entre eles se destaca *o problema do ato de provar* que constitui o objeto deste ensaio breve.

A abordagem filosófica (e jurídico-criminal) que escolhemos para enfrentar o problema, entretanto, apenas se tornou possível com o estágio pós-doutoral em Filosofia, que frequentei no ano de 2022, no Departamento de Filosofia da Universidade de Brasília (UnB), no âmbito do qual tive a oportunidade de desenvolver pesquisa sobre "as lógicas da razão probatória", sob supervisão do Professor Doutor Luiz Henrique de Araújo Dutra, a quem fica meu agradecimento principal. Sem a interlocução constante com ele, sem suas considerações e objeções, não me teria sido possível trilhar esse caminho filosófico de discussão do problema. O texto que se segue representa o conteúdo dos estudos que concluí nesse programa, cujos capítulos foram publicados previamente em cumprimento a compromissos assumidos com o Programa de Pós-Graduação em Filosofia da UnB, com os títulos abaixo descritos, nas seguintes revistas científicas a que estendo meus agradecimentos:

a) QUAESTIO FACTI (*Revista Internacional sobre Razonamiento Probatorio*, n. 4, Madrid, 2023, pp. 95-121): "Homicídio, infidelidade e sujeiras em quartos de hotel: problemas de significado probatório";
b) REC (*Revista de Estudos Cri*minais, n. 88, Jan/Mar, 2023, pp. 66-90): "Convenção, linguagem e objeto: o problema da referência probatória no processo penal";
c) RBCCRIM (*Revista Brasileira de Ciências Criminais,* v. 31, n. 198, São Paulo, 2023, pp. 211-240): "Verdade e prova: problemas de epistemologia jurídica no processo penal";
d) RBDPP (*Revista Brasileira de Direito Processual Penal,* v. 9, n. 2, Porto Alegre, 2023, pp. p. 913-948): "A complexidade da significação probatória: problemas, dimensões e conteúdo da intencionalidade da prova penal";
e) RBCP (*Revista Brasileira de Ciências Policiais,* v. 14, n. 12, Brasília, 2023, pp. 153-180): "Os sinais do crime: por uma abordagem semiótica das provas".

Não poderia deixar de agradecer também a André Leclerc (UnB), Antônio Suxberger (CEUB), Breno Ricardo Guimarães Santos (UFMT), Emerson Silva Barbosa (ANP/CESP), Gilson Matilde Diana (ANP/CESP), Luiz Henrique de Araújo Dutra (UFSC; UnB), Paulo Alves Santos (UnB) e Sandro Lúcio Dezan (CEUB), por terem participado como palestrantes do Seminário *Verdade, Linguagem & Prova: diálogos entre Filosofia e Direito,* bem como da publicação da coletânea com igual título, que organizei com Jerzy Brzozowski, a quem fica meu agradecimento especial por abraçar essa proposta, bem como ao *Núcleo de Epistemologia e Lógica* do Departamento de Filosofia da Universidade Federal de Santa Catarina, por terem viabilizado o evento e tornado possível a discussão de algumas questões sobre a razão probatória.

Trata-se de tema que vem recebendo cada vez mais atenção de filósofos e juristas, nas discussões teóricas contemporâneas sobre epistemologia e raciocínio probatórios. Este breve ensaio é minha singela contribuição ao debate do tema. Espero que a sua leitura possa ser tão gratificante ao leitor quanto me foi pesquisá-lo e escrevê-lo.

O Autor

INTRODUÇÃO
AS LÓGICAS DA RAZÃO PROBATÓRIA

> "Em sentido geral, a lógica é, ..., apenas um outro nome para *semiótica*..., a quase necessária, ou formal, doutrina dos signos"
>
> (Peirce, C. S. *Elementos de Lógica*)

O PROBLEMA PROBATÓRIO

A notícia de que alguém foi morto nos remete quase imediatamente a pensar que temos um crime de homicídio, mas o fato de que esse mesmo evento pode ser considerado um ato de legítima defesa contra uma injusta agressão ou uma pena de morte contra alguém que cometeu algum outro crime nos sugere que a discussão sobre a prova de um crime não se limita a reunir evidências, concluindo que os fatos falam por si como geralmente ouvimos em discursos de acusação. A mesma dificuldade encontraremos no caso de organizações criminosas, se tivermos como evidência de partida vários registros de ligações telefônicas entre os diversos membros da suposta associação, cujas relações pessoais são anteriores ao processo penal, estabelecidas em razão de contatos sociais, econômicos e políticos que não se tornam ilícitos imediatamente, mas que podem tornar-se prova da associação criminosa. Não se trata, portanto, apenas de escolher entre algumas alternativas significativas, porque, mesmo admitindo apenas um evento referencial, podemos ter mais de um significado simultaneamente. Os exemplos típicos se podem multiplicar no direito penal, trazendo consigo o mesmo problema probatório, que nos interessa discutir nesse estudo.

Isso decorre porque, entre outras razões, antes que qualquer coisa possa adquirir alguma função probatória de qualquer crime, ela terá assumido outras funções prévias em algum contexto diverso do sistema jurídico-penal. A faca usada como instrumento de lesão no restaurante de um hotel é antes uma peça dos talheres da cozinha que foi usada no dia anterior ao crime e continuaria sendo usada para refeições se não tivesse sido recolhida pelos órgãos oficiais de investigação; os produtos furtados de um veículo de transporte, mesmo depois de receptados e vendidos no supermercado concorrente por preços muito mais baratos, não perderiam suas qualidades de produto de alimentação para os consumidores, que continuariam a comprá-los se não tivesse uma notícia-crime que levou à busca e apreensão de todos os enlatados para fins instrutórios do processo penal; e as armas de fogo apreendidas, em posse ilegal de uma organização criminosa, antes faziam parte de um acervo institucional de uso das polícias, às quais poderão voltar após a instrução processual em que serão exibidas ou apenas referidas em algum documento como prova. O que em todos os casos nos permite proceder assim, assumindo algo como prova do crime? O objeto geral de nosso ensaio consiste em tentar responder a essa pergunta, assumindo como pressuposto a ideia de prova como signo do crime, com o que pretendemos argumentar que o estabelecimento da racionalidade probatória passa por um processo de significação, que parte das evidências do crime como sinais.

O fenômeno, contudo, não é exclusivo ao campo do direito probatório penal. Nós o podemos encontrar nas coisas mais ordinárias quando assimiladas como objeto de alguma ciência. Assim, antes de tornar-se uma composição química, a água é reconhecida por suas qualidades para matar a sede; antes de ser descrita segundo as ondas sonoras da física, uma música é identificada pela melodia que nos toca as emoções ou pelo ritmo que nos permite dançar; antes que uma planta ou um animal de estimação possa obter alguma classificação biológica, eles são familiares ao moradores de uma casa; assim, igualmente, o dinheiro para a economia, o ato de poder para a política, a família, a escola e a igreja para a sociologia, tudo possui um sentido prévio ao enquadramento científico, embora possam manter a mesma referência. E se quisermos ser mais radicais, podemos constatar que os significados da água, da música, das plantas e dos animais, do dinheiro e do poder, da escola, da família e da igreja, onde e se houver, não encontrarão iguais significados em todos os espaços culturais, tampouco se os considerarmos todos em perspectiva histórica.

A PROVA ASSUMIDA COMO SIGNO

A prova do crime é precisamente uma boa evidência disso. Basta que pensemos no sistema antigo das provas corporais, no qual se tornar vencedor em um duelo ou sobreviver a uma ordália era prova de inocência de um crime (Mittermaier, 1997; Foucault, 2002), ou inversamente, quando se considerava prova suficiente de autoria de um crime a concordância de duas testemunhas (Ferrajoli, 2008), no sistema medieval das provas taxadas, após a proibição do *iudicium Dei* no IV Concilio de Latrão (1215), pelo Papa Inocêncio III, visando a promover a investigação segundo os princípios da boa razão. As diferenças lógicas que encontramos entre esses antigos sistemas de prova e o sistema contemporâneo de provas científicas nos sugerem que, a partir de uma mesma referência, podemos ter significados probatórios diversos, a nos exigir uma melhor compreensão dos mecanismos de construção desses significados se quisermos ser mais rigorosos com nossas provas. Os exemplos se multiplicam em diversos modelos lógicos de compreensão com que o crime tem sido apreendido historicamente a partir dos diversos sinais que se encontram em torno dele. O *Capítulo 1* deste ensaio está orientado inicialmente a reunir alguns exemplos preliminares, com os quais pretendemos argumentar que qualquer sinal (natural ou artificial) pode ser assumido como prova – rastos, pegadas e digitais; corpos, coisas e instrumentos; sintomas, estigmas e comportamentos; costumes, lágrimas e fragmentos; localização, navegação e comunicação na era da informação – tudo mesmo, desde que os possamos considerar como signos do crime.

É nesse sentido que podemos falar de uma *razão probatória*, como instrumento de transformação de um sinal qualquer em prova de um crime, o que esperamos tornar mais compreensível recorrendo à metodologia semiótica, no sentido que C. S. Peirce (2017b, p. 45) a entendia: "em seu sentido geral, a lógica é, como acredito ter mostrado, apenas um outro nome para *semiótica* (...), a quase necessária, ou formal, doutrina dos signos". Ao dizermos *lógicas*, portanto, antecipamos que com isso pretendemos recusar a ideia de uma única lógica, como a pensava tradicionalmente Nicola

Framarino Dei Malatesta (1996) em sua obra clássica, *A Lógica das Provas em Matéria Criminal*, admitindo uma diversidade de lógicas. Essa não é uma ideia nova, a considerar que atualmente fala-se em várias lógicas, tanto em perspectiva sincrônica – a exemplo do que encontramos na *História da Lógica* de Robert Blanché (2001), quanto em perspectiva diacrônica – a exemplo do que encontramos na *Filosofia das Lógicas* de Susan Haack (2002). Mas o nosso ponto de partida é, antes e sobretudo, a intuição fundamental de John Dewey (1950), para quem as formas lógicas surgem dentro de operações de investigação, o que se torna muito evidente no procedimento de significação probatória de certos sinais que o crime deixa em referência ao objeto de prova, tendo em conta as categorias semióticas de C. S. Peirce (2017b, pp. 46-77), que iremos explorar detalhadamente.

Essa assimilação da semiótica de C. S. Peirce que fazemos no âmbito do processo e das provas penais não é nova. Há algum tempo, Umberto Eco e Thomas A. Sebeok (2014) reuniram alguns estudos que se vinham desenvolvendo difusamente por vários pesquisadores, quase todos convergentes no sentido de uma compreensão das provas do crime segundo uma lógica abdutiva, comparada com as lógicas dedutiva e indutiva (Peirce, 2008, p. 165; 2017a, p. 9). Mas há muito mais que interessa à lógica da prova criminal, tendo em conta as demais tricotomias relativas ao objeto e ao interpretante do signo. E embora em nenhum desses estudos encontremos uma expressa assimilação da prova como signo do crime, não nos é difícil conseguir enquadrar a prova nas diversas tricotomias que encontramos na divisão dos signos de C. S. Peirce, partindo de seu conceito mais geral, segundo o qual o signo é aquilo que se encontra no lugar de um ausente que vem representando nele, desde que se assuma como signo de algo. É a partir dessa intuição que podemos discutir a prova como signo do crime, porque é precisamente o que se passa na atividade prática do processo penal: os diversos sujeitos processuais assumem o que chamam de prova como *representamen* do crime que não está mais presente, mas que requer um julgamento judicial a partir do que está disponível. O *Capítulo 2* desse ensaio está orientado a discutir a concepção teórica de Peirce, em diálogo com outras concepções semióticas, visando especificamente a enquadrar a prova como signo do crime.

O nosso objetivo geral, contudo, é tornar mais compreensível o que certos atos do processo penal (necessariamente locutórios) querem dizer quando afirmam que certos sinais (S) deixados pelo crime (não necessariamente locutórios) "provam que" (*pq*) "alguém" (A) "cometeu" (x) "um crime" (B) – *AxB*, independente de o *enunciado* estar em um ato processual de indiciamento da autoridade investigante, de denúncia do órgão de acusação ou sentença penal do juiz; independente também de a *sentença* vir expressa sob a forma "*X* cometeu um homicídio", "*X* praticou o crime do art. 121", "*X* matou *Y*" ou "*Y* foi morto por *X*", desde que a possamos reduzi-la à *proposição* "*AxB*". A pressuposição básica que assumimos é que *AxB* deve ser assimilado como um *ato ilocucionário assertivo* (Searle, 2002a, p. 19), composto de uma crença verdadeira, cuja *justificação* se encontra nos sinais do crime (S), que podem ser ostentados, referidos ou interpretados como signos, mas sobretudo como "prova que" (pq) um crime foi cometido por alguém (AxB) – *SpqAxB.*

SEMIÓTICA, LINGUAGEM E MENTE

Visando a obter uma mais ampla abordagem do tema, embora partindo da semiótica – considerada aqui como lógica, nos termos que Peirce a entende – nos vimos impelidos a assumir algumas discussões que encontramos na filosofia da linguagem, inicialmente, bem como por fim na filosofia da mente. Assim, no conjunto, aspectos relevantes dessas três perspectivas se encontram no desenvolvimento do estudo, por razões que gostaríamos de deixar claras ao leitor desde essa introdução, permitindo-lhe caminhar entre os diversos capítulos com consciência das escolhas do autor.

Inicialmente, a ideia era apenas submeter a prova do crime ao discurso metodológico da semiótica, recorrendo aos textos clássicos de Peirce, bem como ao desenvolvimento de sua teoria básica, como encontramos em Elisabeth Walther-Bense (2010), chegando ao tratado mais geral de Umberto Eco (2014). Contudo, tornou-se claro desde o início que o exemplo mais bem sucedido de análise semiótica se encontrava nos estudos linguísticos que partiram da concepção básica do *Curso de Linguística Geral* de Ferdinand Saussure 2012), tornando-se incontornável recorrer aos estudos da filosofia da linguagem acerca dos problemas da significação. Mas a intuição básica de que nos valemos parte ainda de uma das classificações dos signos que encontramos em Peirce, para quem, do ponto de vista do objeto, os signos podem ser *ícones, índices* e *símbolos,* mas agora buscando entender o que os tipos icônicos e indiciais podem ter em comum com os tipos simbólicos, nos quais se encontra a linguagem. Por isso, alguma vantagem heurística nos parecia ser possível obter dessa aproximação, sobretudo porque, além das similaridades primárias entre os diversos tipos, em algum momento o problema probatório precisa ser enfrentando nos enunciados linguísticos documentados em processo penal, tornando as questões da linguagem incontornáveis. Todas essas questões se encontram discutidas no *Capítulo 2*, no qual esperamos tornar mais clara as razões dessa aproximação entre lógica e linguagem na discussão da função probatória como questão de significação.

Ao entrar na discussão específica da significação, contudo, embora admitindo as aproximações possíveis entre linguagem e prova, acabamos sentido a necessidade de recorrer à filosofia da mente, porque muito do que nos interessa entender, em matéria de prova considerada como signo, antes que se possam estabelecer enunciados probatórios linguísticos, passa por entender os mecanismos dos estados mentais como crenças em certas provas, em termos de intencionalidade da mente[1]. Nesse ponto, a teoria de J. R. Searle (2002b) acabou nos sendo essencial para compreender uma distinção fundamental entre os conteúdos representativos e os modos psicológicos com que a mente impõe intencionalmente aos sinais uma função probatória. A considerar que mesmo Searle teve como modelo de comparação a teoria dos atos de fala de John Austin (2020), buscando aproximar o que havia de similar entre a intencionalidade da mente e a intencionalidade da linguagem, tornou-se claro que podíamos falar de uma intencionalidade da significação probatória como algo que se coloca entre a mente dos sujeitos processuais e a linguagem dos atos processuais. É o que esperamos deixar claro no *Capítulo 3*.

Essa passagem da filosofia da linguagem para a filosofia da mente, que se encontra em nosso estudo, não é algo estranho ou inovador na comunidade filosófica, a considerar os movimentos observados na filosofia contemporânea, como nos explica William G. Lycan (2022, p. 15), sendo possível encontrar muitos filósofos que recentemente tem se dedicado a estabelecer relações entre linguagem e mente. O próprio Searle procedeu assim, partindo de teoria dos atos de fala (2002a) para uma teoria da mente (2002b), embora, não nos pareça que possamos concordar com ele, ao supor que "a filosofia da linguagem é um ramo da filosofia da mente", com base no que ele defende a ideia de uma intencionalidade da mente derivada da intencionalidade da

[1] Devo especificamente a Luiz Henrique de Araújo Dutra ter-me chamado a atenção para a relevância da intencionalidade no problema da significação probatória.

linguagem. Se tivermos em conta o *emergentismo* defendido por Luiz Henrique de Araújo Dutra (2021a, 2021b, 2021c), como pressupomos neste estudo, a linguagem pressupõe a mente, mas também outras condições de base, que fazem dela um emergente distinto da mera aglomeração dos níveis anteriores, assim como a sociedade pressupõe mente e linguagem. Essa abordagem terá relevância na forma como compreendemos a significação probatória, não apenas limitada à mente individual dos sujeitos processuais, tendo em conta outras condições de base que se encontram na linguagem e na sociedade. É o que esperamos deixar claro em vários pontos dos *Capítulos 4* e *5*, nos quais iremos falar de referência e significado como questões específicas do processo de significação.

SIGNIFICAÇÃO, SIGNIFICADO E SENTIDO

Ao falarmos de prova como signo, essa decisão teórica nos permite reconduzir a discussão sobre a racionalidade probatória para uma questão de significação. Contudo, a oscilação entre linguagem e mente, nas nossas discussões semióticas acerca das provas, ora considerando-as segundo os enunciados probatórios documentados em um processo penal, ora considerando-as segundo as crenças dos sujeitos processuais, nos colocaram em uma situação terminológica difícil de resolver. Ao longo do texto, em vários pontos buscamos explicar nossas escolhas, mas nos parece que uma advertência geral preliminar pode ajudar o leitor a orientar-se melhor, bem como até a permitir-lhe fazer alguma correção nas passagens em que não nos tenhamos mantido rigorosamente na terminologia adotada. A nossa escolha explícita foi pela terminologia da filosofia da linguagem, na qual a significação é um termo abrangente, em que podemos distinguir entre *significado*, *sentido* e *referência*, nos termos que nos sugere Luiz Henrique de Araújo Dutra (2017, pp. 46-48), para quem *significado* é uma propriedade das sentenças, ao passo que a *referência* é uma propriedade de palavras, que se pode entender como *denotação* em contraste com a *conotação*, pela qual se pode entender o *sentido*, tanto de palavras, quanto de sentenças. Mas, embora possamos entender a diferença entre *significado* e *sentido* em relação a expressões linguísticas, admitimos que se pode ter alguma dificuldade de imaginarmos como usar os termos em relação aos sinais assumidos como provas, antes de chegarmos aos enunciados, quando ainda se encontram na mente dos sujeitos processuais.

Se tivermos em conta a filosofia da mente, nos termos que nos explica J. R. Searle (2002b), ao distinguir na estrutura dos estados mentais o conteúdo representativo e o modo psicológico de intencionalidade, o *significado* e o *sentido* parecem entender-se apenas como modos distintos de estados mentais, mas não há nada na teoria de Searle que nos permita esboçar alguma distinção entre eles. Se estivemos correto, contudo, significado e sentido se podem entender como modos de intencionalidade, entre outros tantos possíveis, embora Searle se dedique especificamente apenas a discutir o significado como tipo de intencionalidade, assim como o fizemos em nosso ensaio, ressaltando apenas a possiblidade de falar de sentido em certos enunciados probatórios. Isso decorre porque as noções terminológicas que encontramos na filosofia da linguagem parecem ser adequadas à aplicação de expressões linguísticas, embora estas tenham antes um estado mental intencional. Buscando alguma distinção na psicologia – entre significado e sentido – encontramos na teoria de Vigotski (2005, p. 181) a ideia de que há um predomínio do sentido sobre seu significado, porque este seria apenas uma das zonas de sentido, mais estável e preciso, como a dizer que temos um significado entre outros possíveis no espaço maior de sentido. O sentido, nesses termos, seria algo anterior e mais amplo, dentro do qual se movimentam os significados. Mas essa concepção não nos ajudaria, porque se coloca em frontal discordância com a tradição da filosofia analítica com que iniciamos nossa abordagem das provas como signos comparadas aos signos linguísticos, para os quais ao final convergem todos os enunciados probatórios.

Quando lemos os escritos de Gottlob Frege (1978) sobre lógica e filosofia da linguagem, especialmente aquele que fala "sobre o sentido e a referência" (no original *Über Sinn und Bedeutung*), ficamos inicialmente com a impressão de que sua noção de sentido corresponde ao que muitos chamam de significado, mas em certas passagens percebemos que é algo mais específico, e dessa forma, comparado a Vigotski, parece seguir o caminho inverso. Willard Von Orman Quine (2011a, p. 21), ao discutir os exemplos de Frege – sobre "Estrela da Manhã" e "Estrela da Tarde", por sua vez, parece não fazer nenhuma diferença entre sentido e significado. Mas, é claro, temos alguns problemas complementares também de tradução. É possível encontrar oscilações na tradução do título original alemão de Frege, assumindo *Sinn* tanto como *sentido*, quanto como *significado*, e *Bedeutung*, tanto como *significado*, quanto como *significação* em português (Dutra, 2017, p. 46-47). A tradução que usamos, contudo, fala em *sentido* e *referência*, seguindo aquela que também parece se ter estabelecido em língua inglesa, que fala em *sense* e *reference*[2]. Ao falar, contudo, de *Sinn*, há ainda quem no inglês se utilize de *meaning*, que tem sido traduzido por significado, além de outros termos como *significance* e *signification*, a exemplo do que encontramos em Russell (1966). Trata-se, realmente, de um problema terminológico que não esperamos encontrar consenso, tampouco esperamos ver resolvido no âmbito de nosso estudo, mas pelo menos optamos por fazer nossas escolhas orientadas pelas sugestões de Luiz Henrique de Araújo Dutra (2017, p. 47ss), segundo o qual há diferenças entre significado e sentido como se segue melhor explicado.

Se tivermos em conta o exemplo clássico de Frege (1978, p. 72), sobre a "Estrela da Manhã" e "Estrela da Tarde" – que são a mesma estrela, devemos iniciar entendendo que essas duas expressões, embora tenham a mesma referência, assumem sentido diferentes. Mas Dutra (2017, p. 47) nos dá um exemplo ainda mais claro, ao demonstrar que duas expressões podem ter até mesmo um único significado, como "João está correndo" e "João está a correr", porque expressam uma mesma proposição, embora não contenham o mesmo sentido. Se pensarmos em termos linguísticos, essas diferenças se podem observar em enunciados distintos da acusação e da defesa, nos quais cada um ao seu modo tentam enfatizar o aspecto que lhe aproveita em uma discussão, mesmo admitindo a referência e o significado iguais. Seria o caso, por exemplo, de uma discussão acerca do elemento subjetivo do tipo penal (dolo ou culpa), em que a acusação pretende enfatizar que o autor do crime queria o resultado, enquanto a defesa, embora admitindo que o autor o queria, apenas o fez em defesa de terceiro. Assim, a acusação poderá dizer que "X pretendia defender Y, mas matou Z", enquanto a defesa dirá que "X matou Z, mas pretendia defender Y". As duas expressões podem estar se referindo ao mesmo fato, não estando isso em discussão, bem como podem expressar o mesmo significado probatório que se deram às evidências do caso, mas cada um ao seu modo, buscando enfatizar um sentido diferente, que aparece mais explicitamente na linguagem, mas que antes se encontra no modo psicológico de intencionalidade de cada sujeito processual.

Assim, para deixarmos clara a terminologia usada ao longo de nosso estudo, ao falarmos de prova como signo do crime, pensamos em discutir

[2] Estamos aqui a considerar um compêndio de estudos comemorativos dos 100 anos da obra referida – *Frege: Sense and Reference One Hundred Years Later* (Biro, Kotatko, 1995).

a racionalidade probatória em termos de significação, aqui assumido como termo amplo que abrange tanto um significado em geral, quanto um sentido específico e até mesmo um referência – a considerar que nesse caso podemos falar de um significado referencial, embora sabendo que ele não é suficiente para discutir acerca da significação probatória, como esperamos deixar claro no *Capítulo 4.* Mas, embora tenhamos como ponto de partida essa terminologia da filosofia da linguagem, ao falar pontualmente do significado, pensamos nele como algo além das proposições como propriedade das sentenças, porque temos em mente os tipos de interpretantes – além das proposições, também conceitos e argumentos – com que Peirce compreende o problema do significado. É disso que trataremos no *Capítulo 5.* Em todos os casos, faremos uso desses termos tanto ao falarmos de crenças mentais dos sujeitos processuais, quanto de enunciados linguísticos documentados em atos processuais, não fazendo distinção *a priori* entre palavras e sentenças, salvo quando esse for o caso em discussões explicitas sobre a linguagem do processo penal.

PROCESSO, DIREITO E SOCIEDADE

A explicação da racionalidade probatória em termos de significação, embora tenha como base a noção de intencionalidade dos sujeitos processuais que depois se transfere aos enunciados probatórios, somente se torna completamente compreensível porque pressupomos um contexto processual penal no qual os seus atos se praticam, bem como um direito penal que proíbe crimes e uma sociedade em que diante dos crimes tem expectativas de que eles sejam punidos. Em outras palavras – usando uma explicação que nos oferece Dutra (2006) acerca da intencionalidade em contextos sociais – a significação probatória é possível porque supõe um conjunto de instituições que lhe permitem um *encaixamento.* A observação poderá parecer trivial aos juristas, mas não deve ser menosprezada em seu papel de conferir alguma racionalidade à significação.

Imaginemos que alguém, em silêncio e isoladamente, diga a si mesmo apenas mentalmente que detém provas de algum crime, mas que não deseja compartilhar com ninguém porque os outros certamente não o vão entender. Um romance de ficção pode até desenvolver-se com base em um mote assim, criando enredos muito atraentes a leitores seduzidos por mistérios, mas apenas porque nessas condições se abre um diálogo mínimo entre autor e leitores. Há, portanto, um contexto ficcional que permite a questão probatória adquirir alguma racionalidade nesse caso. Mas supondo que o autor não queira apenas descrever a história de um esquizofrênico – o que ainda assim teria criado um contexto próprio de discurso – os leitores esperam que em algum momento as provas encontrem um contexto mais realista de encaixamento no enredo do romance. E esse enredo inevitavelmente precisaria recorrer a instituições compartilhadas por diversas sociedades como o direito e o processo penal, ou outras que se lhes possam assemelhar, se quiser fazer-se compreender na discussão da racionalidade probatória.

A hipótese suposta, portanto, é que, mesmo em um relato ficcional, precisamos supor certas institucionais contextuais nas quais possamos encaixar o problema probatório para tornar compreensível sua racionalidade. É como se essa racionalidade probatória, embora possa partir da intencionalidade individual de um único sujeito processual, precise não apenas da intencionalidade de outros sujeitos para cooperar em uma interação intersubjetiva, mas também de uma intencionalidade social pressuposta nas instituições que intervêm no caso. Afinal, supõe-se efetivamente que o processo penal esteja orientado a viabilizar alguma verdade acerca dos crimes – como iremos enfatizar no *Capítulo 6*, tendo em conta um direito penal que os proíbe, bem como expectativas sociais frustradas que esperam alguma resposta das instituições. E apenas por isso falamos de provas que se podem encaixar nesse contexto.

Trivialidades, dirão os juristas, mas somente um relato contextual desse nos permite entender como qualquer sinal (natural ou artificial) pode adquirir uma função probatória de um crime, o que quer dizer a contrário senso que nada pode adquirir uma função probatória de um crime sem pressupor esse contexto formado por processo, direito e sociedade. É nesse sentido que iremos orientar nossos argumentos acerca da prova como signo do crime.

1. O CRIME NO UNIVERSO DOS SINAIS

"As coisas são conhecidas por meio dos sinais"

(Santo Agostinho, *A doutrina cristã*)

1. OS SINAIS DO CRIME

O crime está cercado por sinais. Ainda que não deixe *vestígios* – a considerar que também podemos encontrar *registros* que dele se fizeram, bem como as possíveis *testemunhas* que a respeito dele têm algo a dizer – não tem como fugir dos sinais. A noção de sinais é ampla o suficiente para abranger pessoas e coisas, naturais e artificiais, atos e situações, tudo que possa interessar ao conhecimento. A diversidade de sinais é realmente imensa, sobretudo se tivermos em conta tudo que fazemos na era da informação na qual, além dos atos praticados no mundo real, reproduzimos muita coisa no mundo digital em que tudo é registrado.

Os homicídios são exemplares perfeitos dessa diversidade possível de sinais que o crime deixa – cadáver, manchas de sangue, fios de cabelos, digitais papilares, pegadas; alguns casos deixam registros de imagens ou de voz, sobretudo nos tempos atuais de aplicativos de comunicação, além de ameaças documentadas em boletins de ocorrência policial; mas também não faltam testemunhas que, mesmo não tendo presenciado a conduta principal, têm algo a dizer acerca de qualquer coisa circunstancial que nos ajude a qualificá-la como delito ou a localizar seu autor. Temos uma miríade de sinais que realmente nos pode impressionar. O romance policial bem o sabe, assim como as séries televisivas que proliferam, sempre em torno de homicídios. Mas os crimes não se reduzem a homicídios, bem o sabe o jurista penal.

O fenômeno, contudo, se repete nos demais tipos de crime, com mais ou menos diversidade, ainda que em quantidades menores, mas sempre parece haver algo que nos permita alcançar o objeto de interesse probatório ao processo penal. Os crimes sexuais deixam sinais de resistência, embora se saiba que tais sinais podem não estar presentes na vítima que sofre o abuso sob efeito de substâncias entorpecentes, mas nesses casos essas substâncias se tornam sinais precisamente de circunstâncias relevantes do crime. Os crimes contra o patrimônio também deixam sinais de dano sobre a coisa, quando a temos na quebra da resistência das proteções, mas na falta desses sinais temos sinais da destreza do autor. Esse mesmo tipo de sinais, que indica a expertise do autor para certas condutas, também se encontra em uma variedade imensa de crimes contra a administração pública do Estado, geralmente envolvendo a corrupção dos agentes públicos – documentos, documentos e mais documentos sem fim, em papel ou em meio digital que, à primeira vista do mais ingênuo ou descuidado, apenas registram a atividade cotidiana do serviço público, o que igualmente se repente em empresas e partidos políticos, em instituições várias, mas que contêm sinais de desvios da probidade que delas se esperam por expectativas sociais. E quase tudo parece convergir para a acumulação de bens e valores incompatíveis com as atividades exercidas pelos autores dos crimes – os chamados "sinais exteriores de riqueza" comuns tanto a ações civis de alimentos, quanto a ações penais de lavagem de dinheiro.

Os sinais recebem muitos nomes conforme o contexto em que os encontramos: pegadas e digitais; coisas e instrumentos; sintomas e comportamentos; costumes e fragmentos, entre outros que iremos explorar em diálogo com o contexto do crime. Mas no que interessa ao processo penal, é uma noção que há muito tempo se encontra na tradição jurídica – a considerar o antigo conceito de *corpus delicti,* bem como as marcas de heresia descritas nos medievais manuais de inquisidores – e tem se mantido no direito probatório, nos vestígios e evidências, mesmo com a viragem científica e tecnológica que se observa na metodologia da investigação criminal, embora o tema ainda permaneça marginal na discussão da doutrina jurídica, pouco discutida nas faculdades de Direito e quase sempre incompreendida em seus limites epistêmicos pela jurisprudência. Contudo, essa noção não é exclusiva do direito probatório penal, a considerar as diversas atividades humanas que se desenvolvem na base de sinais – como a caça e a análise critica de arte, a medicina e a psicanálise, a história e a antropologia –, subjacente às quais se encontra um paradigma que o historiador Carlo Ginzburg (1989, p. 143-179) chamou de *indiciário*, em cujas raízes a aparente diversidade de superfície converge para uma mesma família de mecanismos de raciocínio que assume um mesmo padrão *semiótico* também presente na razão probatória penal.

É com base nesse movimento duplo de semelhança e diferença entre os vários tipos de sinais presentes em contextos diversos de conhecimento que podemos obter, não apenas uma melhor compreensão dos sinais do crime que no ajude a assimilar melhor a tradição jurídica acerca da prova (em torno de vestígios, registros e testemunhas), mas sobretudo uma devida compreensão daquilo que Ernst Cassirer considerou uma "função universal dos sinais" em sua *Filosofia das Formas Simbólicas*, nas quais sem dificuldade podemos encontrar a função específica da prova do crime. São esses os objetivos iniciais deste capítulo primeiro com o qual nos colocamos na antessala da prova como signo, no que Umberto Eco (2001a, p. 3-19) chama muito adequadamente de "universo dos sinais".

2. RASTROS, PEGADAS E DIGITAIS

Primeiramente, temos o caçador, o protótipo de diversos modelos cognitivos que lidam com sinais: pegadas da presa na lama, relvas e ramos torcidos, restos de pelos e penas, estercos e respingos de sangue, além de urina, odores e tudo mais que se tornam rastros deixados pelo animal. Tudo é tomado por sinal de que dispõe o caçador, daquilo que consegue rastrear, fazendo interpretações e algumas inferências para concluir acerca daquilo que lhe interessa – qual presa passou por ali, há quanto tempo e em que direção –, algumas mais conjecturais que outras, mas o suficiente para tomar uma decisão sobre o que fazer na sequência da perseguição. O caçador é, nesse sentido, o tipo primordial de que podemos extrair o modelo comum a vários outros contextos que lidam com sinais, cujos nomes se modificam, criando a impressão de que estamos a tratar de outra coisa distinta, mas que remetem ao mesmo protótipo. Trata-se, contudo, de um modelo venatório que vem de tempos imemoriais, que nos ficou talvez no inconsciente, talvez transmitido por uma cultural oral, sem documentação histórica, mas que se mantem vivo nos contos literários que voltam sempre a exaltá-lo. A respeito, Carlo Ginzburg (1989, p. 151) recorda uma antiga fábula oriental, em cuja narrativa três irmãos conseguem descrever um camelo, que se havia perdido da caravana, apenas pelos rastros deixados, mas porque disseram não o terem visto foram presos como suspeitos de furto do animal. A estória reaparece com Voltaire no conto *Zadig* (1747) e adquire sucesso com o conto de Horace Walpole, *Peregrinação dos três jovens filhos do rei de Serendip* (1754) do qual decorre o termo ainda hoje utilizado – *serendipismo*.

Esse protótipo venatório foi desde sempre assimilado no contexto penal, a considerar a história da criminalística que nos escreve W. Wehner (1964, p. 5, p. 22), cujo primeiro capítulo tem por título "caçadores e caçados"[3]. Nela encontramos a transcrição de um antigo edito de Alexandria, datado de 145 a. C., no qual se descrevem dois escravos, um deles especialmente com detalhes surpreendentes acerca do indivíduo: dezoito anos, estatura média, imberbe, pernas retas, covinha no queixo, verruga do tamanho de uma lentilha na parte esquerda do nariz, cicatriz no ângulo esquerdo da boca e tatuagem na munheca direita em letras bárbaras. Tudo eram sinais que permitiam identificar o individuo rigorosamente, o mesmo problema enfrentado muitos séculos depois por Alphonse Bertillon (1853-1914), que se tornou conhecido por desenvolver o método da antropometria, conhecido por *bertillonage* e ainda atualmente usada como parte de identificação dos presos no Brasil, apesar da falta de rigor no preenchimento de fichas policiais, tendo sua extinção em alguns países e sua superação pelo método dactiloscópico (Thorwald, 1966, pp. 5-110).

[3] A tradução espanhola que utilizamos possui por título "Historia da Criminologia", porque por algum tempo e ainda em alguns países, a criminalística se encontra inserida na criminologia, mas o título original da obra – "Geschicte der Kriminalistik" – não deixa dúvida de que o autor, sendo alemão, certamente conhecia a proposta de Franz von Lizst (1851-1919), fundador da *Internationale Kriminalistiche Vereiningung* (1888), considerava a "Kriminalistiche" como disciplina autônoma da "Kriminologie". A diferença poderá parecer muito sutil, mas não deixa de ser importante, porque enquanto a Criminologia pode ser considerada uma ontologia que se compõe de teorias gerais acerca de objetos considerados crimes, a Criminalística é no máximo uma metodologia que se compõe de técnicas de investigação acerca de crimes em particular, não tendo por finalidade produzir teorias acerca do crime em geral.

Antes, contudo, que as impressões digitais se tornassem um sistema de identificação criminalística, unificado por Juan Vucetich (1858-1925), após estudos feitos por Purkyne (1823) e Galton (1888), foi sir William J. Herschel, governador inglês do distrito de Bengala, com sede em Calcutá, que em 1860 teria observado o costume das províncias locais de imprimir nos documentos e cartas uma ponta de dedo borrada de piche ou tinta, e Eduard Henry, inspetor geral da província, teria utilizado no distrito policial bengali por volta de 1896, além das fichas antropométricas de Bertillon, as impressões digitais dos dez dedos como meios de identificação (Wehner, 1964, p. 177; Thorwald, 1966, p. 77; Ginzburg, 1989, p. 176).

Mas deixemos a identificação do criminoso, que foi um ponto de convergência da criminologia positivista, atualmente superada por uma maior compreensão do problema criminológico, e voltemos ao crime como objeto central. É neste que a criminalística apresenta seus principais desenvolvimentos, abrindo-se a uma variedade imensa de vestígios, classificados segundo a natureza da ciência interveniente – físicos, químicos e biológicos (Locard, 1939; Ceccaldi, 1988). Karl Zbinden (1957, p. 68) chega a falar de uma "teoria geral os vestígios", referindo-se a um escritor conhecido por "sua dupla qualidade de criminalista e caçador". E novamente voltamos ao protótipo venatório, o que nos leva a compreender que a criminalística, por mais que tenha avançado em ciência e técnica no século XX, ainda permanece atrelada à tradição do antigo conceito de *corpus delicti,* que requer alguma atualização e melhor compreensão como conjunto de sinais do crime.

3. CORPOS, COISAS E INSTRUMENTOS

O *corpus delicti* é um conceito medieval que tem sua origem na doutrina de antigas leis germânicas, nas quais se encontram referências ao exame do corpo da vítima, vindo depois a legislar-se na Inglaterra, seguindo-se por outros tantos países até transformar-se em conceito comum de diversos sistemas legais europeus, chegando à legislação dos países americanos e sobretudo alcançando papel de fundamental importância no direto penal do Estado de Direito na compreensão taxativa do princípio da legalidade (Tucci, 1978, p. 5; Villanueva, 2004, p. 85). Há, contudo, notícias mais antigas que o reconhecem desde o Direito Romano, no qual se postulava o princípio *actio non datur nisi constet de crimini*, em que se exigia antes a prova do corpo de delito para que se pudesse depois discutir a autoria do crime, mesmo no período acusatório das *questiones perpetue*, a considerar o risco de imposição de pena por *delatio criminis* improcedente (Tucci, 1978, p.24ss). A exigência de corpo de delito se torna especialmente forte no direito canônico, quando são abolidas as antigas formas de acusação e disputas, sobretudo quando se encontrava um cadáver e se cogitava sobre a possibilidade de fato criminoso. É quando se introduz no processo criminal, por obra de Inocêncio II (Decreto de 1214), a necessidade de inspeção ocular pelo juízo e de perícia médica, visando a estabelecer-se o corpo de delito, o que se estendeu depois a todos os "delitos de sangue", tendo evoluído gradativamente com os avanços da medicina, sobretudo quando passou da simples inspeção externa para o exame das entranhas por necroscopia (Tucci, 1978, p. 30). É, contudo, no direito laico da Idade Média que a prática de investigação com base no corpo de delito se tornou mais persistente, especialmente no direito germânico e no direito inglês. Mas foram os jurisconsultos italianos do século XIV, especialmente os práticos napolitanos do século XV, que passaram a considerar o corpo de delito como "fundamento de todo o processo penal" (Pereira e Sousa, MDCCC, p. 40), chegando a estabelecer-se no século XVI, por Júlio Claro Alexandrino, o princípio geral de processo penal, segundo qual *debet in primis constare iudici et in actis de corpore delicti*. Quando, então, o *Code d'Insstruction Criminelle* de 1808 retoma o antigo princípio (*actio non datur nisi constet de corpoe delicti*) para estabelecer o processo misto, o corpo de delito se transmite a toda a cultura jurídica ocidental como um conceito geral do direito (Tucci, 1978, p. 35). O direito brasileiro o admite desde uma *Instrução de 4 de novembro de 1825*, cuja ideia geral se repete em toda a nossa história do processo penal, vindo expressamente no Código de Processo Criminal de 1832: "Formar-se-há auto de corpo de delicto, quando este deixar vestígios; não existindo porém vestígios, formar-se-há o dito auto por duas testemunhas que deponham da existência do facto, e suas circunstâncias" (art. 134). E ainda hoje persiste no Código de Processo Penal de 1943: "Quando a infração deixar vestígios, será indispensável o exame de corpo de delito, direto ou indireto, não podendo supri-lo a confissão do acusado" (art. 158).

O conceito, contudo, embora de uso generalizado, tem adquirido sentidos variados. Identificam-se, na doutrina em geral, três sentidos de corpo-delito: (a) como o *fato objetivo*, tanto o permanente como o transitório, constitutivo de cada crime, ou seja, a ação punível descrita em todo e qualquer tipo penal; (b) como *o efeito material* que os delitos permanentes deixam depois de perpetrados; ou, ainda, (c) como *qualquer rastro ou vestígio* de natureza real, que se conserva como registro da ação material perpetrada. Mas, em síntese, trata-se de identificar o corpo de delito com alguma materialidade em geral, distinguindo-se os crimes em *delicta facti permanentis* e *delicta facti transeuntis*, segundo deixem ou não vestígios e rastros. É o que sugere a palavra *corpo* com a qual se pretende recorrer ao conhecimento sensível do crime, o que explica a definição de João Mendes de Almeida Júnior (1959, p. 7): "*Corpo de delito* é o conjunto de elementos sensíveis do fato criminoso". Assim como Nicola Framarino Dei Malatesta (1996, p. 645), ao falar de "tudo o que representa a material extrinsecação e a aparição física do delito". Tendo em conta essa concepção, convencionou-se enquadrar os elementos do corpo de delito em três grupos: *(a) corpus criminis* – a pessoa ou coisa sobre na qual se realizou o ato proibido pela lei, como objeto da conduta (sujeito passivo ou objeto material); *(b) corpus instrumentorum* – os instrumentos utilizados, as coisas com as quais se cometeu ou tentou cometer o fato delituoso (meios de ação); e *(c) corpus probationem* – as chamadas "peças de convicção", nas quais se encontram vestígios, rastros e sinais deixados pelo sujeito ativo do crime (Villanueva, 2004, p. 86; Malatesta, 1996, p. 645).

O *corpus criminis* é, entre todos, a base fundamental do conceito; é o corpo de delito em sentido estrito. A depender do tipo de crime, ele consiste em coisas como uma moeda falsa, um documento adulterado, publicações injuriosas, uma fotografia pornográfica, os registros de acesso na internet, entre tantos que representam o evento material permanente do crime; mas pode consistir também em corpos de cadáveres no homicídio e no aborto do feto, nas lesões físicas das agressões ou da retirada de um órgão. A considerar, portanto, todos esses crimes com as diversas possibilidades de cometimento, qualquer instrumento que se tenha utilizado em sua prática constitui o *corpus instrumentorum*. Assim, a arma branca ou de fogo, qualquer objeto que se tenha utilizado para produzir a lesão mortal ou não à vida humana, alguma substância química que se tenha manipulado, uma impressora ou um computador, bem como tudo mais que se possa constituir em instrumento específico do crime sob investigação. Mas tudo quanto mais se possa habilitar como relevante ao conhecimento do crime e seu autor, qualquer vestígio que se possa relacionar com a prática do crime, ainda que não integre qualquer elemento do tipo penal, pode servir de *corpus probationem*. Assim, provas das diversas circunstâncias do crime podem conter dados que relacionam algum sujeito ao objeto investigado, como a roupa usada pelo suspeito na noite do crime, na qual se encontrem respingos de sangue que se possam submeter a comparação com o sangue da vítima, ou apenas dados de comunicação entre o executor e o mandante de um homicídio ou qualquer outro crime em que figurem partícipes, bem como o receptor de um bem roubado ou qualquer outro integrante de uma associação criminosa.

A abrangência conceitual do corpo de delito, assim considerado como "o conjunto dos elementos físicos ou materiais, principais ou acessórios, e permanentes ou temporários" (Tucci, 1978, p. 70, p. 76), mesmo que possa ser atualizado para abranger também a documentação probatória do crime que se desenvolve ao longo do processo penal, parece ainda não abranger toda espécie de sinais com que podemos chegar ao conhecimento do crime. Mas nesse ponto não deve nada à tradição criminalística do século XX, que não teve muito a acrescer, embora tenha avançado em metodologia científica. Assim, portanto, o conceito de corpo de delito, embora indispensável à compreensão do crime, não parece ser capaz de abranger a integralidade dos sinais, porque, por mais que tente avançar, ainda persiste atrelado a uma concepção físico-material dos vestígios, segundo o protótipo primordial do caçador.

4. SINTOMAS, ESTIGMAS E COMPORTAMENTOS

Ao falar dos vestígios, contudo, Karl Zbinden (1957, p. 69) inovou em relação à tradição criminalística, porque além dos vestígios físicos ou objetivos, considera que há também vestígios psíquicos ou psicológicos. Ao enfatizarem os vestígios objetivos deixados pelo crime, ainda que considere os que se podem observar também na vítima e demais pessoas envolvidas no crime, a criminalística se descuidou do aspecto subjetivo necessário à tipificação penal do crime, tendo deixado os chamados vestígios psíquicos de lado. Mas Zbinden pretendia reabilitá-los, recorrendo à psicologia criminal. Aqui, o modelo com que se encontra o jurista é a medicina, especificamente a semiologia da clínica médica que se desenvolve na base da noção de sintomas, apropriada e mantida pela psicanálise, mas também presente na antropologia biológica que se desenvolveu na criminologia positivista por Cesare Lombroso com sua teoria do homem atávico.

A medicina científica ocidental, desde o seu nascimento com Hipócrates (460-370 a.C), tem conferido alguma relevância aos sintomas, com base nos quais se busca uma causa, segundo um *racionalismo etiológico*, ainda que o *Corpus Hippocraticum* tenha composto uma visão mais holística do homem ao estabelecer relações entre doença e condições naturais e culturais do ambiente no qual vive o homem – "o homem como um ser físico concreto que tem relação com o que come, com aquilo que bebe, com o seu específico regime de vida e coisas semelhantes" (Reale, Antiseri, 1990, pp. 111-121). Os *Aforismos* de Hipócrates (2003), especificamente, mantêm um modelo de escrita constante, que parte sempre de algum sinal externo – muito geralmente a febre aparece entre os principais, chegando a ocupar a maior parte dos aforismos da 4ª Seção – para concluir por um diagnóstico, embora quase sempre muito genérico: "é bom sintoma"(2ª Seção, 2); "é mau sintoma" (4ª Seção, 25, 7ª Secção, 18); "é um sintoma mortal"(4ª Seção, 34); "é mau sinal", "são maus sinais" (7ª Seção, 1, 4, 6, 7); "é sinal de morte" (5ª Seção, 14). Esse modelo etiológico, fundado na base de sinais externos do corpo, subsiste como unidade comum a modelos teóricos diversos – ontológico e funcional; exógeno e endógeno; aditivo e subtrativo, maléfico e benefício – com que a medicina tem sido submetida ao estudo da antropologia, em comparação com saberes mágicos e religiosos, (Laplantine, 2016, p. 33, p. 49, p. 207), tendo os sinais externos da doença um papel primário a todos os discursos, seja científico (orientado à cura) seja religioso (orientado à salvação). Não sem razão, portanto, embora fazendo uma distinção entre sintomas (o que o paciente sente e relata) e sinais (o que o examinador encontra), ainda se pode ler em tratados semiológicos contemporâneos que "o médico deve ter habilidade para elucidar e reconhecer descrições de uma ampla variedade de sinais e sintomas" (Swartz, 2015).

Esse é, sem dúvida, o modelo com que o médico italiano Cesare Lombroso (1835-1909) compõe sua famosa antropologia criminal – *L'Uomo Delinquente* (1897). Encarnando o espírito do racionalismo etiológico, Lombroso acreditava ser possível encontrar as causas e motivações do crime, observando traços físicos em criminosos que se encontravam em cárcere. Interessado inicialmente nos homicidas, ele passou a medir os aspectos físicos de cada condenado – especialmente o crânio, entre outras partes de interesse como dentes e mandíbula –, catalogando tudo como sinais que revelavam a personalidade criminosa do indivíduo. Partindo de *Resultados de cefalometria nos delinquentes em relação com alguns sintomas de degeneração física*, publicados nos Arquivos de Psiquiatria, Nevrologia e Psicopatia na Rússia em 1885, Lombroso enfatiza as diferentes medidas que um crânio considerado normal tinha em relação com o crânio dos delinquentes e psicopatas[4]. Constantemente recorre ao discurso dos sintomas, fazendo uma expansão para vários tipos de crimes, embora considere uma distinta impulsão ao homicídio, comparada à tendência ao incêndio e aos desejos sexuais mórbidos. Mas "a todas essas desordens é comum o elemento degenerativo" – diz Lombroso (2013, p. 303), concluindo que todos esses comportamentos "não são mais que sintomas de uma defeituosa disposição dos sentimentos e dos instintos", que se colocam como obstáculo ao desenvolvimento de um caráter firme e resoluto. Assim, Lombroso avança em alguns pontos para chamar as características físicas de *estigmas*, chegando a sustentar que a justiça deveria analisar em criminosos embriagados, antes de soltá-los, se não possuem os "estigmas antropológicos e psíquicos", baseando-se em certos estudos pelos quais é possível sustentar que "irregularidades da face, dos dentes e dos maxilares são estigmas degenerativos" (Lombroso, 2013, p. 94). Apesar de suas teorias terem sido postas em dúvida na criminologia, não se trata de uma ciência completamente superada: é o que nos sugerem pesquisas mais recentes sobre a *anatomia da violência* de um professor de criminologia, psiquiatria e psicologia da Universidade da Pensilvânia, Adrian Raine (2015), quem ainda acredita que a teoria de Lombroso tinha dois pontos importantes, por considerar o cérebro como base originária para o crime e o criminoso como um retrocesso evolutivo que se pode identificar a partir de "estigma atávico" – "características físicas de estágios mais primitivos da evolução humana, como mandíbula grande, testa inclinada e prega palmar única". Embora consciente dos problemas metodológicos dessa teoria, bem como dos problemas ideológicos de seu estereótipo racial que dividia a Itália entre sul e norte, criando uma escala evolutiva, Raine acredita que Lombroso estava no caminho do que chama de "verdade sublime", o que

[4] A considerar a data de *L'Umo Delinqente* (1897), ao falar de "psicopatas", Lombroso certamente usava o termo em um sentido genérico, ainda não especificado pela pesquisa de Hervey Cleckley, sustentado em 16 critérios específicos, cuja ideia síntese se encontra no título do seu livro, *The Mask of Sanity* (1941): "That psychopathy represents severe pathology masked by a façade of robust mental health" (Raine, Glenn, 2014), o que pode ser interpretado como uma forma de *demência semântica* comum a várias outros casos, embora Luiz Henrique de Araújo Dutra (2021b, p. 191ss) considere ser mais característico da psicopatia a *demência pragmática* decorrente de "alguma limitação importante na própria consciência reflexiva". Em qualquer caso, esse certamente não era o sentido que lhe atribuía Cesare Lombroso, para quem no psicopata havia mais uma falta de consciência moral comum aos vários tipos de criminosos.

justifica manter o programa pela sociobiologia moderna com argumentos mais coerentes. Deixando assim sinais mais imediatamente perceptíveis e externos, Raine avança para imagens do cérebro obtidas por tomografia computadorizada para evidenciar que há diferenças nas quantidades de cores quentes (vermelho e amarelo), que indicam alto metabolismo de glicose, e cores frias (azul e verde), que indicam baixo funcionamento cerebral. Apesar da alta tecnologia instrumental utilizada, da complexidade dos argumentos científicos reunidos, o ponto de partida ainda são sinais, ora considerados sintomas, ora considerados estigmas, que geralmente são chamados a servir de base para alguma prova de crime.

O mesmo padrão se pode encontrar no movimento psicanalítico desenvolvido por Sigmund Freud para quem todo sintoma psíquico, até mesmos sonhos, são espécies de sinais que merecem a atenção médica. A respeito dos sonhos, C. G. Jung (2014) explicou que ele é "um produto autônomo e muito importante da atividade psíquica, passível de uma análise sistemática" – ou seja, é um sinal a ser interpretado como criação –, "uma obra que tem seus motivos, suas cadeias prévias de associações", em síntese: "como tudo o que fazemos, também os sonhos possuem um significado". Mas em *Conferências Introdutórias à Psicanálise* (2014), falando inicialmente sobre "atos falhos", Freud assimila outros sinais importantes para a psicanálise, ressaltando, contudo, as diferenças com as disciplinas cirúrgicas e mesmo a psiquiatria, porque na medicina o paciente é apresentado aos sentidos com sintomas que podem ser observados em contato direto, mediante a própria percepção do médico como "um guia e intérprete a lhes acompanhar por um museu", algo similar ao que ocorre na psiquiatria, cujo doente se apresenta com "sua mímica facial alterada, seu modo de falar e seu comportamento", ao passo que na psicanálise, é diferente: "no tratamento psicanalítico não ocorrem senão trocas de palavras entre o analisando e o médico". E enfatiza a qualidade não visível, não palpável dos sinais com que lida, mas apenas palavras, ressaltando que "evocam afetos e constituem meio universal de que se valem as pessoas para influenciar umas às outras" (Freud, 2014). A respeito da relevância das palavras em psicologia, até mesmo o behaviorismo (Skinner, 2006, p. 33, p. 43, p. 79), embora enfatizando o comportamento humano como sinal de apoio à análise, não deixou de considerar ao lado do comportamento inato e do comportamento operante, o "comportamento verbal". E todos eles foram congregados na disciplina da psicologia judiciária no interesse da busca da verdade no processo penal.

Enrico Altavila (1981, pp. 425-471) – recorrendo a Lombroso, Freud, Jung, entre outros pensadores médicos de sua época – reúne uma quantidade imensa de "métodos para reconhecer a verdade", partindo desde as antigas técnicas de coerção física e mental, passando pelas mais modernas técnicas farmacodinâmicas, até chegar às considerações de alterações circulatórias e respiratórias por aparelhos que chamou de "leitores da alma" (detectores de mentira). Apesar da diversidade de métodos, o mais importante em todos é a busca por sinais externos, visíveis aos olhos ou metrificáveis por aparelhos, visando a constatar alterações no indivíduo submetido a interrogatório ou depoimento judicial. E embora conclua que "um acusado inocente pode recear ser apontado por indícios aparentes e mostrar sintomas enganadores, caso em que a inocência tem a mesma aparência que a culpabilidade" (Altavilla, 1981, p. 485), não deixa de avançar em sua disciplina, enfatizando os mais variados sinais indicativos de alguma culpabilidade no acusado submetido a interrogatório, como "a exagerada precisão das recordações", a serenidade e o silêncio, este último considerado como "uma atitude rara, porque contrasta com uma elementar atitude de defesa" (Altavilla, 1982, p. 27). A respeito do que nos interessa – os sinais como base de uma busca da verdade – o ponto mais fundamental de sua disciplina se encontra no que ele chama de "prova psicológica por sintomas", o que, em suas palavras, "trata-se de suscitar, com uma série de perguntas, estados emotivos, dos quais possam deduzir-se elementos de prova" (Altavilla, 1982, p. 35).

5. COSTUMES, LÁGRIMAS E FRAGMENTOS

Aos inquisidores do medievo, mesmo sem qualquer ciência de que se serviu a criminologia positivista ou a psicologia judiciária, todos esses sinais já lhes eram base para a busca da verdade, sobretudo a palavra obtida do interrogado, mas "não apenas palavras" – adverte-nos Carlo Ginzburg (2007b, p. 287) – também "gestos, silêncios, reações quase imperceptíveis como um súbito rubor foram registrados pelos escrivães do Santos Ofício com obstinada minúcia". Toda essa detalhada observação tinha por objetivo tentar identificar nos sinais do suspeito o espírito do herege, cujos costumes eram amplamente descritos nos diversos manuais da inquisição.

As mais exemplares descrições se encontram em *De modo, art, et ingenio inquirendi et examinandi herético credentes et complices eorumdem,* atribuído a Bernardo Gui (1261-1331), inquisidor francês da Ordem Dominicana, conhecido por sua contundente perseguição aos hereges. Em seu manual de inquisidores, além de fazer sempre uma breve exposição sobre a história, ensinamentos, sofismas e erros de certas seitas – como maniqueístas, valdenses e pseudo-apóstolos – Bernardo Gui (1964, p. 10, p. 34, p. 84) enfatiza muito constantemente os seus costumes: modos de vida, ritos, maneiras de receber os doentes em sua seita. Em uma passagem, que nos é especialmente relevante ao tema dos sinais, no capítulo *De Secta Bequiroum,* Bernardo Gui (1964, p. 119) apresenta alguns "sinais pelos quais os podemos reconhecer exteriormente", recorrendo a uma citação do pensamento de Santos Agostinho: "Tanto em seu modo de ser – sustenta o inquisidor – tanto em sua linguagem, quanto em outros pontos de vistas, particularidades que permitem discerni-los". E dá um exemplo que convém transcrever: "Sua maneira de cumprimentar ou retribuir a saudação, quando chegam ou entram em uma casa, quando se encontram em viagem ou nas estradas: «Bendito seja Jesus Cristo» ou «Bendito seja o nome de Nosso Senhor Jesus Cristo»"[5]

O mesmo padrão se vai encontrar no *Directorium Inquisitorum* escrito por Nicolau Eymerich em 1376 (revisto e ampliado por Francisco de La Peña em 1578), no qual, embora mais preocupado com os ritos jurídicos do processo inquisitorial, contém um capítulo especialmente dedicados aos "indícios exteriores pelos quais se reconhecem os hereges". Após explicar quem deve ser considerado herege, empenha-se em apresentar as características pelas quais os inquisidores podiam reconhecer um pseudo-apóstolo, um maniqueu, os valdenses, os beguinos (também chamados *fraticelli*), os rejudaizantes e os necromantes. Referindo-se especificamente aos pseudo-apóstolos, observa que: "vestem uma longa túnica toda branca"; "na cintura, não usam um cinto de couro, e sim uma corda. Têm os cabelos longos e andam com a

[5] Do original em latim – *Modus enim salutandi ipsorum aut resalutandi talis est. Dicunt enim venientes aut intrantes domum aliquam aut occurrentes sibi ipsis in itinere seu in via: «Benedictus sit Jhesus Christus» vel «Benedictum sit nomen Domini Jhesu Christi»* – obtido da tradução francesa: *Voici, par exemple, leur façon de saluer ou de rendre le salut, quand ils arrivent ou entrent dans une maison, quand ils se rencontrent entre eux en voyage ou sur les chemins: «Béni soit Jésus-Christ»" ou «Béni soit le nom de Notre-Seigneur Jésus-Christ».*

cabeça descoberta. Calçam sandálias ou andam descalços". A respeito dos rejudaizantes, observa que: "Não comem carne de porco. Às sextas-feiras, comem carne. Guardam o Sábado. E, escondidamente, trabalham em suas casas nos dias de festas" (Eymerich, 1993, p. 128-132).

Deixando o padrão dos costumes, no *Malleus Maleficarum*, escrito em 1484 pelos inquisidores Heinrich Kramer e James Sprenger, as *lágrimas* assumem um papel especial no capítulo destinado aos "meios e sinais pelos quais o juiz é capaz de identificar uma bruxa". Trata-se, na linguagem dos inquisidores, de um exame que se deve proceder no "prosseguimento da tortura", durante o interrogatório da suspeita: "Se deseja saber se a acusada possui o poder maléfico de preservar o silêncio, que repare se ela é capaz de soltar lágrimas ao ficar em sua presença, ou quando estiver sendo torturada" (Kramer, Sprenger, 1991, p. 435): E sentenciam, "se for de fato uma bruxa, não vai chorar". Contudo, cuidam de advertir para as astúcias do demônio e artimanhas da acusada, porque as bruxas podem assumir um aspecto choroso, usando a saliva para molhar as bochechas e os olhos.

A considerar o tipo de sinais com que o inquisidor buscava identificar os hereges, não é sem razão que Carlo Ginzburg assemelha um inquisidor a um antropólogo, mas também sugere que há alguma semelhança com o historiador, embora ao falar de História, ele esteja pensando naquele tipo de história pela qual ele se distinguiu, naquilo que chama de micro-história. Ginzburg (2007b, p. 274) explica que especialmente na historiografia pós-moderna é possível observa uma "tendência a concentrar a atenção nos fragmentos, em vez de um conjunto mais vastos". E, insistindo na importância que o contexto tem na leitura dos fragmentos históricos, ressalta o papel criativo que o historiador precisa assumir, ao tecer o que chama de "fio do relato", com o base nos rastros de que dispõe: "procuro contar, servindo-me dos rastros, histórias verdadeiras (que às vezes têm como o objeto o falso)" – é o que confessa como historiador (Ginzburg, 2007, p. 7) e poderia igualmente confessar qualquer investigador ou jurista penal que pretenda relatar o cometimento de um crime.

6. LOCALIZAÇÃO, NAVEGAÇÃO E COMUNICAÇÃO

Os diversos sinais com que o homem busca se orientar no mundo não cessam de proliferar. Isso se torna cada vez mais evidente na era da informação com toda a sociedade em rede, sobretudo com as possibilidades viabilizadas pela Internet que se tornou "o tecido de nossas vidas" (Castells, 2000, 2003). Mas como adverte James Gleick (2013), "o telefone, o aparelho de fax, a calculadora e, por fim, o computador são apenas as mais recentes inovações projetadas para armazenar, manipular e transmitir conhecimento". Em sua concepção, toda essa inovação tecnológica apenas aprofunda uma noção antiga, que se pode remontar aos tambores com que se comunicavam antigos povos. Quando, portanto, surge, essa nova ciência que se desenvolve em torno do que chamamos de *informação*, não podemos deixar de perceber que informação já havia em todos os demais sinais até aqui relatados. É o que, igualmente, podemos dizer a respeito dos crimes, a considerar as diversas formas de registros que a tradição jurídica chama de prova artificial em comparação com a prova natural decorrente dos vestígios (Benthan, 1825, p. 30; Malatesta, 1996, p. 110; Mittermaier, 1997, p. 116).

O que há, então, de novo? Apenas a matéria-prima – "sons e imagens, notícias e instruções, abstrações e fatos, sinais e signos" – é o que nos sugere James Gleick, observando, ademais, que tudo se encontra em movimento, seja pelo correio, seja por fio ou ondas eletromagnéticas. A *era da informação*, nesse sentido, apenas incrementa todo esse universo de possibilidades, fornecendo-nos sinais diversos que indicam algo que nos interessa a respeito do crime. Não se trata de indicações necessariamente imediatas, que nos relatam diretamente o crime, mas nisso continuam a seguir o padrão de muitos outros sinais que encontramos na história, cujas inferências produziam algumas conclusões que hoje nos parecem incompreensíveis.

Os diversos sinais decorrem da forma específica da vida que a era da informação nos disponibiliza, mas que de certa forma também nos impõe como condicionamento, criando um ambiente de troca, de rastos e vestígios de atividades que apenas representam cotidianos, mas que se podem tornar também objeto de investigação. Nesse admirável mundo novo, três tipos de sinais são frequentes e podem ter algo a dizer sobre as pessoas e seus atos: os sinais de celular, os históricos de navegação e as comunicações em rede. E apesar da aparente novidade que eles trazem, podem ser remetidos a antigos padrões de sinais com que pudemos constatar a diversidade de casos que sempre se encontra com o campo do penal.

A começar pelos sinais de celular, que se podem compreender como uma extensão da identidade individual, permitindo-nos repensar o argumento do álibi de uma forma diversa que dispensa a testemunha de companhia.

O mesmo padrão também se pode encontrar em relação ao local de conexão à internet. A navegação na internet cria um histórico, deixando vestígios que se podem interpretar como marcas digitais de movimentação, naquele mesmo sentido primordial do caçador, dando-nos informações sobre buscas, compras e interesses que nos podem dar sinais da aquisição de instrumentos para prática do crime investigado, propensões à pedofilia entre outras tantas coisas, a depender do tipo penal. O mesmo padrão se vai encontrar, ainda, nas comunicações em redes sociais, que se podem interpretar na linha behaviorista como uma forma de comportamento verbal, o que poderá ser importante sinal para crimes de ódio, assim como para todos os casos em que se pode agregar informação acerca das pessoas, visando ao cálculo devido da pena. Todas essas coisas, entre outras tantas, têm sido consideradas como *digital evidence* para a investigação do *cyber crime* (Clancy, 2019), mas elas se podem reduzir a três tipos de sinais fundamentais, que dizem respeito à *localização* das pessoas, à *navegação* no mundo digital e à *comunicação* em rede.

7. INFORMAÇÃO, INTELIGÊNCIA E PROVA

Ao falarmos de diversos sinais com que podemos identificar o crime, suas circunstâncias e seu autor, embora todos eles se possam considerar coisas que encontramos no mundo, é apenas como sinais que nos interessam ao problema da prova.

É nesse sentido que podemos entender Santo Agostinho (Livro I, 2), para quem, embora toda doutrina se refira ao ensino de coisas ou de sinais, as coisas são conhecidas apenas por meio dos sinais. Ao falar de coisas, portanto, ele considera que somente são coisas porque não estão empregadas para significar, mas podem assumir o papel de sinais significativos. Assim, não importa tanto sua distinção primária das coisas, mas a distinção entre tomá-la apenas como coisa em si (supondo que isso nos seja realmente possível) ou tomá-la com sinal de algo mais. É o que nos interessa acerca da prova do crime, cujo caminho passa por considerar a noção primária de sinal como unidade de informação.

A informação, contudo, não é o que já se encontra dito, mas o que pode ser dito – é o que ressalta Umberto Eco (2001a, p. 13), explicando que ela é "a medida de uma possibilidade de escolha na seleção de uma mensagem". Assim, antes que qualquer sinal adquira algum sentido probatório de um crime, ele é apenas uma unidade de informação. A informação tem vários sentidos, mas dois têm sido fundamentais aos estudos semióticos que nos interessam. Primeiramente, significa "uma propriedade estatística da fonte", quer dizer uma quantidade de informações que pode ser transmitida, independentemente de emissor e transmissor, mas também, em segundo lugar, pode ser a quantidade que foi efetivamente transmitida e recebida entre emissor e receptor (Eco, 2014, p. 33). A discussão relativa ao sentido probatório que os sinais adquirem, independentemente de uma comunicação, concerne essencialmente ao primeiro significado, embora não se possa descartar que também o segundo significado é possível, a considerar que todos eles são transmitidos em comunicações processuais entre os diversos sujeitos do processo. É importante, portanto, entender que um sinal ou conjunto de sinais possui informações. Os sinais de um crime, nesse sentido, podem produzir muitas informações acerca de um evento. Inicialmente, em seu sentido mais primário possível, não se trata ainda do que uma informação nos diz, mas de tudo quanto se pode dizer a partir dos sinais disponíveis. E de fato se podem dizer muitas coisas a respeito de uma faca encontrada ao lado de um corpo, antes mesmo de todas as hipóteses acerca de um crime. Se a abstrairmos de qualquer caso criminal, podemos extrair desse sinal um conjunto imenso de informações que podem ser catalogadas em um conjunto de possibilidades. Basta que nos retiremos do interesse probatório para o interesse estético sobre os mesmos sinais. Imaginemos os diversos interesses que podem ter o ser humano acerca de um sinal qualquer, ainda que se constitua em sinal de um crime, e teremos uma ideia primária acerca do sentido primário das informações. Antes que um qualquer sistema semiótico atue, quanta informação há acerca desse sinal? É nesse sentido que se diz que uma informação em sua fonte é a "medida de probabilidade de um evento no interior de um sistema equiprovável" (Eco, 1976, p. 34).

Alguns enquadramentos de sinais, entretanto, são tão habituais que nos acostumamos a aceitá-los como algo natural que decorre imediatamente dos dados da realidade, sobretudo quando dizem respeito a questões práticas e interesses mais imediatos de nosso cotidiano. Um produto enlatado em um supermercado é apenas um alimento previamente disposto para aquisição mediante pagamento em uma sociedade de consumo, cujas informações disponíveis de imediato no rótulo sobre origem, composição e prazo de validade é o suficiente para orientar-se, mas a uma sociedade de caçadores um enlatado talvez ofereça menos informações práticas para alimentação do que o rasto de um animal que tenha passado ferido após ser atingido, a considerar o frescor do sangue localizado sobre folhagens. E esse mesmo sangue poderá ser ao investigador de um crime contra a fauna o sinal de abatimento de animais cuja caça estava proibida. O mesmo sinal, portanto, contém uma equiprobabilidade de informações, o que se pode dizer dos sinais de muitos outros crimes.

A redução dessa equiprobabilidade somente se torna possível no interior de um sistema semiótico. Sem um enquadramento da informação em um sistema qualquer de leitura dos sinais todas as possibilidades permanecem em aberto. Mas seria impossível ao ser humano orientar-se no universo de possibilidades com que os diversos sinais se apresentam com informações sem um decodificador de leitura. A inteligibilidade da informação requer, portanto, a decodificação dos sinais, o que poderá sugerir ao jurista a ideia de construir um código legal de intepretação, pelo qual pudéssemos apenas deduzir de certos sinais a prova do crime. Mas o sistema antigo de provas legais, que vigorou na Idade Média e pelos quais o legislador buscava antecipar o raciocínio probatório do juiz, parece ter nos mostrado suficientemente sua inviabilidade para abandonarmos essa ideia. E, no entanto, ainda precisamos decodificar os sinais, extraindo informações que nos possam conduzir a conclusões probatórias. É ainda necessário tornar as informações dos sinais inteligíveis com sentido probatório.

É nesse sentido que podemos entender aquilo que Ernst Cassirer (2001, p. 29) chama de "função universal do sinal", da qual emerge o problema da significação. Os sinais nos servem a uma universalidade de funções simbólicas, que nos permitem não apenas promover a comunicação: os sinais linguísticos são apenas uma espécie entre vários tantos outros com que fazemos outras tantas coisas diversas. A prova é apenas uma delas que, embora tendo a comunicação como pressuposto da discussão e transmissão de sentido, não se esgota nessa função de base. Mas essa função probatória que podemos extrair dos sinais é mais ampla do que aparentemente nos interessa ao campo específico do crime. Os sinais, antes que possam servir de prova ao crime, são prova de muitas outras coisas. Provam antes aquilo que decorre imediatamente de si mesmo. É o caso da testemunha, cujo depoimento escrito e documentado, prova antes que alguém fez um depoimento. Basta que retiremos a prova de seu contexto criminal e a coloquemos à disposição de um historiados das instituições penais. O mesmo raciocínio podemos fazer de um registro qualquer em outro documento que seja juntado ao processo, de registros de voz e imagem, bem como de laudos periciais. Tudo prova antes a si mesmo, que houve um ato prévio e um ato de registro. Mas também as coisas – antes que se possam tornar vestígios de um crime, são vestígios de atos que se podem ou não enquadrar como crime, a exemplo da faca encontrada ao lado da vítima, suja de sangue e comida, prova que os envolvidos estavam a usá-la para comer. E se quisermos perceber o tanto mais que prova, podemos dizer que prova a si mesma, se estivermos a discutir apenas a sua existência, supondo que a ostensão (como ato de mostrar) seja uma forma eficiente de prova.

8. SINAL, SÍMBOLO E SIGNO

Ao falarmos de informações como prova, entre as diversas inteligibilidades que podem adquirir, retiramo-nos do "mundo dos sinais" para entrar no que Umberto Eco (2001a, p. 20) chama de "mundo dos sentidos", mas nesse mundo emerge como conceito central o *signo* do qual os *símbolos* são apenas uma espécie relativa ao objeto, assim como os *sinais* são apenas um espécies relativa ao meio, segundo a terminologia de C. S. Peirce (2017b, p. 51). Aqui, os sinais deixam de ser mera unidade física de informação para se tornarem unidades semióticas de significação. Portanto, embora muito constantemente esses três termos possam aparecer geralmente confundidos como sinônimos, sobretudo em razão de traduções, os signos são para nós a unidade fundamental de discussão semiótica geral com que podemos fazer uma específica discussão lógica das provas de um crime. Mas antes o signo se pode assumir em termos filosóficos amplos.

É o que propõe Ernst Cassirer em sua *Filosofia das Formas Simbólicas*, ao longo da qual por todos os três volumes, ele se recusa a admitir em qualquer produção cultural humana que os signos se reduzam a uma mera expressão do mundo objetivo. Partindo da linguagem (v. I) e passando pelo mito (v. II), Cassirer chega ao conhecimento científico (v. III), insistindo sempre numa mesma tese, segundo a qual as formas simbólicas são uma síntese de dois mundos – o sensível e o inteligível. Ele inicia observando que "toda autêntica função do espírito humano partilha com o conhecimento [científico] a propriedade fundamental de abrigar uma força primeva formadora, e não apenas reprodutora" (Cassirer, 2001, p. 19). Assim, portanto, apesar da diversidade que podemos encontrar no mundo da cultura humana – a exemplo da linguagem e do conhecimento científico, do mito, da arte e da religião – tudo é parte de um mesmo problema de transformar o que chama de "mundo passivo das meras impressões". A ideia central de Cassirer – que busca superar o dualismo metafísico entre duas esferas, entre o *mundus sensibilis* e o *mundus intelligibilis* – se situa na força concentradora do signo, cuja primeira impressão teórica foi de nada acrescentar ao conteúdo a que se refere, limitado apenas a preservar e repetir a substância das coisas, mas quanto mais observamos as diversas expressões do espírito humano, que se constituem na base de um mesmo mundo, tanto mais constatamos o trabalho da consciência a estabelecer relações entre um mundo *subjetivo* e um mundo *objetivo* que no entanto se ajustam nas expressões culturais (Cassirer, 2001, p. 38).

Assim, Ernst Cassirer considera que "todo pensamento verdadeiramente rigoroso e exato encontra seu apoio no *simbolismo* e na *semiótica*". Mas assim considerado, dando-nos uma concepção filosófica mais ampla, Cassirer retoma inevitavelmente a concepção lógica que encontramos desde C. S. Peirce[6]. Entrelaçando coisas e signos, diz-nos que "a lógica das coisas, ou seja, dos conteúdos conceituais fundamentais e das relações fundamentais, sobre os quais repousa a estrutura de uma ciência, não pode ser desvinculada da lógica dos signos" (Cassirer, 2001, p. 31). A razão disso está em que não podemos pensar o signo como algo independente do pensamento em si, "porque o signo não é um invólucro fortuito do pensamento, e sim o seu órgão essencial e necessário". Em outras palavras, ainda que possamos reconhecer a existência de algo ideal em nosso espírito, algum conteúdo a respeito das coisas, esse nosso conteúdo do espírito apenas pode se revelar por sua manifestação externa nos signos.

Ademais, no que mais especificamente nos interessa, Cassirer considera haver uma vantagem em tratar com os signos, porque "...ele não somente serve à representação, como, sobretudo, à *descoberta* de determinadas relações lógicas", não se limitando a servir de abreviatura simbólica do que é dado e conhecido, porque também nos abre caminhos rumo ao desconhecido e não dado (Cassirer, 2001, p. 67). É este precisamente o caso das provas do crime. Ao recorrermos ao signo para entender a prova do crime, portanto, apenas

[6] Dizemos que retoma porque os escritos de Peirce (1839-1914) – no qual considera a lógica apenas um outro nome para a semiótica – embora publicados postumamente entre 1931 e 1935, têm datas anteriores à obra de Cassirer (1874-1945), mas este não o cita.

estamos fazendo aquilo que é imprescindível a qualquer campo específico de conhecimento, dando-lhe o que Cassirer chama de órgão essencial e necessário ao pensamento. Mas ao proceder assim, mais do que apenas emergir como representante de outra coisa, essa representação postula uma função probatória da objetividade da coisa. O signo se apresenta como prova do pensamento que temos a respeito das coisas. E é apenas com base nele que podemos encontrar as justificações da verdade de uma crença acerca de algo como o crime.

2. OS SINAIS COMO SIGNOS PROBATÓRIOS

"A aquisição do *signo* realmente sempre representa o primeiro e necessário passo para o conhecimento objetivo da essência das coisas"

(Ernst Cassirer, *A filosofia das formas simbólicas*)

1. A DOUTRINA DOS SINAIS

O que temos chamado de *sinais* corresponde a qualquer coisa, natural ou artificial, que possamos encontrar no mundo, mas que podemos relacionar ao crime como prova sua, segundo um *conceito de signo* no qual o sinal é apenas o meio com que o signo se expressa na relação com um objeto e seu interpretante. Se tivermos em conta essas distinções internas do signo (meio, objeto e interpretante), como pensamos ser necessário fazer, não nos importa apenas distinguir entre fontes naturais e artificiais dos sinais, mas sobretudo distinguir como cada sinal se relaciona com seu objeto e interpretante na constituição do que ao final podemos chamar de prova do crime. Trata-se de doutrina que encontramos em Charles Sanders Peirce, com a qual podemos compreender a prova como signo do crime – seja um índice, um ícone ou um símbolo –, no sentido geral daquilo que se assume no lugar de outra coisa.

A ideia de assumir qualquer sinal como signo certamente não pode ser atribuída originariamente a Charles Sanders Peirce – a considerar o que a história da semiótica nos tem revelado (Deeley, 1995, p. 7-108; Hénault, 2006; Todorov, 2014, p. 17-80; Walther-Bense, 2010, p. XV-XLIII) –, mas também certamente não se pode negar que, entre os pensadores modernos, coube a ele o maior esforço para apresentar a mais ampla doutrina dos sinais, embora devamos reconhecer algumas contribuições relevantes no campo da linguística que integram algumas sínteses semióticas mais recentes. Antes dele, contudo, em uma distinção entre coisas e sinais, Santo Agostinho (Livro I, Capítulo 2) havia considerado como sinais "tudo o que se emprega para significar alguma coisa além de si mesmo". Ademais, também John Locke suscitou anteriormente a existência de uma doutrina dos sinais a que chamou de *semeiotiké* (Deely, 1990, p. 134).

Ao concluir seu *Ensaio sobre o entendimento humano* – após tratar de ideias e palavras nos primeiros livros, no último capítulo do Livro IV dedicado ao conhecimento –, Locke (2014, p. 999) propõe uma "divisão das ciências", na qual o terceiro ramo se ocupa com "a natureza dos sinais de que o espírito faz uso para a compreensão das coisas, ou para comunicar os seus conhecimentos aos outros", chamando-o de *doutrina dos sinais* ou *semeiotiké*[7]. É nesse capítulo que Locke nos oferece uma primeira intuição acerca dos sinais em geral, considerados como coisas que se apresentam ao entendimento, mas lhes acrescendo o que se torna imprescindível a qualquer consideração semiótica deles: as ideias acerca das coisas[8].

Essa passagem das coisas para as ideias nos desloca de um *universo de sinais* para um *universo de signos*[9], no qual o sinal é apenas a forma externa de apresentação do signo que somente se entende por completo segundo certas distinções que faz C. S Peirce (2017b, p. 48) na sua divisão dos signos em tricotomias – segundo o meio (*qualissigno, sinsigno e legissigno*), o objeto

[7] Ao chamar de *doutrina,* segundo explicação de Deely (1995, p. 159), Locke estaria a distingui-la do conhecimento científico, devendo ser entendida como doutrina filosófica e uma forma de ensinamento.

[8] A passagem que nos parece central é a seguinte: "Porque, como entre as coisas em que o espírito medita, não há nenhuma, excepto ele próprio, que seja presente para o conhecimento, é necessário que alguma outra coisa se lhe apresente, como sinal ou representação da coisa que considera, e essas coisas são as *ideias*" (Locke, 2014, p. 1000).

[9] Umberto Eco (2013, p. 16) dirá que passamos do "universo dos sinais" ao "universo dos sentidos", mas ainda não queremos antecipar a questão do *sentido,* porque há muitas coisas prévias que merecem nossa atenção acerca dos signos, sobretudo seu conceito preliminar no qual podemos enquadrar as provas dos crimes.

(*ícones, índices e símbolos*) e o interpretante (*rema, dicente e argumento*) –, com as quais poderemos obter uma melhor pré-compreensão das provas do crime como signo.

Assimilar, portanto, os sinais como o meio de expressão de um signo, buscando entender em que sentido uma prova pode ser considerada signo do crime, constitui o objeto principal desse capítulo, no qual teremos a concepção lógica de C. S. Peirce como ponto de partida, avançando com outras concepções que possam nos ajudar a compreender por que a prova de um crime é essencialmente um signo, mesmo que a coloquemos na perspectiva linguística do que se diz acerca do crime no processo penal.

Ao final, esperamos deixar claro que – embora nos interessemos por falar especificamente do uso probatório do sinal em relação ao crime –, a noção geral de uso probatório permanece como base de outras possibilidades similares: o sinal presente, assumido como signo, se torna prova de algo ausente sempre. É precisamente essa generalidade que pressupomos para assumir a prova como signo do crime e pela qual poderemos entender a função probatória como uma específica função sígnica entre outras possíveis. Mas essa assimilação probatória que fazemos já se encontra nos escritos de C. S. Peirce, a considerar o relato que ele fez de um furto sofrido durante uma viagem em 1879, usando explicações lógicas que se vão encontrar nas espécies de argumento do interpretante de um signo, com o que antecipa em alguns anos o tipo de narrativa investigativa que se vai encontrar nos primeiros escritos de Arthur Conan Dolye (Sebeok; Umiker-Sebeok, 1987, p. 23-37).

2. AS TRICOTOMIAS PEIRCEANAS DO SIGNO

A falarmos do signo segundo o meio com que se apresenta, devemos compreender inicialmente que eles são sempre parte do mundo físico, são algo materialmente perceptível (Walther-Bense, 2010, p. 10). É nesse sentido que temos falado de sinais do crime, seja como singularidade, seja como qualidade ou legalidade, conforme a concepção peirceana. Estamos falando de sua mais imediata forma de estar no mundo, que a semiologia linguística costuma chamar também de *significante* (Barthes, 2012, p. 60). Se quisermos fazer alguma aproximação entre as classificações jurídicas, estaríamos aqui no âmbito da prova segundo a forma (material, documental e testemunhal), mas na consideração jurídica, essa forma é aquilo que nos aparece na superfície da percepção já segundo uma ordenação posterior, enquanto na concepção de Peirce é algo que se encontra um estrato abaixo, em um sentido mais lógico. Assim, entende-se por que, considerados em relação ao meio de que se vale o signo, Peirce propõe que os chamemos de qualissignos, sinsignos e legissignos. Mas ao assim distingui-los, Peirce não está interessado na forma material com que os signos se podem apresentar, segundo a matéria sensível; o que lhe interessa é a categoria sensorial com que se apresenta, como qualidade, singularidade ou legalidade. O conceito central com que podemos assimilar as provas do crime são os sinsignos, mas estes somente se compreendem na relação que mantêm com os qualissignos e legissignos.

Os sinsignos são coisas ou eventos singulares existentes que, embora se constituam de qualidades sígnicas várias, interessam como signo por sua singularidade (Peirce, 2012, p. 52). É como se apresenta a maioria das provas do crime. Ele se compreende, em sentido amplo, como um sinal individualizado no espaço e no tempo que, embora possa ter vários similares a ele, é considerado especificamente em sua singularidade concreta. Uma obra de arte, por exemplo, é um sinsigno por excelência, porque importa precisamente por sua singularidade (Walther-Bense, 2010, p. 12); elas não podem ser substituídas por outras sem perda do valor essencial que as tornam singular, embora possamos encontrar réplicas, reproduções e falsificações. E isso se pode dizer igualmente das provas penais, cujo valor de prova interessa precisamente por sua singularidade, porque especificamente são representações de um crime singular. Uma garrafa de cerveja ou uma faca de cozinha que se encontre na cena de um crime, contendo digitais, bem como materiais genéticos, interessa como prova por sua singularidade, não se podendo substituir por uma outra qualquer garrafa de cerveja ou faca de cozinha, embora existam várias garrafas e facas similares. Essa singularidade decorre não apenas do fato de possuir digitais, mas também porque se encontra em um espaço e tempo específicos que a colocam em conexão com o crime em questão. Pode-se ter a mesma compreensão de "santinhos" para propaganda eleitoral encontrados em posse de um cabo eleitoral no dia das eleições em frente ao local de votação, embora se refiram a um lote de idênticos "santinhos" que se distribuíram anteriormente sem qualquer ilegalidade. A singularidade desses "santinhos" em específico decorre de seu aparecimento concreto em dia e lugar proibidos. Pode-se dizer que a singularidade decorre de certas qualidades, que são por si meios de um signo.

O qualissigno, portanto, "é uma qualidade que é um signo" (Peirce, 2017b, p. 52), a exigir uma corporificação para que atue como signo, embora a qualidade em si possa ser considerada um meio primário presente nos diversos signos singulares (sinsignos) ou legais (legissignos). Um qualissigno é um fenômeno que se apresenta ao espírito sensível, perceptível pelos sentidos da visão, audição, olfato, paladar e tato (Walther-Bense, 2010, p. 12). Aqui estamos no âmbito da percepção que se depara com os dados imediatos da realidade, mas não significa que os sentimos sem qualquer convencionalidade. As imagens, os sons, os cheiros, os sabores e extensões são as formas apreendidas segundo algum código ou repertório de qualidades que nos permitem considerá-las em sua singularidade. Assim, uma cor qualquer é identificada segundo uma escala de cores, por sua distinção com outras cores; um som, segundo uma escala de sons, por distinção com outros sons. É nesse sentido que podemos entender Roland Barthes (2001, p. 179) para quem "os signos são constituídos por diferenças". Mas o que isso nos interessa em perspectiva probatória? A considerar que uma determinada qualidade sígnica pode ser elemento essencial do crime (imaginemos a cor de uma pele, no crime de racismo), discutir a prova como qualissigno terá toda relevância ao conhecimento, não sendo de menor importância a escala convencional que se encontra no contexto social de discussão, o que pode mudar conforme a região geográfica do acontecimento. Os exemplos se podem multiplicar, se tivermos em conta não apenas qualidades físicas sensíveis, mas também qualidades químicas, como as que interessam a certas substâncias entorpecentes que se podem constatar pelos sentidos, mas que vão exigir uma reação química específica como prova de que se trata do crime em questão. Porém, tanto em um como em outro caso, essas qualidades sígnicas são discutidas independentemente da singularidade específica do meio da prova, que possuem essas qualidades, embora nem sempre interessem por tais qualidades.

Os legissignos, por sua vez, são geralmente signos convencionais, estabelecidos com base em alguma lei pelos homens; não são singulares, embora abranja singularidades sígnicas no seu tipo geral (Peirce, 2017b, p. 52). São signos criados pelo intérprete de algum outro signo para um campo determinado de objetos, conservando certa identidade em cada produção similar (Walther-Bense, 2010, p. 12). Podemos identificar as singularidades do legissigno em certos sinsignos, mas o que nele representa uma legalidade é um tipo geral que se pode repetir em outras ocorrências singulares. Assim, um laudo pericial, um relatório policial, um depoimento testemunhal, conquanto retenham certa singularidade signica, como produções convencionais pelo homem, são legissignos criados por um intérprete de signos anteriores, são nesse sentido interpretantes de signos originários, mas que se produzem segundo certas convenções que mantém a legalidade do tipo geral. Diferentemente das provas que são sinsignos, dependentes do crime em causa que não se repete sempre em todos os processos, os depoimentos e relatórios mantém uma convencionalidade que se repete em todos os processos, independente do crime em causa.

As relações entre qualissigno, sinsigno e legissigno se podem compreender segundo outra terminologia que Peirce também usa, identificando-os como *tone, token e type*. Se tivermos em conta aquela faca encontrada na cena do crime com suas específicas qualidades (*tone*), as outras facas que se assemelham a ela, portanto, podem ser entendidas como réplicas relativamente a um *type*. E cada faca em singular seria um *token* do tipo de faca que compõe o conjunto de talheres, mas apenas aquela encontrada ao lado do corpo é a que interessa ao caso em razão de alguns *tones* que a distinguem das demais. Essa compreensão da faca como *token*, relativamente aos seus *tones* e ao seu *type*, aplica-se a todos os demais sinais com que o crime pode ser provado. Também os demais vestígios que se encontram no local de um crime (ainda no caso de um homicídio) são sinais com suas qualidades específicas, relativamente a um tipo que se pode ou não repetir; também a droga escondida no fundo falso do veículo, as moedas falsas recolhidas na circulação e a madeira apreendida sem autorização de transporte; o mesmo se pode dizer dos documentos de um negócio jurídico fraudulento para justificar uma lavagem de dinheiro, bem como das movimentações financeiras de um suspeito de recebimento de suborno, além das comunicações por todos os meios entre os integrantes de uma organização criminosa.

Ícone, índice e símbolo

A questão é que os sinais (seja como singularidade, seja como qualidade ou legalidade) não se bastam como signos. Eles são apenas o meio com que os signos se apresentam numa relação com algum objeto. Mas ao falarmos dos signos segundo o objeto, não estamos a falar de coisas que existem no mundo necessariamente, embora possam existir em outro tempo e espaço distinto dos signos. É nesse sentido que, em relação ao objeto, os signos devem ser entendidos como "parte do mundo objetivo e dos acontecimentos" (Walther--Bense, 2010, p. 10), mas isso não significa que existam como coisas em si, mas como coisas objetivadas para o conhecimento. Quanto ao que nos interessa, o signo segundo o objeto trata do crime, sua autoria e circunstâncias, que supomos terem existido no passado, mas que podem de fato não ter existido, afinal é disso que se trata ao falarmos de prova, uma possibilidade de que um crime tenha ocorrido e possa ser provado por certos meios presentes. Assim, considerados em relação ao objeto, C. S. Peirce (2017b, p. 64) sugere que se distingam os signos em ícones, índices e símbolos. Trata-se da mais importante divisão dos signos que tem movimentado várias abordagens e críticas, mas não nos interessa aqui discuti-las agora, salvo no que possam interessar mais imediatamente a uma primeira compreensão relativa ao tema da prova penal.

O *ícone* é o signo relativamente ao objeto "que denota apenas em virtude de seus caracteres próprios", sendo exigência de sua possibilidade que exista pelo menos um objeto, sem o qual o ícone não existe como signo (Peirce, 2017b, p. 52). O ícone é, nesse sentido, um signo que reproduz ou imita o seu objeto, devendo ter "algumas características em comum com o objeto" (Walther-Bense, 2010, p. 15). Uma fotografia é signo icônico relativamente ao objeto de que é representação, porque, "sob certos aspectos, são exatamente como os objetos que representam", mas também um diagrama se pode entender como ícone, embora não se assemelhe ao objeto quanto à aparência, pois "a semelhança entre eles consiste apenas quanto à relação entre suas partes" (Peirce, 2017b, p. 63, p. 65). Essa diversidade da suposta semelhança entre ícone e seu objeto chamou a atenção crítica de vários semióticos, sendo igualmente relevante ao estudo da prova penal. A começar por Charles Morris (1985, p. 60), que tentou especificar melhor o sentido da denotação icônica dos objetos, falando de "características que eles mesmo possuem, ou, mais comumente, certo conjunto especificado de suas características". Mas essa é uma abordagem evasiva, porque supõe que a semelhança emerge naturalmente, o que foi criticada por Umberto Eco, para quem toda representação icônica depende sempre de alguma convencionalidade do código de reconhecimento, concluindo com a proposta de que "se pode apontar como signo icônico todo aquele que nos parece reproduzir algumas das propriedades do objeto representado" (Eco, 2013, p. 113; 2014, p. 169). Essa abertura conceitual do ícone como signo nos permite nele enquadrar, além de todos os registros de áudio e imagens, que se fizeram do crime por fotos, vídeos ou gravações de voz, todas as provas produzidas que pretendem representar alguma propriedade relevante do crime, a exemplo de retratos falados, laudos periciais e, em especial, a prática de "reprodução simulada do crime" (art. 7º do Código de Processo Penal), que nada mais é do que uma tentativa probatória de criar um ícone do crime capaz de nos convencer acerca das conclusões de um interpretante, mas que bem pensado não passa de um prova simbólica. Em todas essas hipóteses, temos alguma convenção suposta no conhecimento do ícone como representação possível do objeto, sem a qual se tornaria impossível reconhecer na prova o crime.

Os *índices*, por sua vez, são signos que se referem ao objeto, "em virtude de ser realmente afetado por esse objeto", envolvendo, portanto, uma espécie de ícone, mas não por mera semelhança (Peirce, 2017b, p. 52). Bem compreendido no essencial, o índice não tem relação com o objeto em sentido representativo, mas *assinalativo*, o que significa dizer que ele é *indicativo* do objeto; ele tem alguma conexão direta, geralmente causal, sendo nesse sentido um sinal decorrente de "um objeto ou acontecimento determinado, singular, individual, condicionado temporal e espacialmente" (Walther-Bense, 2010, p.16). Francesco Carnelutti (2005, p. 60) – embora fazendo uma distinção entre provas históricas e provas críticas, segundo uma função representativa ou indicativa que pode ser assimilada aos ícones e índices – considera que estes, mais do que qualquer outra modalidade de signo, dizem respeito ao tema fundamental de interesse probatório, porque "caracterizam o domínio da experiência e da realidade empírica" que nos é possível acessar na busca pela verdade acerca do crime. Essa concepção tradicional, contudo, somente pode ser aceita se considerarmos a chamada prova direta – em contraposição à prova indireta na qual é costume tratar-se dos indícios pela tradição jurídica – também como uma forma de índice em sentido semiótico, porque sendo o crime um evento ausente do passado, apenas temos acesso a ele por seus indícios. Mas a considerar que a distinção entre índice e ícone se faz com relação ao seu objeto, um mesmo sinal pode ser ícone relativamente ao crime e índice relativamente ao autor (a exemplo de um vídeo que tenha gravado um roubo, no qual o assaltante esteja de máscara), não fazendo sentido confinar certas provas como um ou outro de forma absoluta.

Os *símbolos*, por fim, são signos que se referem a um objeto geral, que não tem existência singular; "não apenas é ele geral, mas também o objeto ao qual se refere é de natureza geral" (Peirce, 2017b, p. 53). Portanto, ele não denota nada em particular, mas uma espécie de coisas, estando conectado ao seu objeto por força da ideia da mente, que se utiliza sempre de outros signos para constituir-se. Mas, diversamente dos ícones e dos índices, os símbolos não guardam qualquer relação de semelhança ou de decorrência com o objeto, podendo assumir-se com inteira liberdade pelo intérprete que apenas seleciona um meio qualquer para empregar de forma convencional em relação ao objeto (Walther-Bense, 2010, p. 18). Em outra passagem de seus elementos de lógica, falando da natureza dos símbolos, Peirce (2017b, p. 71, p. 73) nos dá como exemplos deles "todas as palavras, frases, livros e outros signos convencionais", e nesse sentido eles podem ser aplicáveis a "tudo o que possa concretizar a ideia ligada à palavra", mas por si mesmo não podemos dizer que eles identificam essas coisas. É por isso que, embora possamos aceitar os documentos produzidos em processo penal como provas do crime, eles mesmo em si não se prestam a indicar ou representar os objetos a que se referem, mas apenas nomeá-los segundo a linguagem jurídica do crime. Elas se aproximam muito das provas de tipo verbal que encontramos no sistema feudal de provas, onde uma defesa era eficiente pelo simples fato de responder com a fala ritual de uma fórmula ou um juramento sem hesitação (Foucault, 2013, p. 62), o que ainda se pode encontrar no direito moderno nos casos de testemunhos ou de delação premiada em que os depoimentos não são submetidos a controle cruzado nem acompanhados de qualquer elemento externo de convicção judicial, pelo simples fato de que a pessoa (interessada ou não no objeto em causa) é assimilada como testemunha. Mas para que não fiquemos apenas na dimensão da linguagem, podemos encontrar ainda no sistema feudal as provas corporais, pelas quais se considerava culpado quem, após ter andado sobre ferro em brasa, ainda tivesse cicatrizes nos pés passados dois dias (Foucault, 2013, p. 63). Assim, podemos entender por que razão a chamada "reprodução simulada do crime", embora tendo por base a tentativa de criar um ícone, somente se aceita como prova por convenção simbólica de que isto tem alguma força probatória, embora essa mesma decorra verdadeiramente do tipo de argumento que os sujeitos processuais recorrem para justificarem-na. Mas isso requer que tenhamos em conta, portanto, os tipos de interpretantes do signo, sem os quais não se compreendem os signos completamente.

Rema, dicente e argumento

As possibilidades múltiplas de consideração de um mesmo meio em relação a objetos variados nos permitem entender que uma prova penal qualquer tem sentidos semióticos diversos conforme a questão em causa que se coloca, antecipando as diversas possibilidades de interpretantes com que se pode apresentar um meio qualquer. A discussão teórica acerca do interpretante do signo na semiótica peirceana é considerada o ponto de maior dificuldade compreensiva. Mas no que interessa ao estudo da prova penal, é igualmente o ponto de maior relevância prática. Francesco Carnelutti (2005, p. 30), falando da prova penal segundo sua eficácia representativa, distinguia as provas em históricas e críticas bom base na "idoneidade para suscitar na mente do juiz, direta ou indiretamente, mediante a *figura* ou o *discurso*, que são as duas espécies de *conceito*, a *imagem* do fato a provar". Essa é uma boa concepção preliminar que podemos ter do interpretante dos signos, mas precisamos avançar mais nas suas diversas possibilidades. C. S. Peirce sugere que se distingam os signos quanto ao interpretante em *remas*, *dicentes* e *argumentos*, o que poderemos dizer igualmente das provas penais.

Os *remas* são signos de possibilidade qualitativa para seu interpretante (Peirce, 2017b, p. 53). Eles são considerados signos singulares em aberto, que não são nem verdadeiros nem falsos, não conduzindo nem ao juízo, nem à decisão, nem à ação; são o que na lógica clássica se denomina por *conceitos* (Walther-Bense, 2010, p.24). Isso significa que um signo qualquer, considerado em seu interpretante como um rema, apenas diz respeito ao conceito do objeto, nada mais se podendo dizer dele. A considerar que os meios diversos de prova dizem respeito antes de tudo a objetos distintos do interesse probatório, o nível remático do signo apenas nos revela seu conceito anterior à relação com o crime. Assim, uma garrafa de vidro apreendida no local do crime, antes de ser considerada um instrumento de crime nos termos da lei penal, será considerada uma garrafa de vidro em seu sentido remático, embora essa mesma garrafa se possa considerar segundo outro interpretante. E se a quisermos assimilar como interpretante em contexto criminal, conceitualmente considerado, diremos apenas que ela é um possível *instrumento* de crime de lesão, o que nos diz pouco acerca do que interessa ao processo penal, embora também possamos considerá-la como *objeto* de crime de furto, o que ainda não é suficiente acerca de um crime específico sob investigação e julgamento. Nesse sentido, podemos entender que um mesmo meio de prova, considerado meio de um signo, tendo em conta os objetos distintos a que se refere, além de entendido como rema, poderá ser considerado ainda segundo o interpretante também como dicente ou argumento.

Os *dicentes* são signos que, envolvendo um rema necessariamente, descrevem "o fato que é interpretado como sendo por ele indicado" (Peirce, 2017b, p. 53). Não são, portanto, meros conceitos, mas *afirmações* que se podem fazer acerca do objeto, tomadas como proposições verdadeiras ou falsas que podem ser avaliadas, decididas ou julgadas (Walther-Bense, 2010, p. 25): "um dicente informa sobre o seu objeto, enuncia algo sobre o objeto que nele está representando" Assim, considerando os diversos meios de prova reunidos em um processo penal, mais ou menos conhecidos em seu conceito remático, é necessário que se diga algo a respeito deles no interesse da causa criminal em questão. A respeito de uma garrafa de vidro, cujo conceito não é nem verdadeiro nem falso, será dito que foi usada como instrumento de um crime específico, o que é uma afirmação que se pode avaliar e jugar; pode-se dizer que a garrafa foi quebrada anteriormente para o fim específico de uso como instrumento do crime ou que já estava quebrada quando alguém a pegou para usar. Em outro contexto criminal, podemos dizer que um lote de garrafas foi objeto de furto em um depósito de bebidas. Mas no que interessa ao processo penal, estas afirmações acerca do objeto ainda não dizem tudo que é necessário a qualquer conclusão, sendo relevante considerar as provas ainda segundo os seus argumentos interpretantes.

Os *argumentos* são signos aos quais Peirce deu grande atenção, pois é neles que se encontra a divisão dos raciocínios em *dedução*, *indução* e *abdução*, esta última por vezes chamada de *retrodição* ou *hipótese* (Peirce, 2017a, p. 5; 2008, p.165-189). Um argumento para seu interpretante "é signo de lei" – é como Peirce o sintetiza, para em seguida tratar da essência de um juízo, ressaltando que na perspectiva do lógico não interessa seu aspecto psicológico, tampouco que venha afirmado ou negado em alguma preposição, bastando que se possa encontrar na totalidade do signo (Peirce, 2017b, p. 53). O que toda essa questão tem a oferecer ao tema da prova penal? O fundamental para o raciocínio probatório, a considerar que, independentemente de um juízo penal dar causa de seus argumentos probatórios, eles se encontram na totalidade da prova que é considerada como suficiente para uma condenação.

É por isso que, na perspectiva semiótica da prova penal, o mais relevante se encontra na discussão dos argumentos do interpretante. Ele representa uma conexão completa de signos, dependente de regras de todos os signos empregados, que podem ser de qualquer espécie segundo o meio e o objeto, com os quais chega à necessidade lógica do silogismo. O argumento, assim, como silogismo, em conjunto com o conceito e a proposição, compõe as categorias lógicas de significados (Walther-Bense, 2010, p. 26). O que, quanto ao que nos interessa, diz respeito aos sentidos especificamente probatórios do signo. É, portanto, nos argumentos da prova penal como signo do crime que encontramos o essencial da discussão acerca dos raciocínios probatórios, nos quais podemos encontrar deduções, induções e abduções.

3. A RELAÇÃO TRIÁDICA FUNDAMENTAL

Ao falar das suas diversas tricotomias – segundo o meio, o objeto e o interpretante – C. S. Peirce (2017b) pressupõe sempre a existência de três elementos fundamentais que se relacionam no conceito unitário de signo, geralmente os chamando de *signo,* ou *representamen, objeto* e *interpretante.* Não há consenso na terminologia desses elementos constitutivos do signo, a considerar o inventário comparativo que fez Umberto Eco (1990, p. 25), apresentando as diversas nomenclaturas encontradas: 1) signo (Peirce), símbolo (Ogdën-Richards); veículo sígnico (Morris), expressão (Hjelmslev); representamen (Peirce), sema (Buyssens); 2) objecto (Frege-Peirce), denotatum (Morris), significado (Frege), denotação (Rusell), extensão (Carnap); 3) interpretante (Peirce), referência (Ogdën-Richards), sentido (Frege), intensão (Carnap), designatum (Morris, 1938), significatum (Morris, 1946), conceito (Sausure), conotação, conotatum (Stuart Mill), imagem mental (Sausurre, Peirce), conteúdo (Hjelmslev), estado de consciência (Buyssens). Apesar, contudo, da relevância de termos um panorama terminológico assim, o mais importante, a respeito dos termos, é considerar que eles pressupõem também compreensões muito diversas de cada elemento. E apesar de algumas dificuldades que oferece a teoria semiótica de Charles S. Peirce, tendo em conta seus desenvolvimentos por Elizabeth Walther-Bense, esta nos parece ser a que melhor atende às necessidades de uma teoria da prova, embora possamos recorrer a outras teorias visando a obter uma melhor compreensão de cada elemento semiótico.

Elizabeth Walther-Bense (2010) desenvolve essa teoria originária a partir da noção de *relação triádica,* mas repropondo que se considerem os elementos como *meio, objeto e interpretante* (como já procedemos no tópico anterior), segundo a fórmula: S = R (M, O, I). A substituição do termo *signo* por *meio* é adequada por duas razões: primeiro, porque o signo parece representar melhor o conjunto da relação, não estando restrito ao meio com que o signo se apresenta; segundo, porque adere melhor à terminologia que se costuma encontrar nas discussões jurídicas sobre a prova, quando geralmente se fala em meio de prova e objeto de prova (Malatesta, 1996). Nesses termos, o signo pode ter a seguinte representação:

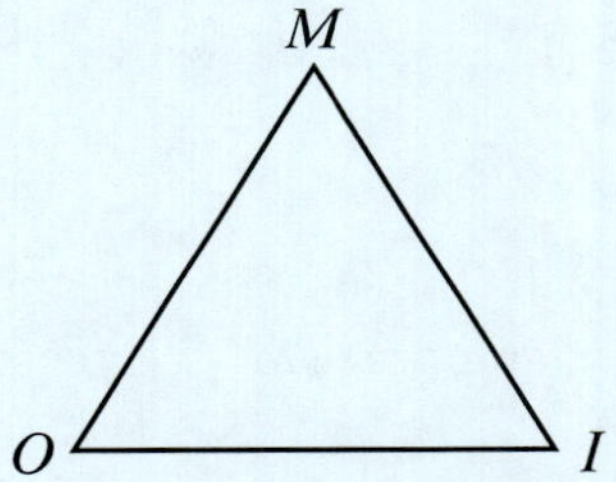

Esta mesma fórmula se pode utilizar na abordagem semiótica da prova, com que podemos falar de *relação probatória,* nos seguintes termos: P = R (M, O, I). Contudo, embora possamos reduzir a prova como signo do crime a uma representação assim, na prática processual penal, *M* congrega múltiplos meios de prova $(m_{1,} m_{2,} m_3 \ldots m_n)$ que no conjunto concorrem para alguma conclusão sobre se "alguém cometeu um crime" (*AxB*). Ademais, devemos ter em conta a dualidade do objeto, considerado tanto como um *fato histórico-material* (O_1), quanto como um *tipo hipotético-normativo* (O_2). E, por fim, devemos ter em conta que, no conjunto dos atos processuais relativos à prova do crime, além dos signos primários, que podemos chamar de M_1, composto de atos não necessariamente locutórios, há outros tantos signos secundários, que podemos chamar de M_2, composto de atos necessariamente locutórios, nos quais se encontra a proposição *AxB,* explícita ou implicitamente. Assim, sem abandonar a relação triádica fundamental, podemos ter uma representação mais sofisticada das provas como signos do crime em um processo penal como se segue:

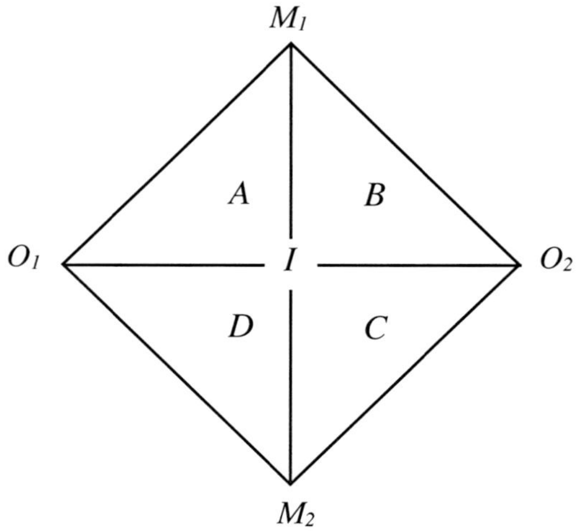

A figura pode, então, ser interpretada segundo quatro triângulos (A, B, C, D), composto dos elementos (M, O, I), como se segue em sentido horário: *A* (M_1, O_1, I); *B* (M_1, O_2, I); *C* (M_2, O_2, I); *D* (M_2, O_1, I). Enquanto *A* e *C* tratam do que no direito chamamos de *quaestio facti*; *B* e *D* tratam do que no direito chamamos de *quaestio iuris*. Por sua vez, além das diferenças relativas ao caráter locutório, enquanto *A* e *B* contêm atos não necessariamente propositais (quanto ao objetivo probatório), *C* e *D* contêm atos necessariamente propositais (quanto ao objetivo probatório), embora todos os atos mantenham sua intencionalidade[10]. E, assim, devemos compreender que, apesar da imbricação que todos os triângulos encontram em um *I* compartilhado, cada triângulo trata da questão da prova sob perspectivas diversas.

Além da terminologia e da relação triádica dos elementos com que se constitui o signo, o mais importante é ter uma boa compreensão da natureza desses elementos, o que encontramos na explicação que Elisabeth Walther-Bense apresenta, recorrendo às categorias fundamentais que Peirce denomina

10 Ao falarmos de intencionalidade, como abrangente de atos propositais e não propositias relativamente ao objetivo probatório, estamos assumindo a noção de itencionalidade como *direcionalidade* (Searle, 2002b, pp. 1-6) *relacional* (Dutra, 2021d, p. 165ss), que nos vai ajudar oportunamente a discutir o problema geral da significado

de *primaridade*, *secundaridade* e *terciaridade*[11], com as quais o signo pode ser considerado nas suas referências com o meio (1), com o objeto (2) e com o interpretante (3). Assim, em relação ao meio, "o signo é parte do mundo físico, material", enquanto em relação com o objeto, ele é "parte do mundo objetivo das coisas e dos acontecimentos", no qual se entende por "mundo objetivo" não o "mundo físico", mas a uma objetivação conceitual do mundo físico. E, por fim, na sua relação com o interpretante, o signo "é parte das regras, das regularidades, das formas e relações de pensamento do mundo mental" (Walther-Bense, 2010, p. 10). Assim, podemos vislumbrar a virtude teórica que essa distinção semiótica do signo pode ter na compreensão jurídica da prova. Ao consideramos, nesse sentido, a prova como uma relação triádica segundo a fórmula P = R (M, O, I), teremos sempre em mente que qualquer meio físico (material, documental ou testemunhal) não constitui uma prova em si (na pura referência a si mesmo), sem qualquer referência ao objeto, tampouco ao interpretante que suscita o problema das regras de pensamento relativas ao seu significado como prova do objeto. É o que nos permite a concepção lógica do signo que encontramos em C. S. Peirce.

4. A CONCEPÇÃO LÓGICA DO SIGNO: REPRESENTAÇÃO

Assim como o admitia John Locke (2014, p. 999), também C. S. Peirce (2017b, p. 45) considera que "em sentido geral, a lógica é, (....) apenas um outro nome para *semiótica* (...), a quase necessária, ou formal, doutrina dos signos". Contudo, enquanto em Locke a lógica estava ainda adstrita ao mundo das palavras, Peirce consegue abrir-se mais e mais a possibilidades amplas de atribuição da qualidade de signo a muitas coisas distintas da língua, sem a descartar, contudo, como espécie de signo, mas considerando tudo uma questão de lógica, com base no seu conceito amplo e aberto de signo. É essa concepção alargada do signo que nos permite abranger os sinais do crime.

C. S. Peirce considera o signo sobretudo como um *representamen*, ou descritivamente, "aquilo que, sob certo aspecto ou modo, representa algo

[11] A respeito desses termos, contudo, há grande divergência nas traduções portuguesas do que Peirce trata como *firstness*, *secondness* e *thirdness*, conforme ressalta o tradutor brasileiro J. Teixeira Coelho Neto, explicando que há ainda quem fale de *primariedade*, *secundariedade* e *terciariedade*, ao que ele optou por chamar de *primeiridade*, *secundidade* e *terceiridade*.

para alguém" (Peirce, 2017b, p. 46). De imediato, pode-se identificar a prova nessa concepção, tomada como representação do crime para os sujeitos processuais. Mas é descendo aos seus elementos constitutivos que podemos ver melhor essa possibilidade. Peirce diz que esse *representamen* dirige-se à mente de alguém, criando nele um signo equivalente ou um signo mais desenvolvido que se deve designar, e assim entender, como *interpretante* do signo primeiro. Essa concepção lógica de Peirce estabelece uma compreensão dinâmica do signo, porque admite que todo signo se estabelece na base de um outro como interpretante seu. O termo que utiliza – interpretante –, por mais estranho que nos possa parecer, tem uma virtude heurística imensa, porque evidencia que a captação de qualquer coisa que se possa considerar um signo produz em outro nível um signo mais desenvolvido, como resultado de uma interpretação. E isso é especialmente relevante para a compreensão da prova como signo no processo penal, porque em cada fase processual o que temos a partir das evidências primárias será um interpretante em segundo, terceiro ou quarto grau. Mas todos estarão em relação de *representamen* de algo distinto deles, porque "o signo representa alguma coisa, seu *objeto*", que é representado não em todos os seus aspectos, mas segundo um "tipo de ideia" – esta é precisamente a expressão usada por Peirce, que os semiólogos têm debatido tanto na discussão sobre a realidade ou não do objeto do signo, mas que o jurista facilmente poderá identificar no conceito fundamental de tipo penal, porque, embora não seja o crime em si, é a ideia que temos dele segundo um modelo normativo. A respeito, é esclarecedor observar que Peirce também por vezes se refere a esse objeto como *fundamento* do *representamen*, no sentido de ter uma ideia com conteúdo similar ao tipo de ideia do signo. Em todo caso, é central no seu conceito de signo essa noção de *representação*, que ele explica posteriormente como "estar em lugar de", o que serve para uma variedade imensa de casos, a exemplo de alguns que apresenta, como "um deputado, um advogado, (...), um diagrama, um sintoma, (...) uma testemunha, todos representam alguma coisa, de diferentes modos, para mentes que o consideram sob esse aspecto". Portanto, não parece haver dúvida de que, além de testemunhas, tudo mais que possa "estar numa relação com um outro que, para certos propósitos [a exemplo dos probatórios], é considerado por alguma mente como se fosse esse outro" (Peirce, 2017b, 61), porque isso é precisamente o que fazem os diversos sujeitos processuais em relação com o crime.

A seguir essa concepção, utilizando-se de terminologia que transita entre a lógica e a linguística, e desta colha alguns de seus exemplos mais característicos, Charles Morris (1985, p. 31) desenvolve alguns aspectos desse conceito que melhor esclarecem os elementos do signo que ele distingue em *veículo sígnico, designatum* e *interpretante,* chamando a atenção para o sujeito da interpretação, o *intérprete*, geralmente deixado de fora da semiótica. É, nesse sentido, especialmente relevante à teoria da prova considerar o que ele diz a respeito do veículo sígnico, a considerar que este tanto pode dirigir o intérprete do signo ao objeto em si, quanto às características do objeto em questão mesmo diante de sua ausência. Aqui, tendo em conta a consideração da prova como signo, podemos começar a divisar uma distinção entre *a prova referida à evidência em si* – cuja presença se encontra no local do crime, ou é descoberta e colhida posteriormente por investigações –, e *a prova referida ao crime*, cuja ausência o intérprete representa pela evidência assumida como signo. O que, portanto, se pode chamar *designatum* do signo, presente em qualquer espécie de signo, pode aludir a algo existente ou não. Assim, pode o signo aludir a algo existente, o *denotatum,* ou algo inexistente, porque o *designatum* não é uma coisa em si, mas um *tipo de objeto,* o que em termos jurídicos se pode compreender como os elementos do tipo (previsto na lei penal), segundo a natureza do objeto. É importante reter que, mesmo quando o signo tem um *denotatum,* ou seja, um *designatum* que alude a algo que existe realmente como referência ao objeto, essa referência recorre a um tipo de objeto, nunca diretamente ao objeto em si. Essa observação sobre o objeto do signo permite a Morris explicar como funciona essencialmente um signo, aclarando aquilo que Peirce já havia falado acerca do interpretante. Trata-se aqui do que Morris chama de *níveis semióticos,* em que cada nível superior de signo se nutre de níveis inferiores, pressupondo sempre e cada vez mais um interpretante, o que pressupõe também que o *designatum* do nível acima pode ser o *veículo signo* do nível abaixo. Essa imagem levada ao extremo pode conduzir a séries inteiras de signos que se apoiam em outros tantos signos, o que condiz muito adequadamente com uma teoria da prova, porque cada fase processual (inquérito, acusação, instrução e julgamento) se apoia em um nível semiótico, acrescendo interpretantes a todo momento, desde a notícia do crime, passando pelas documentações originárias, testemunhais e periciais, relatórios de inquérito, denúncia e defesa, até a sentença final. Em uma imagem mais bem definida, aproveitando a noção de níveis semióticos, podemos falar em uma *árvore semiótica da prova,* cuja prova mesmo se encontra apenas no nível primário das raízes, enquanto aquilo que compõe a motivação final de uma sentença penal é apenas o *interpretante* de último nível que se encontra na copa, mediado por outros tantos interpretantes de níveis intermediários.

A noção de níveis semióticos, ao enfatizar a distância que o interpretante final se encontra em relação ao objeto de base, pode deixar a prova em condições juridicamente deploráveis em sua valoração, a considerar o que isso pode representar em termos de probabilidade acerca de uma verdade qualquer que se esteja buscando no processo penal. Mas não nos podemos sonegar essa realidade dos signos, sobretudo porque é dela que emerge uma outra característica fundamental ao mundo dos signos, o fato de que "signo nenhum pode aparecer sozinho, independentemente de outros signos". Essa observação que nos faz Elisabeth Walther-Bense (2010, p. 6), sustentando haver uma espécie de "dependência em relação a um repertório", é especialmente relevante ao mundo das provas penais porque uma única prova dificilmente se impõe sozinha em uma condenação, sobretudo se outras há que não estão em concordância com ela. O que ao final de um processo penal se considera a prova do crime será, portanto, sempre um repertório de provas que precisam compor uma frase probatória sintaticamente coerente. Ademais, a considerar que todo signo deve ser interpretável, "isso significa que ele é explicável por meio, pelo menos, de um outro signo" (Walther-Bense, 2010, p. 6), o que geralmente em relação à prova do crime vem acrescido em atos processuais escritos (depoimentos, laudos, relatórios) ou atualmente gravados em áudio e vídeo, mas sempre com base em linguagem verbal. Isso justifica, portanto, que tenhamos também em conta a concepção linguística dos signos, porque ela se torna indissociável da prova penal.

5. A CONCEPÇÃO LINGUÍSTICA DO SIGNO: COMUNICAÇÃO[12]

A prova como signo se pode considerar também linguisticamente. Tendo em conta que a prova é referida no processo penal sempre em termos de

---

[12] Ao falarmos de concepção linguistica do signo, não temos em mente considerar a *Linguística* como algo distinto da *Semiótica*, mas como parte desta, segundo a considerava Ferdinand de Saussure (2021, p. 47): "A Linguística não é senão uma parte dessa ciência geral", embora na tradição de língua francesa se costume preferir o uso do termo *Semiologia*.

linguagem, não nos é difícil compreender em que sentido a prova se enquadra nos termos do signo linguístico concebido na tradição de pesquisa iniciada por Ferdinand de Saussure. Em sua concepção, contudo, um signo linguístico não une uma coisa à palavra, mas um conceito que é seu significado, a uma imagem que é seu significante. É, nesse sentido, que podemos compreender o conceito de signo que nos dá Saussure (2012, p. 107): "Chamamos *signo* a combinação do conceito e da imagem acústica". Uma qualquer prova, portanto, que assim se apresente linguisticamente, evoca não a coisa em si, mas o conceito como seu significado, através da imagem que apresenta como significante.

Ainda que em sua análise linguística tenha como objeto concreto (como assim o especifica) "o produto social depositado no cérebro de cada um, isto é, a língua", Ferdinand de Saussure (2012, p. 107) admite que "geralmente nós a conhecemos somente através da escrita. Mesmo no caso de nossa língua materna, o documento intervém a todo instante". Mas em sua concepção permanece a distinção entre língua e escrita como "dois sistemas distintos de signo", cuja razão do segundo seria apenas representar o primeiro, estando neste uma função sobretudo comunicativa. Contudo, mesmo nessa sua redução do horizonte linguístico, a escrita constitui um sistema de signo também, podendo assim ser considerado. Nesse sentido, tanto os pronunciamentos falados, quanto a documentação escrita dos testemunhos probatórios do processo penal, se podem compreender em termos de signo linguístico, o que se pode igualmente falar dos testemunhos periciais que se proferem em audiência ou se documentam em laudos. Embora algumas provas sejam originariamente linguísticas – como as que decorrem imediatamente do testemunho comum – enquanto outras o são apenas por derivação, como as que decorrem mediatamente do testemunho pericial sobre vestígios, ao final, quem quer que se tenha deparado com a documentação processual de um caso criminal, sabe que tudo se encontra reduzido a linguagem, mas sempre visando a uma função prática de provar. São, na terminologia de J. L. Austin (2020, Lecture VIII, p. 99ss), atos de fala que assumem alguma força probatória, porque além do ato de enunciar (*locutionary*), também estamos tentando provar algo (*illocutionary*) e esperamos que tenha efeito no destinatário (*perlocutionary*).

A considerar, portanto, que muita coisa no processo se desenvolve na dimensão da linguagem, podemos ter em conta esse pressuposto inicial para distinguir entre questões relativas ao objeto da prova e a sua forma processual:

1º) O objeto referido pela prova é conhecido por mediação da linguagem jurídica que se expressa em tipos penais como "matar alguém"; "subtrair para si ou outrem coisa alheia móvel"; "constranger alguém...a ter conjunção carnal". Mas, claro está que o crime não é apenas a sua expressão escrita. Por debaixo do signo linguístico há uma estrutura tridimensional de elementos que se pressupõem existentes, segundo certos conceitos teóricos, que não nos permitem considerar o crime em termos exclusivamente linguísticos, tampouco a prova como seu pretenso espelho cognitivo expresso em palavras. Contudo, não se pode disso inferir a disponibilidade da linguagem na consideração do crime. Afinal, a taxatividade penal depende especialmente dos termos da linguagem com que se expressa o tipo, que antecipa suas possibilidades de prova e, sobretudo, de refutação probatória que se discutem em termos linguísticos também. Esse é um aspecto que tem sido especialmente ressaltado como uma questão de garantia jurídica da liberdade (Ferrajoli, 2008, p. 94).

2º) Todas as provas do processo em alguma fase serão incorporadas em termos linguísticos, escritos ou gravados, em síntese como documentos destinados à comunicação processual, no debate jurídico, bem como à conclusão judicial, na sentença também expressa em linguagem. Nesse sentido, mesmo a prova por excelência constituída pelo cadáver de um homicídio não é uma evidência que fala por si independente de alguém que fale por ela em linguagem humana. Isso se pode dizer de várias outras provas, como a pessoa, cujo testemunho vem expresso em linguagem, por vezes intermediada pela linguagem de um escrivão. Ademais, não se podem ignorar os documentos escritos que são de forma imediata, não indireta, prova que existe em termos linguísticos a exemplo de contratos que podem guardar algum interesse probatório.

Pode-se, é certo, objetar que a prova como signo linguístico não representa a prova mesma em si, pois ela não vale por sua dimensão linguística, mas pelo que ela se refere mediante o documento indiretamente. E de fato não se podem confundir as coisas, pois quando estamos a tratar de provas, fazemos uma abstração de sua forma documental para tratar diretamente do que ela fala, embora ainda permaneça a dimensão linguística como um signo de intermediação. Claro é que, nessa perspectiva, a linguagem da prova como signo de intermediação não é a mesma linguagem que interessa à linguística, mas essa parece exercer um papel de modelo contínuo que se estende aos outros campos da semiótica.

É, nesse sentido, que Roland Barthes (2012, p. 14) nos adverte acerca da linguagem como primeira estrutura de pensamento semiótico, porque, embora possamos trabalhar com substâncias não linguísticas de início, como evidentemente se passa no campo da prova penal, qualquer análise semiótica dessa prova será levada a encontrar, em algum momento, a linguagem em seu caminho, mas não apenas como modelo semiótico, também em seus componentes, de mediação ou de significação. Admitindo uma distinção, Barthes (2012, p. 15) conclui que "essa linguagem, entretanto, não é exatamente a dos linguistas: é uma segunda linguagem, cujas unidades não são mais os monemas ou fonemas, mas fragmentos mais extensos do discurso". A prova como signo linguístico seria considerada, assim, em seus fragmentos de discurso mais amplos que abrangem a referência a elementos do crime, componentes do tipo penal como unidade discursiva de atribuição de responsabilidade.

É essa compreensão que permite a Roland Barthes entender o postulado de que, embora partindo de Saussure, pretende inverter a relação de dependência entre linguística e semiótica: "É preciso, em suma, admitir desde agora a possibilidade de revirar um dia a proposição de Saussure: a Linguística não é uma parte, mesmo privilegiada, da ciência geral dos signos: a Semiologia é que é uma parte da Linguística" (Barthes, 2015, p. 15)[13]. Por isso, com razão, Roland Barthes apresenta a proposta de discutir a semiótica a partir da linguística, cujos conceitos analíticos considera suficientemente gerais para preparar uma qualquer pesquisa semiótica. E de fato haverá grande proveito em considerar certas categorias de pensamento linguístico apropriadas a campos não linguísticos como a prova penal, a exemplo da distinção entre *denotação* e *conotação*, que se encontra assimilada na semiótica geral. Assim, sem que nos empenhemos em discutir detalhadamente desde logo essa distinção, mesmo que desçamos ao nível das evidências como signo, como se encontra na semiótica geral, poder-se-á distinguir aquilo que elas denotam como prova, daquilo que apenas conotam em segundo plano apoiadas na

---

[13] A melhor distinção entre os termos *Semiótica* e *Semiologia* decorre sobretudo de usos que encontramos nas tradições de lingua inglesa e francesa, respectivamente, embora alguns autores insistam em fazer outra distinção, reividicando para a *Semiologia* o *status* de ciência acerca da *Semiótica* considerada como objeto de estudo, embora esta reinvidique geralmente para o objeto o termo *semiose*. Optamos pelo uso da tradição de lingua inglesa, usando semiologia apenas quando inevitável em caso de transcrições como estas.

denotação de primeiro plano. Um fio de cabelo, por exemplo, encontrado em uma cena de crime denota imediatamente apenas que alguém deixou cair um fio de cabelo no local de crime, mas pode conotar muitas outras coisas a partir da denotação de partida. Essa conotação, contudo, apenas se torna possível no contexto de uma cena de crime, orientada por uma teoria do crime, cujos elementos típicos exigem uma redução da complexidade do mundo ao conceito legal.

Assim, portanto, recusar a dimensão da linguagem na compreensão da prova seria uma incompreensão semiótica, mas mesmo para quem o queira fazer, não conseguiria recusar a *estrutura* da linguagem como parâmetro de pensamento, a considerar o que entende Noam Chomsky (2018, p. 42) a respeito da relação entre linguagem e pensamento, ao sustentar que a linguagem é essencialmente um instrumento de pensamento, antes e independente do seu uso em comunicação. Isso implica que, embora possamos ter uma concepção linguística do signo como comunicação, não é precisamente esta que constitui sua noção essencial, mas aquela anterior que podemos encontrar na noção peirceana de representação. Os seus argumentos consistem em considerar que grande parte do uso que fazemos da linguagem não é necessariamente externada em alguma comunicação, pois muito do que pensamos se desenvolve pela forma de um "tipo de diálogo interno", o que não configura uma comunicação em sentido próprio. Portanto, ele conclui que: "A investigação sobre o *design* da linguagem nos dá boas razões para levar a sério uma concepção tradicional da linguagem como sendo essencialmente um instrumento do pensamento" (Chomsky, 2018, p. 42). Em outros termos, ainda que não estejamos tratando de prova cujo meio de apresentação seja linguística, mesmo que não a queiramos assimilar como linguagem, parece impossível renunciar às estruturas triádicas pressupostas na linguagem como instrumento de pensamento (Berwick; Chomsky, 2017, p. 127). Essa mesma concepção acerca da linguagem foi assumida por Ernst Cassirer (2001, p. 33), para quem "o caos das impressões imediatas somente passa a se aclarar e articular no momento em que lhe «damos nome», permeando-o, assim, com a função do pensamento linguístico e da expressão linguística", embora lhe dando uma perspectiva filosófica mais ampla no conjunto de outras formas simbólicas como o mito, a arte e a ciência.

6. A CONCEPÇÃO SEMIÓTICA DO SIGNO: CONVENÇÃO

Aproveitando-se tanto da tradição linguística, quanto da tradição lógica, Umberto Eco (1990; 2001b, pp. 17-68; 2012, pp. 1-9; 2014, p. 9ss) avança com uma concepção mais ostensivamente semiótica do signo, partindo do contraste que vislumbra entre a concepção (comunicativa) de Saussure e a concepção (representativa) de Peirce. Considerando a concepção de Saussure limitada apenas a signos intencionais como *artifício comunicativo* necessariamente, Umberto Eco considera a concepção de Peirce mais abrangente, porque ele não requer, "como condição necessária para a definição do signo, que este seja emitido intencionalmente e produzido artificialmente" (Eco, 2014, p. 11), o que lhe permite falar tanto de signos naturais, quanto de signos não intencionais. Contudo, parece haver alguma impropriedade conceitual na ideia que Umberto Eco tem de *intencionalidade*, porque se entendemos esta também como representação (Searle, 2002b, p. 6), não nos parece que Peirce tenha pensado em signos não intencionais nesse sentido, a considerar seu conceito de signo concentrada na ideia de representação. O que, de fato, Peirce admite são signos cujos meios podem estar em fontes naturais ou artificias, mas daí não decorre que necessariamente se possam considerar não intencionais, tendo em vista que mesmo esses sinais naturais, ao serem assumidos como signos, nisto está precisamente sua intencionalidade, porque pressupõe uma *direcionalidade relacional* (Searle, 2002b, p. 1ss; Dutra, 2021d, p. 165ss).

Os signos, portanto, podem abranger eventos físicos, cuja fonte seja natural, assim como "comportamentos humanos emitidos inconscientemente pelos emitentes", com a condição apenas de que um grupo humano qualquer se decida por utilizá-los como veículo de outra coisa. Mas não podemos considerar como signos não intencionais, como o pretende Umberto Eco (2014, p. 12), aqueles nos quais "um ser humano executa atos perceptíveis por outro como artifícios sinalizadores, que revelam algo mais, mesmo que o emitente não tenha consciência das propriedades relevadoras de seu próprio comportamento", porque ainda aqui há intencionalidade. Sem entrarmos a discutir aqui os fundamentos behavioristas que se podem encontrar e questionar na pressuposição dessa espécie de signo, o certo é que, embora não revelem exatamente o que tinha em mente o sujeito produtor do ato, não subsiste dúvida de que os atos, em sua execução ou em suas consequências vestigiais, poderão ser considerados por um grupo humano segundo uma percepção sígnica, o que até pode prescindir da comunicação saussureana, mas não pode prescindir da representação peirceana, tampouco de intencionalidade.

Assim, chegamos à mais perfeita concepção do signo na qual a prova penal se enquadra perfeitamente. Afinal, a prova penal, como *signo representativo do crime*, é precisamente assimilada por um grupo humano de sujeitos processuais que assim a consideram como signo do crime, independente da consciência que tenha o emitente das propriedades probatórias que emergem no ambiente jurídico-penal. Aliás, bem compreendida a prova penal, é exatamente disso que se trata, pois o sujeito emitente do sinal assimilado como signo não pretende fazer prova contra si mesmo ao executar atos típicos que deixam algum vestígio ou é testemunhado por alguém; ele os executa, tanto no interesse positivo da vantagem ilícita contida no tipo penal, quanto no interesse negativo de que nada lhe seja produzido como prova, mas mesmo nisso há intencionalidade; e no entanto pela função sígnica probatória assim assumida por um grupo humano, resulta em tornar-se tudo como prova de um crime. Mas, é preciso insistir, isso não retira necessariamente a intencionalidade do sujeito, apenas desloca a intencionalidade de um campo para outro no qual a intencionalidade primária é apropriada para outra *função*: a probatória não pretendida pelo sujeito que a produz. Digamos, portanto, para não criar dúvidas, que se trata de atos não propositais quanto a sua função probatória.

É, nesse sentido, relevante uma outra concepção que Umberto Eco desenvolve a respeito dos signos, ao enfatizar não tanto o signo em si, mas a sua *função sígnica* como a questão que deve interessar primariamente à semiótica. Essa concepção é especialmente relevante para a compreensão da prova, pois os sinais do crime não se apresentam como um signo em si, mas como qualquer coisa que é tomada em sua função de signo. A definição de Umberto Eco (2014, p. 39) é a seguinte: “há função sígnica quando uma expressão se correlaciona a um conteúdo, tornando-se ambos os elementos correlatos *funtivos* da correlação”. É nesse sentido que Eco estabelece uma necessária distinção entre *sinal,* como aquilo que aparece primariamente como entidade física, e o *signo,* como entidade semiótica de uma cultura. Assim considerado, um sinal é uma unidade física que tanto se pode tornar uma unidade de um sistema de expressão ordenado de um conteúdo, quanto pode permanecer apenas como unidade de um sistema físico sem qualquer função semiótica. Nesse sentido, um vestígio qualquer encontrado no local do crime, algum outro objeto colhido em busca e apreensão, documentos obtidos por requisição da autoridade, tudo se pode manter no âmbito de sua manifestação física, sem qualquer consideração semiótica em algum espaço cultural, mas ao entrar no espaço da cultura jurídico-penal, esses sinais são assimilados como expressão de um sistema de conteúdo probatório. Mas observemos bem, esses mesmos sinais se podem encontrar no campo de interesse apenas histórico, criminológico ou até mesmo estético, sem qualquer referência ao crime que poderia provar, apenas para reconstruir um fato histórico, para descrever um ato considerado crime em alguma cultura ou para o deleite visual de alguma exposição. E, precisamente por isso, explica Umberto Eco, "um signo é sempre constituído por um (ou mais) elementos de um *plano de expressão* convencionalmente correlatos a um (ou mais) elementos de um *plano de conteúdo*". E, portanto, tendo em conta essa distinção entre expressão e conteúdo, "sempre que ocorre uma correlação desse tipo, reconhecida por uma sociedade humana, existe signo" (Eco, 2014, p. 40). Ao considerar, assim, a *convencionalidade* do signo como algo que lhe é intrínseco, Umberto Eco admite, embora não nesses termos, que o signo emerge além das intencionalidades individuais, segundo uma intencionalidade social[14]. Isso, ademais, não retira do signo sua função representativa, que permanece pressuposta no que ele considera postulados fundamentais do signo.

Umberto Eco (2014, p. 39ss) apresenta alguns postulados, que se aproveitam perfeitamente à compreensão semiótica da prova penal: a) "um signo não é uma entidade física", assim como a prova não é aquilo que fisicamente se apresenta em processo penal, embora esta se constitua na "ocorrência concreta do elemento pertinente da expressão", em qualquer espaço de cultura como a jurídico-penal, por exemplo; b) "um signo não é uma entidade semiótica fixa", não podendo portanto se considerar a prova como algo absoluta e rigidamente representativo do crime, pois a partir de uma mesma base física se podem constituir signos diversos, tanto de prova do crime, quanto de outras coisas que concordam ou discordam do signo probatório. Afinal, como ressalta Umberto Eco, "os signos são o resultado provisório de regras de codificação que estabelecem correlações transitórias

[14] A considerar, aqui, o que nos diz Luiz Henrique de Araújo Dutra (2021d, p. 179-180): "A intencionaldiade é, de fato, um fenômeno emergente que pode acontecer em diversos contextos. Acontence no contenxto da vida, da mente e também da sociedade e nas diversas inter-relaçoes entre essas esferas".

em que cada elemento é, por assim dizer, autorizado a associar-se com um outro elemento...". Em outras palavras, apenas se pode formar um signo sob a condição de certas circunstâncias previstas por um código que admite assimilar o sinal como representativo de algo. Pondo, assim, a prova em perspectiva histórica, pode-se entender por que razão duas testemunhas se podiam considerar como prova suficiente do crime no sistema legal de provas do processo penal medieval, assim como sobreviver a uma prova corporal no sistema probatório das ordálias era prova de inocência. A prova, portanto, como signo, "se dissolve numa rede de relações múltiplas e mutáveis" (Ecoo, 2014, 40).

Estabelecidas essas definições, distinções e categorias básicas do pensamento semiótico, entende-se aquilo que constitui certamente a mais original concepção acerca do signo que se encontra em Umberto Eco (2014, p. 48ss), para quem falar de signo significa falar também sobre "possibilidade de mentir". Umberto Eco chega a essa concepção ao tentar evidenciar melhor o problema do *referente* do signo, porque em algumas teorias o referente supõe alguns estados do mundo como correspondentes do conteúdo do signo. É o que ele chama de falácia referencial do signo, porque o referente não exige uma realidade correspondente, mas apenas a sua ideia representada. Isso resulta em dizer que o signo funciona mesmo que alguém se decida por mentir acerca do referente. "Portanto" – explica-nos Umberto Eco (2014, p. 49) – *"toda vez que se manifesta uma possibilidade de mentir, achamo--nos em presença de uma função sígnica"*, porque falar de função sígnica supõe necessariamente a possibilidade de significar (assim como de comunicar) algo que não encontra qualquer correspondência na dimensão real de fatos. É por isso que a semiótica pode estudar tudo quanto possa ser usado para mentir, afinal "a possibilidade de mentir é o *proprium* da semiose, assim como, para os escolásticos, a possibilidade de rir era o *proprium* do homem como animal racional". Em outras palavras, sintéticas e conclusivas, afirmando mais expressamente: "Sempre que há mentira, há significação. Sempre que há significação, pode-se usá-la para mentir" (Eco, 2014, p. 49). A prova, assim considerada, é por excelência um signo digno de abordagem semiótica, porque tanto pode ser usada para dizer a verdade, segundo os tratados tradicionais do direito, fundamentados na epistemologia clássica, como pode ser usada para mentir acerca do crime. E cada vez mais encontramos essa função realizada, em detrimento da finalidade a que se propõe o direito, não apenas na discussão tradicional acerca dos falsos testemunhos, que atualmente se pode ampliar às falsas colaborações premiadas, como também em perícias e documentos, que se podem tornar em meios de veicular uma mentira, engendrada na construção da prova como signo.

7. A PROVA COMO FUNÇÃO SÍGNICA

As diversas concepções – lógica, linguística e semiótica – acerca do signo nos permitem compreender que muitas funções sígnicas podem ser extraídas, a exemplo da representação, da comunicação e da convenção. Estas são funções, contudo, que não se colocam em conflito, podendo haver outras tantas que concorrem em um mesmo signo. Pierre Guiraud (1978, p. 14), por exemplo, nos fala ainda de funções referencial, emotiva, conativa ou injuntiva, poética ou estética, fática e metalinguística. Mas em uma concepção mais econômica e sistemática, Elisabeth Walther-Bense (2010, p. 57) propõe que se distingam entre funções internas do signo – decorrentes das relações imediatas do meio com seu objeto e seu interpretante – e funções externas que emergem destas indiretamente, a exemplo de uma função probatória.

As funções internas são primárias e podem ser assimiladas como a concepção representacional peirceana. Esta nos parece ser, essencialmente, o que constitui o signo em geral. É em decorrência das relações imediatas entre o meio do signo, seu objeto e seu interpretante, que podemos estabelecer a função primária de representação do crime pela prova, segundo algumas convenções que se pressupõem. A convenção, de fato, parece intervir no signo, mas na dependência da representação. A exemplo das provas de crime, ainda que não exista uma convenção acerca de sua função representativa, constitui a função probatória precisamente postular uma representação que pode tornar-se uma convenção. As funções externas, por sua vez, dependem mais da situação que da convenção postulada por Umberto Eco. É nesse sentido que Elisabeth Walther-Bense (2010, p. 9) fala de *situação* do signo, porque para "que um objeto material qualquer possa, como signo, designar alguma coisa não depende somente de *convenção,* mas também do fato de que esse signo funcione numa determinada «situação»". Assim, entende-se por que a função probatória pressupõe que nos coloquemos em uma situação que requeira ao signo funcionar como prova, a exemplo de uma situação processual penal.

A primeira função externa se encontra na comunicação que o signo permite promover, a considerar que se constitui de um meio transmissível. A prova como signo pode, nesse sentido, também funcionar como um instrumento de mediação comunicativa para a decisão no processo penal. As provas se apresentam inicialmente na forma de seus meios primários de aquisição, mas são geralmente resumidas em linguagem de intepretação destinada a comunicar seu significado probatório. Assumida como representação para o sujeito primário, este pretende comunicar sua representação aos demais sujeitos processuais. Mas tendo em conta seu objeto, a prova se apresenta também com "função de realização", segundo terminologia sugerida por E. Walther-Bense (2010, p. 58) que podemos entender como "constituição do objeto", porque é apenas pelo signo que podemos apresentar ou até mesmo construir o objeto. O crime, nesse sentido, como objeto da prova, embora não venha apresentado diretamente no processo, mesmo quando há algo a apresentar como o cadáver no caso de homicídio, vem representado por meios de prova diversos que contribuem para que possamos construir uma imagem do objeto por interpretação dos sinais. Assim, tendo em conta o interpretante do signo, a cada prova assimilada representativamente como signo, além de assumir uma função constitutiva do crime, poderá tornar-se um precedente probatório como modelo para interpretações futuras no sentido de estabelecer alguma codificação de tipos probatórios.

Mas embora possamos assimilar todas essas funções externas no conceito de prova como signo do crime, este signo se assume como função própria somente em situações nas quais os sujeitos possuem alguma finalidade específica de provar. Trata-se, nesse sentido, de uma função que não se limita ao contexto jurídico-penal, pois há necessidades probatórias em vários outros contextos como o científico, por exemplo. Assim, a partir da função de representação que lhe é fundamental, podemos entender por que o signo é essencialmente "uma noção relacional" (Dutra, 2017, p. 40), concluindo que a função probatória emerge na situação própria como uma *relacionalidade finalista* – esta é uma expressão sugerida por Luiz Henrique de Araújo Dutra (2021d, p. 168) para explicar a intencionalidade, que devemos pressupor no problema geral de significação probatória, a que devemos dedicar uma especial atenção se quisermos compreender a essência do raciocínio probatório em processo penal.

3. A INTENCIONALIDADE DA SIGNIFICAÇÃO PROBATÓRIA

"Observar o caráter perspectivo da experiência consciente é um bom modo de lembrarmos a nós mesmo que *toda intencionalidade é aspectual*"

(J. R. Searle, *A Redescoberta da Mente*)

1. O QUE QUER DIZER "ESTÁ PROVADO QUE"?

O que queremos dizer com "está provado que" (*pq*)? Essa asserção, que tem começado a preocupar juristas em relação à prova dos fatos jurídicos em geral (Beltran, 2017)[15], e mais especificamente aos fatos jurídicos definidos como crime, há muito tempo preocupa os filósofos (Fumerton, 2014)[16]. Nós a podemos encontrar em sentenças penais, bem como em uma variedade de outros atos processuais, a exemplo de relatórios de inquéritos, laudos periciais, denúncias de acusação e até mesmo em depoimentos de

---

[15] Jordi Ferrer Beltrán (2017, p. 21) se propõe enfrentar o problema de enunciados desse tipo, dividindo-o em questão de força e questão de sentido, para os quais tendemos a considerar com questões de referência e significado no probema geral da significação probatória.

[16] Richard Fumerton (2014, p. 9) inicia sua discussão filosófica, dando-nos um problema real que ajude o leitor a entender de que trata a epimsteologia: "Você está num júri. Sua tarefa é decidir se as *provas* mostram de fato que não pode haver dúvida racional de que Jones tenha matado sua espsosa" (*itálico nosso*)

testemunhas. Todos, ainda que com sentenças muito diferentes, querem dizer "X prova que Y" (*XpqY*). Cada um ao seu modo, de forma mais direta ou menos incisiva, pode conter na sua proposição central isso que interessa a todo o processo penal, saber se "está provado que" alguém cometeu um crime. Mas também as mídias sociais o dizem, ainda que apenas o sugiram quando são mais cautelosas, embora na audiência pública não se siga igual cautela ao reproduzirem as reportagens.

Apesar de nem sempre a questão "está provado que" ocupar o ponto central das decisões jurídicas – sobretudo em tribunais superiores, porque a questão de fato não é rediscutida em grau de recurso, em razão da organização do sistema jurídico, ou simplesmente porque não é levada a sério, em razão da inexistência de um grau de recurso que as possa auditar – trata-se de uma questão prejudicial, sem a qual toda a discussão jurídica se faz apenas por abstração racional dos pensamentos. O jurista bem o sabe, afinal antes que qualquer norma penal possa ser interpretada e aplicada, supõe-se que exista algum acordo acerca dos fatos a que se refere e destina (Ferrajoli, 2008, p. 18-23). Mas entre fato e norma, interpõe-se essa questão, embora não devidamente enfatizada, que assume a base de sustentação das decisões judiciais. É, insuperavelmente, o problema central do processo penal, pelo menos nos modelos de jurisdição que assumem o postulado do cognitivismo processual (Ferrajoli, 2008, p. 8). E, portanto, ao jurista deve interessar entender o que se quer dizer com "está provado que", afinal é uma questão que interessa à lógica dos raciocínios probatórios.

Inicialmente, é certo, a considerar que encontramos tais asserções em forma escrita no processo, podemos discutir a questão em termos linguísticos para perguntar o que significam enunciados do tipo "está provado que" (e de fato muitas categorias teóricas da análise linguística nos podem auxiliar na discussão), mas uma primeira tentativa de resposta – que remeta à necessária alusão ao fato de que há provas acerca do objeto do processo – logo nos deve reconduzir ao nível primário dos signos em que se apoia a asserção linguística "está provado que". Ao jurista, portanto, embora desenvolva toda a discussão probatória em linguagem natural, nos atos documentados do processo, interessa saber antes e sobretudo o que quer dizer quando afirmamos que um signo (não necessariamente linguístico) prova um crime, afinal as palavras não são prova do crime, são apenas prova de que alguns sujeitos processuais afirmam existir prova de crime, possivelmente acreditam nisso e certamente esperam dos demais interlocutores algumas atitudes similares. Mas isso quer dizer algo muito diferente do que quer dizer que algum signo seja prova de um crime.

O que quer, então, dizer tudo isso? Seja o que for, a resposta passa pelo problema geral da *significação* probatória, quando consideramos a discussão probatória em termos de linguagem, mas vamos argumentar que antes de qualquer linguagem intervir, temos uma instância anterior de intencionalidade nos eventos mentais, que servem inclusive para uma melhor compreensão dos problemas típicos da linguagem probatória[17]. A proposta, portanto, que vamos desenvolver neste capítulo, assume "o significado como um tipo de intencionalidade" (Searle, 2002b, p. 225), embora optemos por usar *significação,* segundo terminologia sugeria por L. H. Araújo Dutra (2017, p. 46), para quem o termo abrange tanto questões de *referência,* quanto de *significado*, além de questões de *sentido* nos casos em que se aplica. Mas o usamos em sentido não restrito apenas a enunciados linguísticos sobre a prova, supondo que nos seja possível falar de significação de sinais do crime assumidos como signo probatório, nos casos em que a terminologia se possa aproveitar. Trata-se apenas de admitir o modelo de atos de fala para compreender a intencionalidade dos atos probatórios, assim como Searle o admite para compreender a intencionalidade dos estados mentais. Isso, contudo, não implica assumir que "a filosofia da linguagem é um ramo da filosofia da mente" (Searle, 2002b, p .224), afinal, como adverte L. H. Araújo Dutra (2021, p. 179-180): "A intencionalidade é, de fato, um fenômeno emergente que pode acontecer em diversos contextos. Acontece no contexto da vida, da mente e também da sociedade e nas diversas inter-relações entre essas esferas emergentes". E supomos que também aconteça na esfera da prova do crime como parte do que acontece na sociedade. A linguagem, nesse sentido, é apenas uma dessas esferas, na qual a intencionalidade emerge, mas antes ela se encontra na esfera da mente com a qual iniciamos nossa abordagem.

---

[17] Essa é uma abordagem possível, como o admite Luiz Henrique de Araújo Dutra (2017, p. 30): "O caráter intencional dos eventos mentais – hoje um ponto pacífico na filosofia da mente – tem sido um tema de discussão que ocasiona particularmente o recurso a certas teorias da linguagem".

2. A INTENCIONALIDADE: MENTE E ATOS DE FALA

Antes que qualquer linguagem probatória se possa apresentar aos sujeitos processuais – visando à comunicação por atos processuais, na discussão pelas partes em debates de instrução ou no proferimento da sentença em julgamento –, um sujeito qualquer se depara com os diversos sinais relativos ao crime acerca dos quais postula sua função probatória. E embora essa postulação probatória tenha que pressupor certas instituições, além de também relacionar-se com elas quando enunciadas, trata-se de uma questão de intencionalidade que originariamente ocorre no campo da mente dos sujeitos. Essa é uma afirmação trivial, sobretudo para quem de fato se dedica à atividade probatória no processo penal, mas até quem nunca se tenha empenhado nesse tipo de atividade pode entendê-la facilmente. Entretanto, esse é precisamente o modelo de que precisamos para discutir a intencionalidade probatória que antecede ao problema da significação especificamente linguística, que desde os eventos mentais já assume aquilo que a linguagem probatória depois pretende discutir no processo penal. Isso quer dizer, portanto, que "o significado do falante deve ser inteiramente definível em termos de formas mais primitivas de Intencionalidade", a requerer que falemos de formas de intencionalidade "não intrinsecamente linguísticas", o que é não-trivial como ressalta J. R. Searle (2002b, p. 224).

É, portanto, do que vamos tratar nesse tópico, visando a obter uma compreensão geral dessa intencionalidade que nos conduza depois ao seu tipo específico de significação. Uma noção com que podemos entender a intencionalidade é aquela de *representação*, com a qual podemos entender não apenas atos de fala, mas também signos em geral, a exemplo dos probatórios como temos argumentado. Essa noção nos coloca em conexão com uma das ideias fundamentais do signo que encontramos em C. S. Peirce (2017b, p. 52), permitindo entender sua abrangência não puramente correspondencial, a considerar os diversos tipos que encontramos nas tricotomias peirceanas, tanto relativa ao objeto (ícone, índice, símbolo), quanto relativa ao interpretante (rema, dicente, argumento). Mas antes, há uma noção mais primária, em termos de *direcionalidade* (Searle, 2002b, p. 1-6) e *relacionalidade* (Dennett, 1997, p. 25-55; Dutra, 2021d, p. 165-180) com as quais poderemos entender melhor seu sentido abrangente de eventos que estão além dos signos, bem como antes deles na mente das pessoas, permitindo-nos entender especificamente a noção de intencionalidade probatória que nos interessa.

Direcionalidade, relacionalidade e funcionalidade

J. R. Searle (2002b, p. 1) considera a intencionalidade inicialmente como uma *propriedade* da mente, seus estados e eventos mentais[18], pela qual estes são *direcionados* a objetos, eventos ou estados de coisas que se encontram no mundo, a exemplo dos sinais que queremos usar como prova do crime. A ideia central é que, considerada como *direcionalidade*, a intencionalidade surge quando algum estado intencional da mente (E) está direcionado a algum objeto. Assim, para que possamos perceber se há algum estado intencional, Searle nos sugere que perguntemos: "A que se refere E?". Dessa forma, podemos entender por que ansiedade e depressão são estados mentais não-intencionais, a menos que sejam direcionadas, mas estados como crença na função probatória de algum sinal são necessariamente intencionais, porque estão dirigidos a algum objeto. Nesse sentido, a noção de *relacionalidade* parece tornar a intencionalidade mais compreensível, porque "alguma coisa exibe intencionalidade se sua competência é de algum modo *sobre* alguma outra coisa" (Dennett, 1997, p. 39). L. H. Araújo Dutra (2021d, p. 166, p. 168) também considera essa noção central na intencionalidade, mas a amplia para uma *relacionalidade finalista*, que se pode compreender segundo uma *funcionalidade* que envolve a noção de *perspectiva*. Em estudos posteriores, Searle (1997, p. 188-189) chegou a admitir isso, ao ressaltar que nossas experiências conscientes são sempre em perspectiva, o que nos permite entender que "*toda intencionalidade é aspectual*", o que quer dizer que elas "são sempre a partir de um ponto de vista". Nada mais esclarecedor para que possamos entender a intencionalidade da mente diante de um sinal qualquer que pode significar muitas coisas, mas que nos interessa segundo a

[18] L. H. Araújo Dutra (2021d, p. 180) considera a intencionalidade como uma *realidade emergente*, não uma propriedade, podendo estar presente tanto em seres vivos, quanto nas mentes ou em realidades sociais como a linguagem. Trata-se de diferença sutil, mas que repercute o *emergentismo perspectivista* (Dutra, 2021a; 2021b, p. 21-58; 2021c, p. 9-31; 2018a, p. 145-222), que nos pode ajudar a entender por que a ideia de intencionalidade derivada da linguagem, sustentado por Searle, não tem sentido como o considera Daniel C. Dennett (1997, p. 51) e veremos oportunamente.

direcionalidade, relacionalidade ou funcionalidade que intencionalmente lhe atribuímos como prova de um crime. É realmente o fato de colocarmos aquele sinal em perspectiva probatória, segundo uma intencionalidade da mente, que nos permite depois emitir atos de fala acerca desse sinal em enunciados assertivos sobre o crime[19].

A intencionalidade, assim considerada, não se confunde com a consciência, embora a maior parte desta, mas não toda, seja intencional (Searle, 1997, p. 188), assim como não se confunde com a *intenção* (Searle, 2002b, p. 4)[20]. Afinal, a intenção – especificamente como propósito – é apenas uma das formas possíveis de intencionalidade, a exemplo de outras como crenças e desejos, também estados intencionais sem necessidade de intenção. Uma intencionalidade probatória, portanto, pode conter, além da *intenção* de provar, uma *crença* de que algo prova e o *desejo* de que algo venha a provar, mas pode ter também um *receio* de que não venha a provar e, sobretudo, uma *dúvida* de que possa provar. No conjunto, intenção, crença, desejo, receio e dúvida, tudo são estados intencionais possíveis, mas é próprio de todos serem estados direcionados, bem como relacionados a algo comum que é a prova, em função da qual os sinais são postos em perspectiva, no caso uma perspectiva especificamente jurídica direcionada a prova de crimes previstos na lei penal. Por isso, uma forma – apenas heurística, admite-o Searle (2002b, p. 7) – de podermos compreender melhor a relação que se estabelece entre os estados intencionais (crença, dúvida etc.) e os estados de coisas (sinais do crime, p. ex.) a que estão direcionados é recorrer aos modelos de atos de fala que, no caso de provas do crime, se vão apresentar sempre e inevitavelmente em algum momento do processo penal, o que justifica com mais razão assumir essa proposta.

O modelo de intencionalidade dos atos de fala

J. R. Searle (2002b, p. 6) considera que nos é possível pensar a intencionalidade como representação, recorrendo ao modelo de ato de falta,

[19] Aqui, assumimos desde já a taxionomia alternativa dos atos ilucutórios sustentada por J. R. Searle (2002a, p. 19-31): *assertivos; diretivos; compromissivos; expressivos; declarativos.*

[20] A confusão está na língua, porque, enquanto no alemão há diferença entre *Absicht* (intenção) e *Intenctionalität* (intencionaldiade), no português, assim como no inglês parece sugerir alguma derivação (Searle, 2000, p. 83).

porque "os estados intencionais representam objetos e estados de coisas no mesmo sentido de «representar» em que atos de fala representam". Embora desconfiemos que essa comparação não se possa aplicar a todos os estados intencionais, parece-nos que o modelo tem alguma aplicação no caso das provas, a considerar o tipo de atos de fala assertivos com que podemos assimilar os estados intencionais probatórios. Mas isso não significa que aceitemos a ideia de intencionalidade derivada da linguagem em relação à intencionalidade intrínseca ou original[21]. Ao aceitarmos o modelo de ato de fala, não ignoramos que a linguagem emerge como instituição na esfera social da realidade, na qual há algo além da esfera mental, na intencionalidade linguística[22]. No entanto, esta ainda nos aproveita ao entendimento da intencionalidade da mente, pelo menos nos casos em que há alguma aproximação similar como a intencionalidade probatória.

Dessa forma, assim como podemos fazer uma distinção entre *conteúdo proposicional* (p) e força ilocucionária (F) nos atos de fala, podemos distinguir nos estados mentais um *conteúdo representativo* (r) e um *modo psicológicos* (S), em que tanto o conteúdo proposicional quanto o representativo são *conteúdos intencionais* (Searle, 2002b, p. 9), a exemplo do que encontramos em casos de intencionalidade probatória. Assim, podemos ter duas fórmulas correspondentes – "*F(p)*" para os atos de fala e "*S(r)*" para os estados mentais –, as duas possíveis ao tratarmos de prova do crime como uma atitude proposicional, acerca da qual podemos falar tanto de *crenças,* como modo psicológico de estados mentais dos sujeitos processuais, quanto de *asserções*, como força ilocucionária de algum enunciado que se encontra documentado no processo penal. Mas se quisermos ser mais específicos a respeito da prova, podemos unificar a fórmula "*M(p)*", em que temos um conteúdo intencional *probatório* (p) segundo um *modo* (M) psicológico ou locutório.

Assim como os atos de fala, também os estados intencionais admitem o que Searle (2002b, p. 10) podem ser considerados segundo o que ele

---

[21] Embora essa discussão interfira diretamente na discussão que nos interessa, convém ao leitor ter em mente a crítica que faz Daniel C. Dennet(1997, p. 51), ao objetar que, se levarmos a sério a ideia de derivação, "toda intencionaldiade que desfruttamos é derivada da intencionalidae mais fundamental" de outros sistemas intencionais mais grosseiros, que se podem assimilar apenas como sistemas vitais, não necessaraimente mentais.

[22] Essa é a concepção que decorre do emergentimso perspectivista em que se baseia L. H. Araújo Dutra (2021, p. 180), para considerar a intencionaldiade como realidade mergente de várias esferas, o que é muito diferente de falar em derivação como o faz Searle.

chama de *diferentes direções de ajuste* da relação entre mundo e mente, que será responsável pela adequação entre estados ou atos e as coisas com que se relacionam. Há, nesse sentido, três possibilidades de ajuste: palavra-mundo, mundo-palavra ou casos nulos. Não nos vamos deter na comparação de todos, mas basta que tomemos o caso dos atos de fala assertivos, com base nos quais podemos entender os enunciados acerca de provas do crime, para dizer que esses atos exigem dos enunciados uma adequação ao mundo, ou seja um ajuste palavra-mundo, o que significa dizer que podem ser avaliados por sua verdade ou falsidade. Assim, se estivermos falando de crenças, estas assim como os enunciados, podem ser igualmente verdadeiras ou falsas, contendo uma direção de ajuste "mente-mundo". Mas basta que pensemos em um outro modo psicológico como o desejo de que a prova seja aceita, para entendermos que a direção de ajuste nesse caso é inversa, no sentido "mundo-mente" (Searle, 2002b, p. 11).

A comparação entre estados mentais e atos ilocucionários não ignora que na passagem de um para o outro "é sempre possível mentir" – admite Searle (2002b, p. 13), assim como nos advertia Umberto Eco (2014, p. 49) –, mas o estado intencional expressado se torna uma condição de sinceridade do ato de fala. Este, contudo, não fica dependente da sinceridade ou não do sujeito, afinal o enunciado posto em contexto de comunicação processual entre os demais sujeitos, ainda será avaliado segundo sua direção de ajuste palavra-mundo. Assim, se algum sujeito processual, mesmo não acreditando haver prova de um crime, ainda assim o enuncia, há um problema de ajuste tanto entre mente-mundo, quanto palavra-mundo, mas esta não depende da sinceridade do sujeito, cuja crença não satisfaz o ajuste mente-mundo. E isso nos encaminha à "noção de condições de satisfação" (Searle, 2002b, p. 14), que se aplica tanto à crença quanto aos enunciados, tendo grande relevância ao tema da prova. É certo que essas condições de satisfação não se limitam a que existam os objetos de crença ou do enunciado, tendo em conta que os estados intencionais, assim como atos de fala podem ser de outro tipo como ordens que requerem ser obedecidas ou promessas que esperam ser cumpridas, mas no caso de provas de crime, essas condições dizem respeito a coisas que podem satisfazer o estado mental ou o enunciado.

Consideradas assim as condições de satisfação, entende-se por que a noção de representação com que J. R. Searle (2002b, p. 15) tenta explicar a intencionalidade é, segundo o admite expressamente, "convenientemente vaga", com o que ele pretende abranger nos casos de atos de fala "não só a referência, mas também a predicação e as condições de verdade ou de satisfação de maneira geral", vaguidade que se pode igualmente assumir nos estados intencionais e seus respectivos modos psicológicos. Em outros termos, ao considerar a intencionalidade como representação, Searle entende esta apenas como uma abreviação para o que chama de "constelação de noções lógicas", na qual podemos abranger a crença não apenas como mera imagem, mas todo o arcabouço semiótico com que C. S Peirce (2017, p. 52) discute suas tricotomias do signo, segundo o objeto (ícone, índice e símbolo) e segundo o interpretante (rema, dicente e argumento). Assim, segundo essa concepção de Searle, se quisermos compreender a representação, a chave está nas "condições de satisfação": "Todo estado intencional com uma direção de ajuste é uma representação de suas condições de satisfação" (Searle, 2002b, p. 18). E esse é precisamente o caso das provas de um crime, consideradas em sua intencionalidade, quer estejamos tratando de enunciados como atos de fala assertivos, quer estejamos tratando de crenças como estados mentais.

3. INTENÇÕES DE SIGNIFICAÇÃO PROBATÓRIA

A distinção entre intencionalidade intrínseca e intencionalidade derivada – apesar das objeções que lhe podemos fazer – permite a Searle (2002b, p. 38) falar de significados que encontramos na linguagem, embora inicialmente ele considere que "significado" seja uma noção que literalmente apenas se aplica a atos de fala, não a estados intencionais. Mas a considerar que ele entende o significado como um tipo de intencionalidade, parece-lhe inevitável admitir o significado "em termos de formas de Intencionalidade não intrinsecamente linguísticas" (Searle, 2002b, p. 224). Mas nesse caso, parece-nos que o melhor seja falar de *significação* – e Searle também vai usar esse termo, como correspondente de conteúdo proposicional, que pode estar em crença ou enunciados, reservando o termo significado apenas para falar de sentenças, quando estivermos falando de linguagem (Dutra, 2017, p. 46).

Isso nos é especialmente relevante à consideração da prova do crime, antes que possamos tratá-la em enunciados probatórios. Porque, no que nos interessa especificamente, podemos observar que entre a intencionalidade dos estados mentais e a intencionalidade dos atos de fala, a prova considerada como signo do crime se interpõe por meio de sinais autônomos com sua própria intencionalidade. Essa prova não é ainda posta em termos de ato de fala, mas também não se encontra limitada aos estados mentais; é um conjunto de signos que, ainda com mais razão, pode ser considerada segundo o modelo da linguagem natural. Afinal, não nos seria difícil imaginar uma linguagem artificial probatória, na qual certos sinais do crime estivessem convencionados como evidência positiva ou negativa acerca da autoria, permitindo a compreensão de seu significado probatório pela mera ostensão em audiência sem necessidade de recorrer a qualquer linguagem natural. Nesse sentido, poderíamos pensar em alguma linguagem artificial da prova, na qual estivessem sistematizadas as unidades de significação, suas relações e seus usos possíveis. Tudo isso, portanto, nos permite falar do que Searle chama de “estrutura das intenções de significação” (2002b, p. 228), comum não apenas aos estados mentais e atos de fala, mas a quaisquer outros sinais que possamos assumir como signos, a exemplo do que fazemos com as provas do crime.

O ponto de unidade entre as intenções de significação (na mente e nos enunciados) está nas condições de satisfação. A considerar que, segundo Searle (2002b, p. 38), impomos intencionalidade a nossas expressões, atribuindo-lhes intencionalmente determinadas condições de satisfação – embora seja importante distinguir entre “ter em mente” fazer um enunciado (por exemplo sobre prova) e fazer esse enunciado sobre prova –, podemos de fato concluir que, na realização de qualquer ato de fala, “a mente impõe intencionalmente à expressão física do estado mental as mesmas condições de satisfação do próprio estado mental” (Searle, 2002b, p. 239). Se essa concepção estiver correta, e estamos considerando que há razões para aceitá-la, podemos entender como no caso dos sinais de um crime a mente também lhes impõe intencionalmente uma função probatória, aceitando-os como signos, que assumem as mesmas condições de satisfação dos estados mentais. A única diferença aqui é que, enquanto nos estados mentais e enunciados sobre provas, os sinais são as condições de satisfação na direção de ajuste mente/palavra-mundo, ao considerarmos os sinais como signos, embora ainda mantendo a direção de ajuste sinais-mundo, as condições de satisfação estarão no crime que se supõe existir e se pretende provar, num sentido de tipo específico *prova-crime.* Mas se algum enunciado for feito acerca desse mesmo objeto, as condições de satisfação serão as mesmas, tanto nos enunciados, quanto nos estados mentais. A diferença, portanto, está apenas em crer que *alguém praticou um cri*me (*AxC*) e crer que um sinal *prova que* (pq)

AxC, cujas condições de satisfação podem intencionalmente ser impostas a enunciados assertivos distintos conforme o caso.

Assim, as intenções de significação que podemos encontrar na prova do crime podem assumir a estrutura das intenções de significação que encontramos nos atos de fala, o que nos permite explorar alguns conceitos fundamentais da filosofia da linguagem, na qual o termo *significação* abrange tanto questões de referência e sentido, quanto de significado (Dutra, 2017, p. 46), a exemplo das discussões que encontramos na semântica especificamente e na semiótica em geral.

A semântica como ciência do significado

A semântica, desde sua fundação no final do século XIX, reivindica para si o papel de ciência do significado que estuda o sentido das palavras (Ullmann, 1977; Guiraud, 1980)[23]. Tendo inicialmente uma orientação essencialmente histórica, limitada às mudanças de significado, a semântica passou a admitir duas perspectivas possíveis (tanto diacrônica, quanto sincrônica), desde as aulas do curso geral de linguística (1916) de Ferdinand de Saussure. Mas a semântica não se limita apenas às palavras, além de não se limitar a uma questão apenas linguística, mesmo quando trata apenas de palavras, o que nos permite abranger com ela também o signo probatório e outras questões de interesse. A respeito, observou-se que a semântica – do grego "sêmainô" (significar), derivado de "sêma" (sinal) – aplica-se a qualquer sinal (Guiraud, 1980, p. 8), além de abranger três problemas distintos: um problema psicológico que concerne ao substrato psíquico da interlocução; um problema lógico que concerne à relação entre signo e realidade; e um problema linguístico que concerne aos sistemas de signos. Essa concepção aberta de Pierre Guiraud, contudo, não o impede de anunciar apenas a semântica linguística como "semântica por excelência", responsável por estudar as palavras, nas suas relações entre a forma e o sentido. E embora admita existir

[23] Apesar de admitirem-se perspectivas semânticas desde a retórica grega clássica, os semanticisitas estão de acordo em considerar como fundador da "nova ciência" o trabalho do francês Michael Bréal (1883), no qual ele usa pela primeira vez o termo "semântica" – anttes chamado de "semasiologia" por C. Reisig (1825) –, especificamente para tratar da "ciências das significações" (Ullmann, 19777, p. 17; Guiraurd, 1980, p. 10).

também uma semântica geral, bem como uma semântica filosófica, limita-se a afirmar que "a semântica é o estudo do sentido das palavras" (Guiraud, 1980, p. 10). Nenhum problema quanto a isso, desde que estejamos falando apenas de signos linguísticos; o problema está mesmo em outro ponto, ao limitar o problema do significado a uma questão de semântica, a respeito do qual precisamos considerar melhor os argumentos que se encontram na semântica linguística.

A concepção linguística de Stephen Ullmann – também orientada apenas ao estudo do significado das palavras – é um bom exemplo dessa perspectiva meramente semântica do significado, embora acabe por admitir algo mais que se acresce, aparentemente sem dar-se conta que se abria a outra dimensão não apenas semântica do significado. Mas sua concepção se inicia com uma outra redução, limitando o significado a "uma relação recíproca e reversível entre o nome e o sentido" (1977, p. 119), na qual não há espaço para discutir a coisa ou referente do signo. Partindo do que admite ser o mais conhecido modelo analítico do significado – o triângulo básico de Ogden e Richards a que voltaremos ao final – Ullmann considera que há no modelo componentes demais, porque inclui três elementos que ele sugere chamar de *coisa*, *nome* e *sentido*. Na sua concepção, "o referente, o aspecto ou acontecimento não-linguístico, como tal, fica nitidamente fora do âmbito da linguística" (Ullmann, 1977, p. 118). Aqui, o equívoco de Ullmann parece estar em não perceber que, ao limitar-se ao campo da semântica linguística, na qual o referente (ou coisa, segundo sua terminologia) não terá importância ao estudo do significado, conduz-se a concluir que o referente não terá importância na discussão sobre o significado de qualquer outro tipo de signo. Não pretendemos disputar com Ullmann se para a linguística o referente é irrelevante ao significado das palavras como signos, mas certamente não nos parece ser o caso para o significado de enunciados relativos à prova do crime.

Sobretudo porque o próprio Ullmann, ao reconhecer o que chama de uma definição operacional do significado atribuída a Ludwig Wittgenstein, admite que "o significado de uma palavra é o seu uso". E de fato, ao comparar a linguagem com o jogo, no que chama de "jogos de linguagem", Wittgenstein promove uma virada operacional porque leva em conta o contexto de uso do signo para estabelecer seu significado. Partindo de uma citação que encontra nas *Confissões* de Santos Agostinho, Wittgenstein (1999, p. 28), sugere que: "Aquele conceito filosófico de significação cabe bem numa representação primitiva da maneira pela qual a linguagem funciona".

A considerar, contudo, a data das *Investigações Filosóficas* (1945), não se pode ignorar que o pragmatismo, especialmente com *Experiência e Natureza* (1925) de John Dewey, já havia transposto os limites semânticos, ao considerar que "o significado é primeiramente intenção, e a intenção não é pessoal no sentido de privativo e exclusivo", encontrando-se em uma relação de importância que a coisa assume (Dewey, 1980, p. 37; 1948, p. 139), o que é precisamente o caso dos sinais assumidos como prova de um crime. Mas nenhum problema há em Ullmann situar no trabalho de Wittgenstein uma viragem operacional do significado; o problema está em admitir que essa viragem trouxe novas perspectivas para a linguística, mas não se dar conta de que essa perspectiva já colocava o problema do significado além da dimensão restrita à semântica, como nos parece ser incontornável ao falarmos de significado probatório. Isso, portanto, nos exige conduzir o problema do significado para outras dimensões, tendo em conta a concepção tridimensional proposta por Charles Morris.

4. A TRIDIMENSIONALIDADE SEMIÓTICA

Ao tratar do problema do significado, Charles Morris (1985, p. 75) considerar que "uma linguagem, em sentido semiótico total dos termos, é um conjunto qualquer de veículos signos intersubjetivos cujo uso está determinado por regras sintáticas, semânticas e pragmáticas". E, por isso, o significado não pode situar-se em qualquer lugar do processo de semiose, senão em termos desse processo globalmente considerado. Assim, na sua perspectiva, nem o meio, nem o objeto, nem o interpretante pode definir-se sem referência mútuas, e é nessa referência mútua que encontramos a unidade da semiótica. O significado de um signo, nesse sentido, "é exaustivamente especificado pela averiguação de suas regras de uso" que podemos encontrar em cada dimensão semiótica. Nãos se trata, portanto, de um problema restrito de semântica, tampouco de uma questão apenas de significado que ignora o problema da referência, embora Morris ainda permaneça usando o termo "significado" segundo a terminologia da semântica linguística.

Charles Morris (1985, p. 31), partindo da relação triádica fundamental entre os elementos do signo – por ele chamados de *veículo* (sígnico), *designatum* e *interpretante* –, considera possível também abstraírem-se uma série de outras relações diádicas, que se podem chamar de *dimensões* de análise semiótica.

Assim, podemos discutir o signo segundo sua dimensão semântica, ao tratarmos das suas relações com os objetos; segundo sua dimensão pragmática, ao tratarmos das suas relações com os intérpretes; e segundo sua dimensão sintática, ao tratarmos das relações dos signos entre si mesmos, abstraídos objeto e intérpretes. Mas, embora possam ser consideradas em separado, cada dimensão concorre para a formação e compreensão de uma linguagem qualquer, a exemplo da que podemos conceber a respeito das provas penais, com algumas regras de uso. É a discussão que propomos a seguir.

Sintaxe das provas

A dimensão sintática (Morris, 1985, pp. 43-54) pressupõe aquele repertório de signos de que trata Elisabeth Walther-Bense (2010, p. 6), para quem existe uma "*dependência em relação a um repertório*". Charles Morris fala de classes de signos, o que poderia nos remeter às diversas classificações das provas que encontramos na tradição jurídica (Malatesta, 1996), bem como às dez classes de signos principais de C. S. Peirce (2017), compostas a partir de combinações tricotômicas fundamentais baseadas na divisão dos signos segundo o meio, o objeto e o interpretante. Mas, se voltarmos a pensar em termos de intencionalidade, devemos ter em mente o que Searle (2002b, p. 195) considera uma "rede" de outros estados mentais, "um complexo mais amplos de outros estados" com que uma intencionalidade se relaciona sempre. Mas, embora pressuponha um repertório qualquer, de estados mentais ou de signos, a sintaxe não se resume a isso.

Além de um repertório fundamental, à sintaxe uma questão é mais importante: algumas regras de relacionamento entre os elementos do repertório. E, assim como acontece em qualquer linguagem, também nas provas há regras de relacionamento entre os signos, que exigem pelo menos uma distinção entre níveis primários e secundários, permitindo estabelecer possíveis correlações. Assim, não podemos confundir os vestígios encontrados no local do crime com o laudo pericial produzido a partir dos vestígios, mas que na prática assume o lugar daqueles sem maiores discussões; não podemos, igualmente, confundir o registro mental que a testemunha tem em sua cabeça com o seu depoimento, escrito ou mesmo gravado acerca do que presenciou. Há uma nítida distinção de níveis, pois o signo probatório de segundo nível se constitui a partir e com base no primeiro, que deve ter uma espécie de proeminência e dominância sobre aquele. Esse é um primeiro princípio que parece reger a sintaxe probatória em plano vertical, posto que, havendo alguma discordância entre provas de níveis diversos, tem *precedência* a de nível primário para exigir revisão e correção da prova de nível secundário. Isso pode acontecer quando dois laudos contraditórios são apresentados acerca dos mesmos vestígios. Mas quando não há essa distinção de níveis, outro é o princípio que parece reger a sintaxe probatória em um plano horizontal, posto que, entre provas de igual nível, não podendo haver precedência por falta de qualquer dominância, resta-nos decidir segundo a *concordância*. Mas em qualquer caso, o que teremos é um postulado de coerência a reger a dimensão sintática probatória, na qual encontramos dois tipos de regras: *regras de formação*, "que determinam as combinações independentes e permissíveis dos elementos do conjunto" (orações); e *regras de transformação*, "que determinam as orações que podem obter-se a partir de outras orações" (Morris, 1985, p. 44).

Embora Morris esteja pensando na linguagem natural, não nos é difícil pensar em estrutura sintáticas probatórias que nos conduzem a três tipos fundamentais de frases no processo penal: frase condenatória, quando os signos probatórios estão todos em concordância, vertical e horizontalmente, a favor da acusação; frase absolutória, quando em concordância a favor da defesa; frases dubitativas, quando não havendo coerência em algum sentido, subsiste uma dúvida que opera a favor da defesa (*in dubio pro reo*). Os juristas sabem que o processo penal, se considerado apenas formalmente, pode ter outras tantas possibilidades frasais, mas o que estamos a afirmar diz respeito à sintaxe probatória, à discussão sobre possibilidades vinculadas aos signos probatórios. Não estamos nessa dimensão pensando em problemas pragmáticos que podem emergir da obtenção de certas provas ilícitas, que, embora possam estar em concordância com outras admissíveis, acabam sendo expurgadas do processo. A chamada prova ilícita (Armenta Deu, 2014), embora possa assumir a mesma natureza sígnica, é excluída do repertório como um elemento estranho ao conjunto probatório, como uma língua que recusa palavras estrangeiras, ainda que estas possam ser compreendidas pela combinação com as palavras do léxico, porque não compõem o dicionário da língua.

A existência de um repertório, bem como de regras sintáticas, princípios e postulado, não exclui a possibilidade de um processo penal concluir-se apenas com base em um único signo probatório. A hipótese é rara, ademais de geralmente incluir outros tantos elementos circunstanciais que cooperam para a formação da frase. Mas seria algo similar ao que acontece em uma língua, quando dizemos apenas "socorro" e conseguimos produzir uma frase com sentido. Assim, embora sozinha, essa frase está inserida em um contexto e seguida de entonação que colabora para a compreensão. Seria algo similar a ter apenas um vídeo – sem áudio, e nada mais que isso – como prova de um crime, embora ele pudesse ser uma mera encenação, assim como pode acontecer com um grito de socorro usado apenas para chamar a atenção sem qualquer situação de perigo. Mas aqui estamos antecipando aquilo que é próprio da dimensão semântica, embora pressuponha necessariamente a dimensão sintática.

A sintaxe, nesse sentido, não corresponde aos estados mentais intencionais, mas antes ao que torna a intencionalidade possível, algo como uma pré-condição que Searle chama de *Background*: "um conjunto de capacidades mentais não-representacionais que permite a ocorrência de toda representação" (2002b, p. 198). Trata-se, assim, do que proporciona as condições ao funcionamento de formas particulares de intencionalidade como a significação que nos interessa relativamente à prova. Mas somente se estivermos tratando de intencionalidade dos estados mentais, podemos acreditar que ele se refere apenas a capacidades próprias do indivíduo, como o sustenta Searle, pois basta que passemos a tratar de atos de fala, para entendermos que estes pressupõem algo além do que precisa a intencionalidade da mente – eles precisam de instituições como a língua, com suas regras sintáticas, assim como as provas do crime precisam de instituições relativas ao direito penal, também com suas regras jurídicas, da qual emerge um domínio próprio de intencionalidade que não depende exclusivamente do indivíduo.

Semântica das provas

A dimensão semântica, por sua vez, segundo a concepção de Morris (1985, p. 55), pressupondo a sintaxe, se ocupa da relação dos signos com o que ele chama de *designatum,* considerado como um objeto que pode ou não ser algo existente real (*denotatum*). Mas nessa sua concepção, Morris se confronta com a tradição linguística, onde a semântica se ocupa da relação entre o nome e o sentido (Ullmann, 1977, p. 118), como estudo da função de transmitir o sentido que têm as palavras (Guiraud, 1980, p. 11). Essa divergência decorre em parte de disputas que existem em torno do problema específico do significado, aqui compreendido como problema geral de significação, para o qual Morris sustenta uma concepção unitária da semiótica decorrente de operações que se realizam nas três dimensões. No que nos interessa, relativamente à prova do crime, parece-nos que essas duas concepções se entrelaçam necessariamente, para que possamos entender a significação probatória, não limitada a uma questão de significado semântico, mas também não limitado a uma concepção meramente referencial do significado. Ademais, essa parece ser uma consequência de considerarmos as intenções de significação segundo o modelo de ato de fala, em que temos a fórmula *"F(p)"*: composta por conteúdo proposicional (p) e força ilocucionária (F).

Morris explica que, enquanto linguistas se têm interessado pelo estudo das condições de uso de uma palavra, empiristas se ocuparam em termos mais gerais das condições sob as quais podemos afirmar que um signo tem um *denotatum*. E nessa perspectiva tem lugar a discussão sobre a "verdade" sempre que se considera a relação de um signo com alguma coisa, questão para a qual ressalta a importância dos esforços lógicos feitos especialmente pela teoria semântica da verdade (A. Tarski). É por isso que Morris reserva o temo "designa" ou "denota" para a semântica, para especificar a relação entre um signo e um objeto, em distinção como o termo "expressa", reservado à dimensão pragmática. Assim considerada a dimensão semântica, portanto, entende-se por que Morris considera sua regra fundamental a que especifica sob que condições um signo qualquer – como uma prova em relação ao crime – pode aplicar-se a um objeto ou situação. Em termos mais diretos, uma semântica probatória se destina a estabelecer sob que condições um signo é prova de um crime. E em termos de intencionalidade, segundo Searle, sob que condições de satisfação algo funciona como prova, tendo em conta uma direção de ajuste prova-crime.

Aqui o jurista poderá ser tentado a elencar um conjunto de regras jurídicas que dizem respeito a garantais processuais de *obtenção* e *admissão* das provas, mas o que concerne à semântica diz respeito mais precisamente àquilo que o direito probatório tem chamado de *valoração* da prova, embora nesta se encontrem imbricadas questões outras de ordem pragmática que iremos abordar adiante. O que Morris considera regra semântica não parece encontrar qualquer similaridade em regras jurídicas contemporâneas, embora no direito medieval possamos encontrar algumas regras desse tipo no chamado "sistema taxado de provas legais", no qual duas testemunhas concordantes denotavam necessariamente a existência do crime. Entretanto, como observa Morris (1985, p. 58), e atualmente é assim no direito probatório, as regras semânticas não são geralmente formalizadas, ou o são apenas parcialmente, ou melhor casuisticamente como podemos encontrar em certas jurisprudências acerca de algum crime em espécie. Assim, portanto, geralmente as regras semânticas "são mais hábitos de conduta que outra coisa" (Morris, 1985, p. 58), o que deixa o direito probatório em situação de incerteza epistêmica que reflete em insegurança jurídica dos acusados, porque não é possível arbitrar antecipadamente, tampouco auditar posteriormente as provas de uma condenação além da íntima convicção do juiz.

É com razão, por isso, que essa questão se tem tornado o ponto de convergência central dos renovados estudos probatórios na viragem jurídica do século XXI com a discussão ardente e crescente em torno do que se tem chamado de *standard* de prova (Laudan, 2013, p. 103-136; Haack, 2013, p. 65-98; Vazquez, 2013)[24]. Mas como veremos, isso que parece habitar a dimensão semântica da prova, dificilmente terá uma compreensão satisfatória se não avançarmos mais além para a dimensão pragmática.

Pragmática das provas

A dimensão pragmática, que tem pressupostas as dimensões sintática e semântica, concerne à relação do signo com seus intérpretes, considerados em seus diversos aspectos biológicos, psicológicos e sociológicos (Morris, 1985, p. 67). Aqui, Morris subjetiva o interpretante do signo concebido por Peirce independentemente do sujeito, ao passo que reconhece no processo de pensamento a interação de um organismo com seu ambiente (natural e social). E isso nos coloca de volta em contato com a concepção do significado como um tipo de intencionalidade da mente, mas que também necessariamente supões práticas sociais como um fenômeno social (Searle,

[24] Susan Haack (2013, p. 66) considera que "os estândares de prova devem ser entendidos como graus de aval", e Carmen Vazquez (2013, p. 13), cuidando de distinguir as antigas provas taxadas por lei dos atuais estândares científicos, explica que estes pretendem estabelecer um grau mínimo de prova indispensável para condenação, mas destinado à valoração do conjunto de provas, não ao valor de cada prova *a priori*, embora também establecidos por lei, a exemplo do que se tem chamado de *beyond a reasonable doubt* (mais além de toda a dúvida), abreviado geralmente como BARD (Laudan, 2013, p. 104).

2021, p. 231). Assim, na perspectiva pragmática, um sistema qualquer de signos – linguístico ou probatório – sintetiza um sistema de condutas, no qual os signos atuam como instrumento de mediação entre organismo e ambiente. A pragmática, nesse sentido, enfatiza o juízo ou valoração de um signo. Mas embora essa valoração se desenvolva em termos de verdade – sobretudo no campo probatório de nosso interesse – parece-nos que Morris nesse ponto faz uma redução excessiva da dimensão pragmática, a considerar que, até mesmo uma prova de crime – retirada de seu contexto probatório – poderá operar como mediação de conduta segundo outros valores não apenas epistêmicos, mas também éticos (bom) ou estéticos (belo). Usando a terminologia da intencionalidade em Searle, diremos que em cada caso as condições de satisfação serão distintas, além das direções de ajuste possíveis.

Se estamos a considerar os intérpretes do signo, basta que se apresente o mesmo conjunto probatório de um processo antigo (como um processo inquisitorial do século XV) a um historiador ou um romancista, que estes serão capazes de modular o interesse e extrair do mesmo signos não apenas outras verdades – como geralmente se tem enfatizado, e especificamente no processo penal se observa nas disputas entre acusação e defesa –, mas sobretudo outros juízos possíveis de valoração no amplo conjunto axiológico que interessa e move o ser humano em suas condutas na vida em comum, o que pode até ser um interesse meramente contemplativo, não judicativo da verdade histórica do outro. Essa é, inclusive, a consequência que se pode extrair de uma observação feita pelo próprio Morris (1985, p. 80), acerca da possibilidade de um mesmo veículo sígnico funcionar como dois signos distintos, porque não se trata apenas de uma distinta valoração do signo – mas ainda segundo o mesmo valor; é também uma questão de *interesse* que opera na dimensão pragmática, permitindo não apenas oscilar em um mesmo espaço de possibilidades semânticas, mas também inaugurar um outro espaço semântico com outras expectativas que não apenas as epistêmicas. É isso que nos permite entender por que o direito probatório considera as provas não apenas segundo a verdade, mas também segundo outros interesses que compõem toda a teoria da proibição de obtenção e proibição de valoração de cercas provas obtidas por meios ilícitos (Andrade, 2013). A teoria jurídica das proibições de provas, nesse sentido, inaugura um outro espaço semântico de significado, movido por interesses de proteção da dignidade humana, para excluir do julgamento provas que foram obtidas com ofensa a direitos fundamentais. É, em termos de intencionalidade, uma questão de perspectiva.

Assim, podemos entender melhor a extensão com que Morris (1985, p. 75) considera a regra pragmática fundamental, pela qual se estabelecem as condições com que os intérpretes – sujeitos processuais interessados na prova – aceitam ou recusam uma prova como signo do crime. Em outras palavras, embora a verdade constitua o valor central na discussão probatória orientada por um interesse epistêmico, não é estranho ao processo penal abrir-se a outros interesses ético-políticos acerca das mesmas provas, requerendo a incidência de outras regras pragmáticas que concernem a valores distintos, mas igualmente reconhecidos na comunidade jurídica. A respeito, voltando à terminologia da intencionalidade com que iniciamos, Searle (2021, p. 232) admitirá que "o significado não é só produto da intencionalidade individual, mas também o resultado de prática sociais", o que pressupõe, segundo ele, além do que considera *background* dos estados mentais, também convenções e regras. Nesses termos, podemos concluir que, embora possamos aceitar a concepção originária de Searle, para quem a significação é um tipo de intencionalidade que encontramos na cabeça das pessoas, somos levados a admitir que há intencionalidade também na realidade social (Dutra, 2021d, p. 180), que os significados dependem de alguma intencionalidade social com instituições como a linguagem e, no que nos interessa mais especificamente, com o direito penal e sua linguagem própria. É como pensamos ser necessário discutir mais detidamente o problema da significação probatória, o que faremos segundo um modelo analítico que pretende sintetizar as diversas questões como se segue em breve conclusão.

5. A SIGNIFICAÇÃO PROBATÓRIA

A considerar tudo quanto o problema de significação envolve, entendem-se as razões por que C. Morris (1985, p. 87) nos sugere evitar o uso do termo "significado", requerendo termos mais específicos para discriminar melhor os vários fatores que ele abrange. Esta é uma razão por que temos usado *significação* – segundo a terminologia sugerida por L. H. Araújo Dutra (2017, p. 46), para quem o termo abrange questões relativas ao *significado* e à *referência* – ao falarmos de prova de crime. Mas ao usá-lo, como advertimos desde o início, não pensamos em restringi-lo aos casos de enunciados probatórios.

Essa parece ser a razão também por que C. K. Ogden e I. A. Richards (1972, p. 32) propõem um modelo analítico composto por três elementos com o qual pretendem discutir o problema do significado como termo abrangente, segundo uma proposta de simbolismo geral, embora ainda partindo de "pensamentos, palavras e coisas", o que os leva muito constantemente a discutir o significado tendo como parâmetro a nossa língua natural. Mas, se tivermos em conta a significação como tipo de intencionalidade, segundo a concepção de Searle, podemos usar esse modelo próprio dos atos de fala para os casos de estados mentais, assim como para os casos de prova como signo do crime. Por isso, esse esquema analítico geral pode ser aplicado a todas as espécies de signos, que eles optam por chamar de símbolos, embora saibamos que – na concepção de C. S. Peirce – o símbolo seja apenas uma das espécies de signo com referência ao objeto, tendo por característica aquilo que é comum às línguas, serem convenções representativas distintas de ícones e índices, dos quais os sinais do crime se aproximam mais constantemente, mas sem descartar possibilidades de símbolos relativos à prova, tendo em conta também os enunciados probatórios existentes no processo. O mais importante do modelo analítico de Ogden e Richards é, contudo, considerarem que "para a análise dos sentidos de «significado» (...) é desejável começar pelas relações de pensamento, palavras e coisas". É com base nesse pressuposto que eles nos oferecem aquilo que se tornou o ponto de partida de muitas discussões acerca do significado – o conhecido "triângulo básico" de Ogden e Richards, com o qual eles apresentam de fato aquilo que temos chamado de *significação*, termo mais amplo que abrange questões sobre significado e referência. A virtude da proposta, no entanto, está em ver a significação como algo complexo, composta não tanto apenas pelos elementos do signo em si, mas pelas relações que se estabelecem entre esses elementos, o que nos parece ser promissor para uma análise da significação probatória. O modelo, que reproduzimos sem todos os detalhes – contendo (P) *pensamento*, (S) *símbolo* e (R) *referente* como elementos, e (c) *correto*, (a) *adequado* e (v) *verdadeiro* como relações – pode ser assim simplificado:

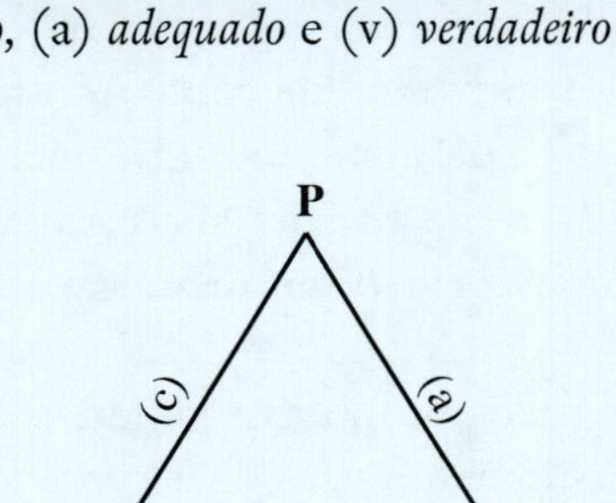

Quanto ao essencial, os elementos de que se utilizam Ogden e Richards, embora recebam outros nomes, parecem ser reconduzíveis aos elementos do signo em geral, segundo a concepção peirceana – *meio* (M), *objeto* (O) e *interpretante* (I); ademais, no seu modelo o pensamento assume o topo da pirâmide, ao passo que a questão da verdade aparece como uma relação entre signo e objeto. Apesar de considerarmos mais adequado discuti-la como relação entre referência e significado, o modelo de Ogden e Richards tem a virtude de apresentar o problema da verdade como uma relação indireta – representada por uma ligação em pontilhados. A nossa proposta, nesse sentido, com base nas relações entre os elementos peirceanos, compostas de (r) *referência* (M-O); (s) *significado* (M-I); e (v) *verdade* (O-I), tem o seguinte arranjo:

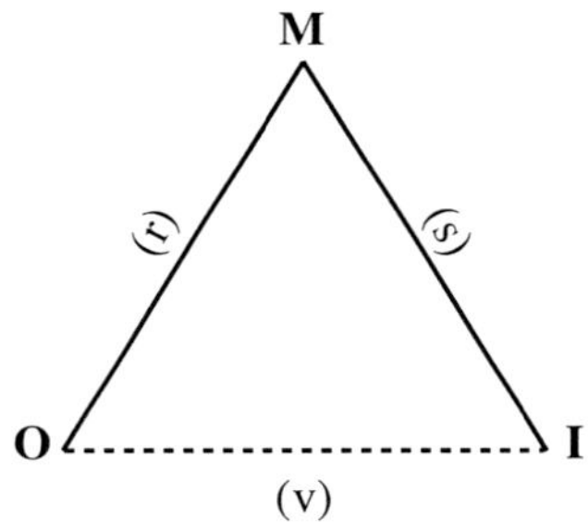

É, portanto, com base nesse modelo analítico, tendo em conta uma perspectiva semiótica tridimensional, que pretendemos discutir nos próximos capítulos os problemas da referência, do significado e da verdade como questões específicas que nos permitem entender o problema geral da significação probatória, compreendida como um tipo de intencionalidade, mas não apenas como algo de domínio individual, também como algo de domínio social, no qual a perspectiva pragmática assume uma proeminência. Afinal, os sinais de um crime não são provas apenas porque uma mente individualmente acredita ser o caso, tampouco porque o enuncia ainda que solenemente, mas sobretudo porque, assumindo-as intencionalmente como hipótese em sua mente, submete-as ao debate por intermédio de enunciados em linguagem de comunicação, segundo regras e convenções jurídicas em processo penal, no qual outras mentes com suas intencionalidades têm o poder de confirmar ou refutar suas intenções de significação probatória.

Entretanto, embora possamos recorrer tanto ao modelo de estados intencionais – a considerar que as intenções de significação probatória acontecem primeiramente na mente –, quanto ao modelo de atos de fala – a considerar que também encontramos enunciados probatórios, é especialmente relevante reconhecer que a prova como signo assume uma específica intencionalidade intermediária, que se beneficia dos conceitos e das discussões que encontramos tanto na filosofia da mente, quanto na filosofia da linguagem, mas que emerge como uma instituição própria no domínio de uma discussão juridicamente comprometida com os tipos do direito penal (ontologia) e com os fins da política criminal (ideologia). E, usando a terminologia do *emergentismo perspectiva* sustentado por L. H. Araújo Dutra (2021b, p. 34; 2021d, p. 77), esses nos parecem ser *condições de base* que permitem emergir uma intencionalidade de significação probatória. Compreendê-las é, portanto, parte do estabelecimento das condições de satisfação de qualquer intenção de significação que concerne à verdade de enunciados sobre as provas.

E precisamente nisto está o centro do problema da significação, segundo Searle (2002b, p. 38), para quem "a chave do significado é simplesmente que este pode ser parte das condições de satisfação (no sentido de requerimento) da minha intenção de que suas condições de satisfação (no sentido de coisa requerida) também tenham condições de satisfação". Essa certamente não é uma concepção unânime acerca da significação, a considerar as diversas teorias que podemos encontrar sobre o problema (Alston, 1972, p. 25-56), mas ela nos parece ser suficientemente ampla para abranger as disputas principais, bem como sobretudo para nos permitir tratar especificamente do problema da significação probatória como questão de intencionalidade, em comparação tanto com a linguagem quanto com a mente. Afinal, parece adequar-se bem ao conceito de Gilbert Ryle (1980, p. 69), para quem a *significação* é "um estilo de operação" que se executa com uma expressão qualquer, e podemos executar com sinais do crime, mas não é qualquer coisa referida, embora esta possa estar pressuposta; é, nesse sentido, apenas "uma função": o que está em conformidade com o essencial da intencionalidade, considerada em última análise como funcionalidade.

4. A REFERÊNCIA PROBATÓRIA AO OBJETO

> "A ontologia de cada um está na base do esquema conceitual por meio do qual ele interpreta todas as experiências, inclusive as mais banais"
>
> (W. V. O. Quine, *De um ponto de vista lógico,* I)

1. O CONVENCIONALISMO PENAL

Os juristas estão de acordo que, antes que qualquer evento possa ser objeto de prova como crime, uma definição prévia legal deve estabelecer os elementos com que certos fatos do mundo podem ser considerados típicos penalmente. Trata-se do que Luigi Ferrajoli (2008, p. 6) chama de *convencionalismo penal,* pelo qual considera que "é de fato possível verificar empiricamente que se cometeu um crime somente se antes uma convenção legal estabelecer com exatidão quais fatos empíricos devem ser considerados como crime". Mas também podemos dizer que se trata apenas do que geralmente chamamos de princípio da legalidade, conhecido pela máxima *nullum crimen sine lege,* decorrente da síntese dos princípios primeiros do direito penal segundo Anselm v. Feuerbach (2007, p. 54), com base na qual se constitui uma linguagem-objeto que se encontra nos tipos penais, a partir dos quais os sujeitos processuais geralmente discutem todas as questões probatórias acerca do crime. A linguagem dos tipos penais, nesse sentido, se constitui no necessário ponto de partida para a discussão acerca da referência probatória.

Em outros termos, contudo, ao falar de princípio da legalidade, os juristas estão a admitir que somente a autoridade da lei – *auctoritas, non veritas facit legem* – pode constituir um crime juridicamente. Assim, ao admitir, que somente a autoridade da lei pode constituir um crime, a teoria do garantismo penal, no interesse declarado de proteger os cidadãos de leis autoritárias, postula que a lei estabeleça com exatidão fatos empiricamente observáveis. Fala-se, então, de necessária taxatividade da lei penal, o que é um problema de técnica da linguagem legislativa com que se instituem os crimes nos tipos penais. Mas, enquanto a *convenção legal* é uma condição de existência do crime, a *referência empírica* é uma condição de sua verificação fática, o que nos interessa especialmente ao problema da sua prova, embora esta não se possa discutir sem levar a sério o poder normativo de constituição do objeto de prova. Todas essas questões, embora não sejam de domínio corrente dos juristas em geral, são pelos menos dos que se dedicam aos problemas de investigação criminal, na qual surge sempre a dúvida sobre que tipo de prova é suficiente para concluir sobre se "alguém cometeu um crime" *(AxC)*, ao ponto de podermos dizer que "está provado que" *(pq)* "alguém cometeu um crime" – "*pq(AxC)*". Entretanto, trata-se de questão que requer o envolvimento de todos os sujeitos processuais, não se bastando apenas com a atribuição referencial dos que inicialmente estabelecem essa relação de referência entre prova e objeto.

O objetivo deste capítulo, nesse sentido, será discutir o que podemos considerar a referência probatória ao crime como objeto de discussão processual, segundo uma intencionalidade referencial que supõe tanto a imposição inicial por um primeiro sujeito processual, quanto a intencionalidade dos demais sujeitos que compartilham as mesmas noções acerca do objeto, nas quais encontramos muito mais do que apenas se refere a linguagem-objeto da lei penal. Pretendemos argumentar que, se tivermos em conta uma intencionalidade não apenas individual, mas também coletiva, precisamos conciliar tanto uma perspectiva descritivista do objeto, quanto uma perspectiva histórico-causal que leva a sério as noções compartilhadas do objeto por uma comunidade jurídica, cuja tradição que encontramos nas diversas teorias do crime tem grande importância no estabelecimento da relação referência.

Ao longo das discussões, esperamos deixar claro que as discussões probatórias, que pressupõem o crime como objeto típico, precisam ter em conta problemas gerais de referência, nos quais devemos pressupor sempre alguma ontologia, embora na dogmática jurídico-penal moderna a doutrina dominante venha recusando qualquer discurso ontológico, por razões que esperamos deixar claras oportunamente. A respeito dessa questão, contudo, pretendemos tornar evidente que, antes de podermos falar de objetos de prova, temos necessariamente de admitir uma ontologia acerca dos objetos que consideramos relevantes, sem a qual qualquer discussão sobre a referência probatória se torna impossível. Vamos argumentar que, embora o crime não se possa deter em uma ontologia de fatos naturais ou mesmo sociais, estes são pressupostos como condições de base para a dimensão normativa na qual ele se encontra, mas isso não implica recusar necessariamente toda e qualquer ontologia criminal. Este será um dos objetivos com que esperamos concluir o capítulo, visando a chamar a atenção para sua relação com o problema do significado a que dedicaremos um outro capítulo de discussão.

2. A LINGUAGEM-OBJETO DOS TIPOS PENAIS

Ao dizer que "o direito penal é muito mais a forma, através do qual as finalidades político-criminais podem ser transferidas para modo de vigência jurídica", Claus Roxin (2002, p. 82) parece subestimar o poder constitutivo da lei. É certo que com essa concepção geralmente o jurista pretende subordinar a autoridade legislativa a certas concepções de justiça que o impeça de considerar crime qualquer ação humana ou até dispensar a ação humana, bastando-se com características pessoais como aconteceu no regime jurídico-penal nazista. Mas é igualmente certo que, suposta alguma justiça, a lei penal consiste em mais que mera forma, pois constitui o crime, e esse parece ser o sentido mais profundo da máxima *nullum crimen sine lege.* E, considerando que a lei penal sempre vem expressa em linguagem, podemos entendê-la segundo a teoria dos atos de fala na qual encontramos atos referidos por J. Austin (2020) como *performativos,* que J. R. Searle trata em sua taxionomia como atos ilocucionários de declaração.

Searle (2002a) explica que os atos declaratórios, quando bem-sucedidos (no que podemos incluir a suposição de que a autoridade legislativa tem legitimidade constitucional para dispor sobre direito penal), produzem uma correspondência entre seu conteúdo proposicional e a realidade. Isso significa que, se o legislador declara que certa realidade é crime, então essa realidade passa a ser crime. A afirmação parecerá trivial ao jurista, mas melhor explicada diz algo mais do que parece óbvio, porque "as declarações produzem uma alteração no estatuto ou condições do referido em relação a objeto ou objetos tão-somente em virtude do fato de se ter conseguido realizar a declaração" (Searle, 2002a, p. 20). Quer dizer que, se o Poder Legislativo, após discussões públicas no Congresso Nacional, vencidas todas as controvérsias e objeções, por voto da maioria requerida pela Constituição, consegue emitir a declaração que depois é sancionada pelo Presidente da República que a publica como lei no diário oficial, então temos uma declaração constitutiva do crime. Isso decorre geralmente, mas não sempre, em razão do que Searle chama de "instituições extralinguísticas", que no caso do crime pressupõe pelo menos um Estado, um Poder Legislativo e um Poder Executivo, bem como um sistema jurídicos de normas, no qual uma Constituição atribui competências a certas autoridades para fazerem exatamente o que fazem, declarar que certas condutas são crime por autoridade da lei. Isso quer dizer que, por essas instituições gerais pressupostas, entre outras mais especificas com que o jurista está familiarizado, é possível fazer uma declaração, mas sem essa declaração não há crime.

As declarações são categorias que Searle considera especiais entre os atos de fala porque estes geralmente supõem uma única direção de ajuste, ou no sentido palavra-mundo (a exemplo dos atos assertivos), ou no sentido mundo-palavra (a exemplo dos atos compromissivos), ao passo que nos atos declaratórios essa direção é dupla, a considerar que, embora as declarações tendam a corresponder ao mundo, não o visam segundo um "estado de coisas existente". E o exemplo que nos oferece Searle (2002a, p. 29) é familiar ao jurista. Ele considera que em certas situações institucionais, como no caso de crime, "não nos limitamos a apurar fatos, mas também precisamos que uma autoridade pronuncie uma decisão sobre quais sejam os fatos depois de concluídos os procedimentos de inquérito". Nada poderia ser mais esclarecedor, mas nesse caso antecipamos a questão da prova, acerca da qual temos uma espécie de atos que Searle chama de "declarações assertivas". De fato, faz sentido dizer que ao final do processo penal o juiz profere uma sentença cuja força ilocucionária é tanto assertiva dos fatos, quanto é declaratória do crime, mas somente o faz porque antes um legislador fez uma declaração constitutiva da classe de fatos que passam a ser considerados crime. É nessa declaração primária ainda que precisamos nos deter um pouco mais, antes de avançar na discussão probatória da referência ao objeto. E, nesse sentido, precisamos falar do que B. Russell chama de linguagem-objeto[25].

Essa linguagem deve consistir de palavras-objeto, em que "as «palavras-objeto» se definem, logicamente, como palavras que têm significado quando isolada e, psicologicamente, como palavras que foram apreendidas sem a necessidade de apreender quaisquer outra palavra" (Russell, 1978d, p. 61). Seria difícil conceber a linguagem penal nesses termos rígidos, se tivermos em conta a perspectiva psicológica exigida por Russell, a considerar que a lei penal se utiliza de palavras que são, geralmente, mas não em sua totalidade, decorrente de palavras que aprendemos por meio de outras palavras; mas se tivermos em conta a perspectiva lógica, não teremos dificuldade de considerar a lei penal como linguagem-objeto do crime, a considerar que ela se compõe essencialmente de palavras que têm significado quando isoladas. E, tendo em conta que, segundo Russell, "onde entrarem em conflito, deve-se preferir a definição lógica", podemos sem dúvida pensar a linguagem dos tipos penais como uma linguagem-objeto dos crimes que exerce especial relevância para a discussão da referência probatória. Não sem razão, o tipo penal, que confere tipicidade jurídica aos fatos da realidade, assume um papel central no direito penal, porque, segundo ressalta Cláudio Brandão (2014, p. 25), ele é como um elo da sucessão de seus métodos, com o que pretende evidenciar tanto seu papel de constituição jurídica do crime pelo legislador, quanto seu papel de limite do que é punível pelo judiciário, ao que podemos acrescer o que nos interessa especialmente, o fato de constituir-se como parâmetro primário de referência probatória. Assim, as suas palavras-objeto se referem tanto àquilo que constituem o crime, quanto àquilo que constituem objeto de referência probatória. Mas a linguagem dos tipos penais não se constitui exclusivamente de palavras-objeto que podem ser apreendidas sem necessidade de apreender outras palavras, embora ainda nos pareça ser possível falar em uma linguagem-objeto, se tivermos em conta os distintos elementos de sua composição.

---

25 A noção de Russell se deve à distinção estabelecida por Alfred Tarski, entre metalinguagem e linguagem-objeto, admitida expressamente por ele nesse seu texto que usamos. Contudo, a considerar que Tarski tinha em mente uma teoria para linguagens formalizadas e que Russell tem em vista falar de objeto como aquilo que pode ser mostrado, a sua noção acerca de linguagem-objeto tende a aproximar-se daquilo que nos permite fazer uma referência, e é nesse sentido que a assimilamos para a linguagem dos tipos penais.

A teoria dos tipos penais tem sido constituída com base na distinção entre elementos descritivos e normativos, objetivos e subjetivos – essa é a divisão tradicional que vem repetida com uma ou outra diferença por muitos juristas (Tavares, 2018, p. 181; Bacigalupo, 2005, 200; Caballero, 1993, p. 179; Wessels, 1976, p. 33). Nesse sentido, podemos ler o tipo de homicídio, previsto no art. 121 do Código Penal – "matar alguém", que se constitui de elementos objetivos e descritivos; o tipo de furto, previsto no art. 155 – "subtrair, para si ou para outrem, coisa alheia móvel", em que o "alheia" requer uma consideração valorativa segundo o direito, assim como "documento" nos tipos de falsidade documental (Capítulo III do Título X que dispõe sobre crimes conta a fé publica), mas também pode requerer uma valoração que recorre a parâmetros extralegais, como o "obsceno" no tipo de ato obsceno, previsto no art. 233 – "praticar ato obsceno em lugar público, ou aberto ou exposto ao público". Quanto aos elementos subjetivos, além do elemento geral de dolo, sempre pressuposto em todos os tipos penais segundo a concepção finalista da ação delitiva (Welzel, 2001, p. 27), alguns tipos trazem especiais fins de agir, como "o objetivo de satisfazer a própria lascívia ou de terceiro", no tipo de importunação sexual (art. 215-A) ou "o fim específico de cometer crimes", no tipo de associação criminosa (art. 288). Ademais, além desses elementos, encontram-se nos tipos penais geralmente referências aos instrumentos utilizados, a exemplo da "arma de fogo", na violência que aumenta a pena do tipo de roubo (art. 157, § 2º-A); referência ao lugar, a exemplo do "lugar público, ou aberto ou exposto ao público", no tipo de ato obsceno referido; bem como referência ao momento, a exemplo de "calamidade pública" como circunstância agravante de qualquer crime que seja cometido nessas circunstâncias (art. 61). A diversidade ontológica desses elementos é problemática, porque todas essas palavras de constituição do tipo se referem a algo que se supõe ser possível comprovar como condição de imposição de uma pena, transferindo à prática processual penal o ônus de conseguir resolver os problemas gerados à referência probatória. Mas não é certo que se possam considerar todas elas palavras-objeto naquele sentido de Russell, embora geralmente os juristas tendam a enfatizar justamente aqueles elementos que se referem a coisas observáveis como ponto de apoio para discussões posteriores.

Entre todos os elementos do tipo, contudo, os elementos descritivos – considerados espécies de elementos objetivos pela doutrina jurídica tradicional – são os principais, tendo entre eles como elemento fundamental de todos os tipos um "verbo", que Russell (1978d, p. 67) considera expressamente na sua teoria uma palavra-objeto, cuja essência para ele "é alguma semelhança entre um conjunto de fenômenos que suficientemente intenta o estabelecimento de uma associação entre instância do conjunto e instâncias da palavra para o conjunto". Há aqui um postulado verificacionista positivista que é também compartilhado pelos juristas, sobretudo entre os garantistas que visam a assegurar algum controle epistêmico da atividade estatal punitiva. Mas a considerar que o verbo no tipo penal se refere à ação delituosa – que tem sido objeto da principal discussão das doutrinas penais, tendo em conta as principais objeções da teoria funcional do delito, ao recusar as dimensões biofísica (causalismo) e psíquica (finalismo)[26] –, precisamos entender que o tipo de percepção exigida quanto ao crime não se pode reduzir a uma verificação puramente fática. E isso se torna igualmente evidente quanto aos demais elementos, a começar pelo dolo como elemento subjetivo geral que vem sempre subtendido em todos os tipos, embora nunca expresso por qualquer palavra-objeto: é alguma teoria de base que o sustenta, na qual temos um conceito de crime que lhe confere significado. Voltaremos a essa questão ao final do capítulo, ao falarmos dos compromissos ontológicos que se encontram pressupostos no problema da referência. Antes, contudo, precisamos considerar aquilo que constitui uma linguagem imediatamente disponível ao jurista, porque é essa linguagem-objeto que os sujeitos processuais têm como ponto de partida; é dela que partem para enfrentar os problemas de referência probatória do objeto. E, nesse sentido, alguns elementos teóricos que encontramos na filosofia da linguagem nos podem ajudar inicialmente.

A ideia básica com que nos orientamos, portanto, é que, assim como os tipos penais (linguagem-objeto) ser referem a classes de objetos, os sinais considerados como prova do crime se referem a espécies daquelas mesmas classes, tanto quanto as sentenças penais, bem como demais atos documentais do processo penal se referem aos tipos, assumindo as provas segundo seu uso referencial. A linguagem-objeto dos tipos penais (naquele sentido que nos parece ser o sustentado por Russell), assim, se referem a objetos – segundo os diversos elementos constitutivos do crime – na suposição de haver provas

---

[26] A respeito, temos em mente as discussões sintetizadas por Heiko Hartmut Lesch (2016, p. 15-30), ao apresentar as ideias fundamentais de uma revisão funcional sobre o conceito de delito.

que se podem igualmente referir aos mesmos elementos, embora saibamos que, além da necessidade de a referência final abranger a totalidade do objeto, devido a diversa natureza dos elementos constitutivos, não podemos obter referências com igual força probatória. Mas é precisamente essa diversidade referencial, com suas particularidades, que podemos encontrar nos tipos referenciais peirceanos – baseados em relações de semelhança (ícones), contiguidade (índices) e convenção (símbolos) – pelos quais o crime virá sempre referido segundo as possibilidades referenciais de cada sinal probatório disponível no local de crime ou obtido por medidas judiciais ao longo do processo penal. A questão, contudo, que se coloca inicialmente é saber o que queremos dizer quando falamos que algo se refere a outra coisa qualquer distinta dele; em termos mais precisos que nos interessam ao nosso problema probatório, o que queremos dizer quando falamos que uma prova se refere ao crime como seu objeto.

3. A REFERÊNCIA DO OBJETO

Ao falar da referência, P. F. Strawson (1980a) – em uma divergência explicita com Bertrand Russell (1978a, p. 3-14) em torno da expressão "o atual rei da França"[27] – acredita que seu erro estava, entre outras coisas, em não distinguir entre significar e fazer referência, oferecendo a respeito dessa função um conceito que se pode aproveitar satisfatoriamente às provas, consideradas precisamente apenas nessa função inicial de referência ao objeto. Assim como usamos expressões linguísticas para mencionar ou fazer referência a objetos, acontecimentos, pessoas, lugares, segundo exemplifica Strawson, podemos utilizar sinais diversos para nos referir a elementos constitutivos dos tipos penais considerados como partes do objeto crime ou ao crime em sua totalidade como objeto unitário. E assim como as expressões podem ter utilizações outras que não essa referencial, também os sinais de que nos utilizamos para referir ao crime o podem. Não se trata de algo que uma

---

[27] A divergência leva Strawson a oferecer uma resposta a "como pode uma sentença como «o rei da França é sábio» ser significante, quando não há nada que corresponda à descrição que ela contém", concluindo que "a origem do erro cometido por Russell encontra-se em que ele pensou que fazer referência ou mencionar – a supor que isso tenha ocorrido – deve ser significar", o que corresponde a uma interpretação sua de Russell.

expressão faz, mas de "algo que alguém pode fazer ao utilizar uma expressão" (Strawson, 1980a, p. 266) – ou seja, depende de uma intencionalidade referencial, o que no âmbito das provas é muito mais evidente a considerar que somente impondo intencionalmente uma relação de referência probatória um sinal qualquer pode adquirir essa função referencial do crime como seu objeto. Voltaremos a esse ponto mais adiante, após algumas considerações sobre certas teorias da referência, mas antes precisamos ressaltar uma questão preliminar relativa ao contexto de referência.

J. R. Searle (2002a, p. 213), em uma tentativa de estabelecer uma distinção entre uso atributivo e uso referencial de descrições definidas de um objeto, oferece-nos um exemplo familiar ao campo das provas criminais, que nos pode ajudar a entender essa questão, ainda que não concordemos com suas conclusões. Searle nos sugere que, se estivermos diante de uma vítima violentamente ferida, devemos considerar *atributivo* um enunciado genérico sobre "quem quer que tenha assassinado" ao dizer apenas com base nos vestígios que se trata de um assassino insano; diversamente, devemos considerar *referencial,* se fizermos o mesmo enunciado diante de um julgamento de pessoa certa, de um homem em particular, a quem se possa apontar. Quanto à prova do crime, a distinção não nos parece aproveitar, porque no primeiro caso, o enunciado é feito certamente com base em vestígios que indicam certas características, com base nas quais uma investigação pode seguir procurando elementos que levam a especificar o indivíduo de quem se falava genericamente, embora se soubesse que era alguém em particular; ao final, quando se indica o indivíduo em um julgamento, certamente foram obtidas outras tantas provas que permitem apontar uma pessoa certa, talvez em razão de uma referência icônica como o vídeo de uma câmara existente no local. Assim, pensando nos tipos referenciais peirceanos (ícones, índices e símbolos), não parece haver razão para excluirmos qualquer uso atributivo dos tipos referenciais, porque alguma referência ainda parece subsistir, a considerar que ainda estamos falando de uma única e mesma pessoa, apenas com a diferença que não a conhecemos ainda no primeiro caso.

A diferença parece estar em outro ponto, numa questão de diferentes contextos em que temos a indicação – o que inclusive parece ficar subtendido na discussão de Searle –, bem como na necessidade de certo refinamento referencial que se pode alcançar depois com provas complementares e alguma comunicação entre os interlocutores. A respeito da primeira questão,

Strawson (1980a, p. 274) fala expressamente do requisito contextual – "o requisito de que a coisa se encontre em certa relação com o locutor e com o contexto de elocução" – como algo que precisa ser preenchido para uma expressão poder ser corretamente aplicada a uma coisa determinada no uso referencial, o que nos parece igualmente necessário relativamente aos sinais assumidos como prova de um crime. Trata-se do que Luiz Henrique de A. Dutra (2017 p. 144) considera uma forma de referência ambiental, que depende do "conglomerado de noções compartilhadas pela comunidade de falantes, dado o contexto comum de comunicação e conhecimento que está associado ao uso dos termos, e consolidada no modelo compartilhado". Essa é uma concepção pragmática que, embora desenvolvida no campo da filosofia da linguagem, tem algo a nos oferecer ao campo das provas criminais, assim como outras questões que encontramos em discussões sobre o problema da referência.

4. ATO DE BATISMO DE UMA PROVA E SÉRIE HISTÓRICO-CAUSAL

Ao falarmos dos tipos referenciais peirceanos (ícones, índices e símbolos), embora entre estes se encontrem também aqueles com que se entendem as palavras de uma língua, não pretendemos antecipar discussões sobre os enunciados que encontramos documentados no processo penal, embora seja incontornável que todas as relações de referência venham depois se expressar linguisticamente, e nestas se coloquem questões de referência que a filosofia da linguagem tem discutido. Mas mesmo antes disso, parece haver alguma virtude heurística em considerar certas questões relativamente a todos os tipos referenciais, como pretendemos seguir evidenciado, embora seja necessário deixar claro que as discussões em termos da língua como signo simbólico apenas se aproveitam aos demais tipos naquilo que têm de mais geral e comum, como meio de representação de um objeto. É o que queremos colocar em evidência, mas tendo por finalidade algo muito específico e relevante à referência probatória do crime como objeto. Assim, algumas discussões sobre o *nomear*, o *descrever* e o *designar*, que encontramos na filosofia da linguagem, podem nos ajudar a entender melhor o problema geral dos tipos referenciais, a considerar que em algum momento será necessário ao processo penal se referir não apenas ao objeto das provas, mas igualmente a estas como objeto de enunciados cuja discussão sobre sua verdade ou falsidade dependerão de falarmos antes do problema dos significados probatórios.

A concepção histórico-causal de designação rígida do objeto sustentada por Saul A. Kripke (2012), embora concebida para enfrentar problemas sobre *nomes* e *descrição* em uma língua, podem nos ajudar a entender como um signo probatório adquire a condição de referenciar algo particular como um crime, assim como uma palavra passa a adquirir para um indivíduo. Alguns exemplos de Krikpe efetivamente nos conduzem a considerar essa assimilação possível, quando recorre à discussão sobre a barra considerada padrão de um metro que se encontra em Paris, porque falamos de prova do crime sempre tendo em conta um padrão que se encontra nos tipos do Código Penal. Mas Kripke está especialmente preocupado em discutir o problema referencial do *nomear,* a exemplo dos nomes próprios de pessoas ou lugares, comparado ao problema das *descrições definidas* de indivíduos, ambos abrangidos pelo temo comum de *designador* com o qual defende a sua tese principal de que "os nomes são designadores rígidos" (2012, p. 99). Uma assimilação heurística que nos parece possível relativamente à prova do crime consiste em considerar cada signo probatório como designador de seu referente, que pode viabilizar sua nomeação ou descrição linguística, sem descartar, contudo, que nossos tipos referenciais são essencialmente indicativos (índices) ou reprodutivos (ícones). Mas dificilmente as provas se podem assimilar a designadores rígidos no sentido específico que lhe atribui Kripke a espécies naturais, embora possamos imaginar casos em que um crime – a exemplo dos homicídios – possa ser considerado homicídio em qualquer sociedade ou relativamente a um sistema jurídico apenas para todos os sujeitos processuais que atuam nesse contexto[28].

Ao falarmos de prova como "designadores", portanto, usamo-los em um sentido não absoluto e não necessariamente para se referir à totalidade do crime como unidade social, porque podemos estar diante de provas que designam apenas parte do crime, referindo-se a um ou mais elementos constitutivos do tipo. Mesmo Kripke (2002, p. 98), ao falar de "designadores rígidos", admitiu que os usa apenas no sentido de "*fortemente rígido*", não exigindo que os objetos existam em todos os mundos possíveis. E, nesse sentido, deve-se ressaltar que apenas alguns elementos do tipo penal – aqueles ostensivamente descritivos como "cão" e "gato" em tipos de crime

[28] Devemos essa advertência esclarecedora às observações de Luiz Henrique de Araújo Dutra.

de maus-tratos aos animais, por exemplo, e similares em outros tipos – nos permitiriam falar de designador rígido. Geralmente, quando temos casos assim, esses elementos são os que adquirem maior peso na discussão probatória processual, tendo alguma proeminência sobre os demais. Alguns outros elementos, contudo, parecem melhor se enquadrar no que Kripke considera um *designador não-rígido* ou *acidental* – a exemplo do que se pode considerar "ato obsceno" em uma certa sociedade, mas não em outra, em uma certa época, mas nào em outra. Contudo, no que nos interessa, ambos se podem considerar "designadores" e parecem se beneficiar do essencial que nos oferece o procedimento teórico descrito por Kripke, bem como das objeções que lhe são feitas. Se houver alguma viabilidade nesse expediente heurístico, poderemos obter algumas boas intuições sobre a referência probatória – o que é nosso objetivo principal, bem como entender o que também as descrições têm a nos oferecer, como pensamos ser necessário.

Assim, um bom ponto de partida é a noção de *mundo possível* de Krikpe (2012, p. 93), para quem se trata apenas de uma *estipulação*, não qualquer *descoberta* que possamos fazer, é dizer, que "um mundo possível é *dado pelas condições descritivas que lhe associamos*". É algo como tudo que seja contrafactual, considerado o fato que temos, mas que ainda seja factualmente possível. Pensemos em termos probatórios, considerados os signos referenciais disponíveis que indicam ou reproduzem um objeto, no qual temos identificado certo crime e seu autor – esse é o fato, mas poderia ser outro? Se há outras possibilidades, podemos pensar em um mundo possível acerca do objeto de referência, como teríamos no caso de um dado jogado ao acaso que admite todas as outras cinco possibilidades que sabemos ser possível, mas que não se deu no caso (Dutra, 2017, p. 127). No caso das provas, essa é uma questão que poderá ter especial relevância na discussão do objeto. Afinal, se uma lesão indica para uma agressão física como objeto, mas também para uma possível autolesão, a que se refere exatamente? Se várias cédulas de dinheiro, encontradas em um baú que fica debaixo da cama do investigado, em uma busca e apreensão, indicam para o crime de lavagem de capitais, mas também para possível costume de guardar dinheiro debaixo do colchão, a que se referem exatamente? Podemos recorrer a descrições probatórias pelas quais diremos que sempre que estiverem presentes certas propriedades relacionadas aos signos encontrados, temos a referência ao objeto-crime. Algo similar se encontra no que Kripke chama de teoria descritiva dos nomes, contra a qual se opõe, porque considera que as propriedades especificadoras de um objeto podem ser igualmente de outro objeto (2012, p. 169). E isso é especialmente verdadeiro para provas, porque estas podem se referir antes a objetos que, por mais similares que sejam ao crime, podem às vezes se referir também a outra coisa distinta. Até mesmo um ato de matar, em certas circunstâncias, pode se referir a um ato de legítima defesa contra uma tentativa anterior de matar. As razões aqui certamente não são as mesmas que Kripke aventa para o problema do nomear, mas nos parecem conduzir a uma conclusão semelhante, que nos permitem compreender a sua teoria da designação.

Saul A. Kripke (2012, p. 157) considera que podemos compreender melhor o problema do nomear – que adaptamos para o problema da prova – como se segue:

1) Primeiro, "há um batismo inicial", pelo qual o objeto pode ser nomeado por *ostensão* – o que no caso da prova é geralmente, mas não absolutamente impossível – ou por *descrição*, o que geralmente é o caso dos crimes; em outra passagem, Kripke (2012, p. 136) sugere que possamos pensar em "uma espécie de cerimônia mental": assim, o primeiro sujeito processual que depara com o signo, geralmente o delegado com seus investigadores e peritos, dirá a si que aquele signo se refere ao objeto que consegue descrever como sendo um crime ou aspecto de um crime, e poderia nomeá-lo de p_1, assim procedendo em todos os demais (p_2.... p_n).
2) Na sequência, temos a transmissão de elo a elo, em que o receptor do signo – um outro sujeito processual, a exemplo do acusador público, mantém aquela intenção primeira, resolvendo usar o signo probatório para a mesma referência, na forma de "uma série histórico-causal", pela qual a intenção do sujeito final, a exemplo do juiz ou tribunal, atualiza a intenção de batismo inicial.

Ao exigir, assim, além da descrição inicial atribuída pelo primeiro sujeito, individual e internamente – o que foi considerado essencial na teoria descritiva[29] –, Kripke (2012, p. 156) parece trazer para o âmbito externo e

[29] John R. Searle (2002, p. 324), assim sintetiza o ponto de disputa entre a teoria descritivista e a teoria causal: "os nomes próprios fazem referência pelo estabelecimento de condições *internas* de satisfação, de uma forma coerente com a interpretação geral da Intencionalidade que venho apresentando ou fazem refer6encia em virtude de alguma relação causal *externa*"

coletivo a viabilidade da designação, dizendo expressamente que "geralmente, a nossa referência depende, não apenas daquilo que nós próprios pensamos, mas das outras pessoas da comunidade, da história como o nome chegou até nós e de coisas desses gênero" – o que, quanto ao objeto de prova, parece ter sentido porque depende do fato que o primeiro sujeito é membro de uma comunidade jurídica que aceita usar o signo como referência: "O nome foi-lhe transmitido por tradição, passando de ele em elo" (Kripke, 2012, 170).

A teoria de Kripke parece fazer sentido, tanto para nomes, quanto para provas, mas, assim como pode acontecer com nomes, acontece com as provas normalmente haver divergência e disputas, sobretudo em torno de casos de designação não rígida, mas não apenas – entre acusação e defesa, sobretudo, porque esta é precisamente a razão do processo penal –, o que pode quebrar a série histórica, levando o juízo penal a proceder com um refinamento referencial, concluindo por algo diverso do batismo inicial. É o que sustenta Luiz Henrique de A. Dutra (2017, p. 136), baseado em exemplos de história da ciência, mas que podemos compreender muito facilmente na história do processo penal, no qual também o DNA tem ajudado a refinar a identificação de autores de crime, mesmo depois de condenados a pena de morte, em revisão processual. Como isso se dá? Como nos casos dos nomes, recorrendo justamente às descrições com que iniciamos o batismo, que será necessária até mesmo para manter o batismo se for o caso (Dutra, 2017, p. 129-131). Essa concepção, portanto, acerca dos nomes, que parece aproveitar plenamente às provas, sugere-nos que precisamos de uma teoria diferente, pelo menos que não exclua por completo a descrição. E, a considerar a relevância desta, podemos nos perguntar como procede mais especificamente o primeiro falante, o nosso sujeito processual. É o que Quine (1980c) pretende responder com o que chama de intuições fundamentais do falante, recorrendo a um padrão inato de similaridade.

5. SENSO DE SIMILARIDADE E MODELOS DE OBJETO-CRIME

Ao tratar da "ontogênese da referência", Quine (2010, Cap. 3) fala do que chama de "referência dividida", para tratar dos termos que admitem o uso tanto para nomes de coisas individuais, quanto para falar dessas coisas em geral, sugerindo que essa passagem, no caso de aprendizagem das crianças, decorre de alguma "similaridade da estimulação". É suposto imaginar que também os sujeitos processuais quando crianças podem ter adquiridos essas competências linguísticas, do particular ao geral, mas quando se deparam com as provas de um crime, são os termos gerais da linguagem-objeto que lhe permitem posteriormente referirem-se aos objetos particulares que pretendem provar, em razão da poder normativo que incide sobre o objeto de prova. É, nesse sentido, questionável que primeiramente os sujeitos processuais se limitam a provar o crime como fato particular para que, somente depois, em momento distinto, procedam com o que se chama no direito de *subsunção* dos fatos particulares aos termos gerais da norma penal. Trata-se, evidentemente, de uma ficção da dogmática jurídica, porque desde o início, a começar pela seleção dos signos probatórios, isso já ocorre tendo em conta o padrão que se encontra na linguagem-objeto, visando a permitir a referência do objeto particular. E tudo se procede, usando a expressão de Quine, segundo uma "referência dividida", na qual o signo probatório atua como um elo que permite ligar uma linguagem-objeto e um objeto-particular, ou numa melhor imagem, o signo se refere ao objeto-crime usando o padrão geral da linguagem-objeto. E o faz se valendo de um "senso de similaridade" que Quine considera algo como um padrão que, em certo sentido nos é *inato*, "desprovido de *status* intelectual" (1980c, p. 186). Aqui, voltamos a pensar nos elementos típicos constituintes do crime, que nos remetem a objetos que se possam designar de alguma forma mais ou menos rígida, como sugere Kripke, mas sem descartar que o possamos fazer de forma não rígida para outros elementos do tipo penal de crime, não pensando em sua totalidade como conceito cultural. E, nesse sentido, parece que a referência probatória admite algum senso de similaridade. Assim, é claro que em algum momento aprendemos o que quer dizer "matar" e o que quer dizer "alguém", por descrição ou mesmo por ostensão, e que depois aprendemos que o tipo penal de homicídio no Código Penal assim descreve o crime em geral – "matar alguém" (art. 121). Mas o que nos permite relacionar os dois, em uma referência probatória ao crime, é um senso de similaridade. E não importa se o fazemos por signos icônicos (cuja semelhança com o objeto é essencial) ou por índices (cuja semelhança com o objeto não é essencial), porque a similaridade de que estamos falando é estabelecida entre a linguagem-objeto e o objeto-particular, intermediado por um signo probatório de qualquer tipo. E o mais importante, considera Quine, é que, partindo inicialmente de um senso inato, a similaridade tende a adquirir um refinamento teórico, pelo qual as experiências acumuladas permitem aos sujeitos processuais apurar a referência ao objeto. É o que podemos observar, por exemplo, na história das teorias do crime, pelas quais o objeto tem sido refinado em sua descrição, permitindo aos sujeitos processuais considerar aquilo que seja necessário provar acerca de um crime.

A similaridade, portanto, como nos sugere Quine, é compreensível quanto ao crime, considerado como linguagem-objeto e como objeto-particular, mas parece exigir algo mais pragmaticamente orientado ao problema da sua referência probatória, tendo em conta a diversidade dos elementos constitutivos de seu objeto. E, nesse sentido, a noção de modelos sugerida por Luiz Henrique de A. Dutra (2017, p. 14) parece nos colocar em melhor condição de pensar o problema da referência, sem que deixemos a noção de similaridade, embora ganhemos em operatividade jurídico-processual.

As diversas teorias do crime – qualquer que seja a perspectiva adotada (causal, final ou funcional) – supõem sempre algum modelo com que as podemos interpretar em suas sentenças acerca do objeto. Esse é, de fato, um dos sentidos com que se podem compreender os modelos em geral (Dutra, 2008, p. 129), mas há outros sentidos mais pragmáticos, como espécies de *simulacros* com que podemos descrever um objeto, usando-o como modelo de referência para estabelecer uma relação de similaridade, como o conjunto de signos probatórios com os quais pretendemos referir ao crime. Em qualquer caso, o que temos como modelo é um *tipo ideal*, que atua como modelo abstrato pelo qual relacionamos os signos probatórios ao objeto-crime. Assim, portanto, considerando o objeto como um modelo, no qual se encontram sintetizadas as noções compartilhadas por uma comunidade jurídica acerca do crime, é possível manter a concepção descritivista inicial, bem como a sequência histórico-causal de Kripke, além da noção de similaridade de Quine; mas tudo segundo um contexto de referência ao crime, o que se torna efetivamente uma condição para podermos falar de signos referenciais do objeto-crime. É o que nos sugere Dutra (2017, p. 143), segundo um processo que adaptamos como se segue:

1) Um signo probatório (p_1) é usado em ato de batismo como prova de um crime ou prova do elemento de um crime c_1;
2) Outros signos ($p_2 \ldots p_n$), são igualmente usados para referir ao mesmo crime ou outros elementos seus ($c_2 \ldots c_n$), formando um conglomerado de noções acerca do objeto, o que nos permite chegar a um modelo abstrato – modelo de crime: $M(c)$

3) Estabelece-se, assim, a referência probatória, $R(p)$ por similaridade com o modelo de crime: $R(p) = M(c)$.

Essa concepção de referência, sustentada em modelo do crime-objeto, continua a depender do entendimento compartilhado pela comunidade jurídica acerca da referência, tanto de sua tradição de uso probatório do signo, quanto de eventuais revisões de seu uso, pelas quais se obtém algum refinamento teórico. Mas, em qualquer caso, a aceitação de que prova é referência do objeto dependerá do modelo de crime que tenhamos segundo alguma teoria de base, na qual se estabelecem quais são os elementos essenciais para a constituição jurídica do delito. Voltaremos a insistir nesse ponto ao falarmos dos compromissos ontológicos.

O que, contudo, fica claro de imediato é que as noções compartilhadas acerca do objeto são assimiladas – nos termos que sustenta Searle (2002a, p. 355) – como um "conglomerado de conteúdos intencionais", que pode não conter uma descrição tão detalhada como supõe Kripke para os nomes, mas apenas alguma forma de representação do crime como objeto de prova, com base em qualquer tipo referencial peirceano. Assim, considerando que as referências linguísticas – como a que encontramos nos nomes, assim como podemos encontrar nos signos probatórios – dependem sempre de uma referência mental, esta se dá em virtude de um *conteúdo intencional*, que supõe uma rede de outros conteúdos intencionais relacionados ao objeto, bem como ainda do que J. R. Searle chama de Background – "conjunto de capacidades mentais não-representacionais que permite a ocorrência de toda representação" (2002b, p. 198). E o conteúdo intencional, nos termos da intencionalidade sustentada por Searle (2002b, p. 8), é apenas o *conteúdo representativo (r)* de um *modo psicológico (S)*, que ele sintetiza na fórmula "*S(r)*", cujo respectivo probatório nos permite entender a referência probatória como o conteúdo representativo de um objeto, segundo um modo psicológico intencional. É com base nessa concepção que podemos sintetizar o que consideramos o essencial do problema da referência probatória ao objeto.

6. A INTENCIONALIDADE DA REFERÊNCIA

Se pudermos interpretar a disputa entre a teoria descritivista e a teoria causal da referência segundo perspectivas internalista individual e externalista coletiva – como sustenta Searle (2002b, p. 324) e nos sugere Krikpe (2012, 156) – parece não haver razão para escolher entre uma e outra como alternativas, pelo menos no campo das provas, porque elas nos parecem atuar necessariamente em conjunto. Realmente, por mais importante que seja a concepção descritivista no ato inicial de batismo, não parece fazer sentido que um sujeito processual se baste com sua descrição da referência (ou qualquer outro tipo referencial), pois, além de pressupor noções compartilhadas por uma comunidade jurídica acerca do objeto, efetivamente precisa colocar-se em comunicação com os demais sujeitos processuais para fazer valer a referência probatória que sustenta. Podemos até imaginar que, em algum outro contexto, um sujeito qualquer apenas diga a si mesmo que tem uma prova que se refere a um crime e isso lhe basta, independentemente de qualquer capacidade de convencer aos demais interlocutores em um processo. Mas isso de fato não tem sentido, porque não é assim que se passa na realidade das questões probatórias. E, se em algum outro contexto, assim possa se dar, é um problema com que não precisamos nos deter para concluir acerca do que nos interessa. Assim sendo, podemos dizer que a concepção descritivista é uma condição necessária – como o ressalta Searle em sua interpretação intencional do problema da referência, o que nos parece ser uma boa forma de compreender a questão inicialmente. Mas não se trata de uma condição suficiente para enfrentar os problemas de referência probatória, embora ainda pensemos que se pode fazer um relato completo de como tudo se passa, em termos de intencionalidade, mas recusando a redução da intencionalidade coletiva a uma mera derivação da intencionalidade mental como geralmente supõe Searle. Apenas com essa ressalva podemos aproveitar a síntese fornecida por Searle, na qual iremos incluir os demais elementos que obtivemos ao longo da discussão, bem como algumas comparações nos termos da concepção intencional.

Ao explicar como operam os signos em termos de intencionalidade referencial – admitindo expressamente que isso "se dê por meio de nomes, descrições, indexicais, citações, rótulos e imagens, ou o que for" (a exemplo de signos probatórios, que nos interessa) – Searle (2002b, p. 359) considera que devemos ter em mente os seguintes princípios, que adaptamos para explicar a referência probatória:

1) Primeiramente, para que qualquer signo probatório possa ser empregado para referir-se a um crime ou aspecto de um crime,

é necessário que exista antes de tudo "alguma representação independente do objeto" – o que pode ser através da percepção, memória, descrições definidas ou qualquer outra forma – a exemplo dos diversos tipos referenciais peirceanos – desde que tenha um conteúdo intencional com que se identifique o objeto a que se refere o signo;

2) Considerando que essa relação entre o signo probatório e seu objeto de referência depende de uma rede de outros estados mentais, bem como do chamado Background, os sujeitos processuais que os detêm poderão fazer uso dos signos com as consequências que disso decorrem, desde que não estejam em contradição flagrante com os fatos acerca do objeto, tendo como único conteúdo intencional o uso para referir-se àquilo a que se referem outros sujeitos quando também usam o mesmo signo. Nesse ponto, embora Searle considere essa segunda utilização parasitária, precisamos considerar seriamente a teoria histórico-causal, tendo em conta as noções compartilhadas pela tradição na comunidade jurídica, seus consensos e dissensos na aceitação do signo como prova do crime, o que supõe uma intencionalidade social compartilhada acerca da função probatória. A razão disso decorre do fato que, se o objeto-crime não pode ser reduzido à intencionalidade do agente individual – como tem insistido a teoria funcional do crime ao insistir na sua relevância social (Jakobs, 2003, p. 56) – também a prova, como representante desse crime, buscando estabelecer uma relação de referência ao objeto, precisa também assimilar a intencionalidade social na sua prova comparado ao crime assim considerado igualmente. Trata-se da questão da similaridade levantada por Quine, que podemos operacionalizar com a noção de modelo abstrato oferecida por Dutra.
3) A referência probatória, assim, se dá como toda e qualquer referência, "em virtude do conteúdo intencional (em sua acepção mais ampla)", o que significa que "o objeto é referido apenas se corresponder a, ou satisfazer, alguma condição ou conjunto de condições expressas pelo, ou associado ao, recurso utilizado para referi-lo" (Searle, 2002b, p. 560). O Background atua aqui, mas conforme o caso, a referência pode se dar por convenção (símbolo), semelhança (ícone) ou contiguidade (índice), sempre atuando para permitir o reconhecimento do objeto em questão.

4) Ao final, conclui Searle, "o que conta como objeto e, portanto, como um possível alvo de nomeação e referência, é sempre determinado relativamente a um sistema de representação", no que se inclui tanto as teorias jurídicas do crime, quanto os modelos abstratos operativos que nos permitem estabelecer a relação de referência entre os meios de prova e seu objeto-crime, o que se encontra na tradição jurídica ou pode ser revisto pela comunidade jurídica, como tem acontecido sempre com os conceitos de crime com que operam os sujeitos processuais.

Assim, segundo nos sugere Searle, considerando haver um conteúdo intencional associado ao signo probatório – embora aqui limitado à intencionalidade de referir-se ao objeto-crime, esse conteúdo tende a ser assimilado posteriormente, por exemplo, no conteúdo proposicional de algum enunciado que se faça acerca da prova do crime, mas segundo os modos psicológicos intencionais que devemos discutir no problema do significado probatório, ao qual dedicaremos o próximo capítulo em que trataremos dos tipos interpretantes peirceanos, no conjunto das principais teorias do significado. Antes, contudo, precisamos ter em conta alguns compromissos ontológicos pressupostos em toda essa questão da referência, porque eles se encontram pressupostos naquilo que Searle chama de sistema de representação.

7. COMPROMISSOS ONTOLÓGICOS

Ao falarmos de referência probatória, iniciamos tratando do objeto de referência segundo uma linguagem-objeto que encontramos nos tipos penais da lei, mas ao longo das discussões se tornou claro que algo mais se encontra pressuposto acerca do objeto. C. S. Peirce (2017b, p. 16) considerava que podemos usar um signo para denotar um objeto não apenas perceptível, mas também imaginável ou até mesmo inimaginável em certo sentido, não importando se é algo que existe, ou se acredita tenha existido, ou que se espera venha existir. O essencial, contudo, é que tenha um objeto como condição de que seja um signo. Entretanto, admite Peirce, pode haver um conjunto de objetos que ele chama de "objeto complexo". Esse é precisamente o caso do crime como objeto de provas, como algo que se acredita tenha existido: o crime é um objeto complexo do passado. Mas a considerar que "um signo é algo distinto do seu objeto", apenas podemos entendê-lo segundo um *sistema* ou uma *razão* – é o que nos adverte Peirce ao falar do objeto e precisamos ter em mente, se quisermos saber o que há efetivamente quando falamos de prova. Antecipadamente, sabemos que há *crime*, mas é preciso entender que há crime apenas segundo sistemas teóricos múltiplos – a exemplo do causalismo, do finalismo e funcionalismo penal – que, apesar da recusa a qualquer ontologia, se caracterizam precisamente por serem ontologias criminais[30].

Ao falar de objetos, Quine (1980a) nos sugere que a referência objetiva é inacessível à observação quando nos deparamos com uma linguagem desconhecida de uma tribo recém-descoberta sem afinidades conhecidas com a nossa língua. Ele acredita que nessas circunstâncias sequer a ostensão de algo nos possa ajudar, se consideramos que, diante do absoluto desconhecimento da linguagem, não podemos garantir que estejamos nos referindo ao objeto todo, partes suas ou um aspecto como por exemplo sua cor (Quine, 1980b, p. 135). Ora, a considerar que segundo ele, isso nos pode acontecer até mesmo no âmbito de nossa própria linguagem, o que diremos no caso de uma linguagem acerca das provas de um crime? Se Quine estiver correto acerca disso – e estamos a admitir que sim –, se pudermos considerar suas hipóteses em relação às provas de um crime, tendo em conta sobretudo a impossibilidade de sua ostensão, parece-nos inevitável aceitar a sua tese de "inescrutabilidade da referência". Mas, conforme o ressalta, "a inescrutabilidade da referência não é a inescrutabilidade de um fato" (Quine, 1980a, p. 144). Os sinais acerca do crime que se apresentam estão todos disponíveis como fatos presentes que se podem avaliar pelos sujeitos processuais, mas é o crime como objeto referido pelas provas que se torna problemático nesse caso. No que nos interessa, pensamos que essa hipótese, embora relativa à língua como espécie de símbolo, também aproveita aos demais tipos referenciais peirceanos, como o índice e o ícone, permitindo-nos entender que a referência adquire sentido apenas na relação com um

[30] A recusa ontológica se encontra de forma enfática no funcionalismo de Gunther Jakobs (2003), ao opor-se ao sistema finalista de Hans Welzel (2001), que postula algumas "estruturas lógico-objetivas" anteriores às normas jurídicas, como condicionantes da autoridade legislativa do Estado, a exemplo da necessária ação material sustentada pelo causalismo, embora enfatize a intencionalidade psíquica do autor do crime.

sistema de coordenadas (Quine, 1980b, p. 145). Precisamos sempre, diz-nos Quine, de uma "linguagem de fundo", o que quanto à prova, inicialmente, é aquela dos tipos penais que se constitui de uma linguagem-objeto, mas ao final precisamos descer mais ao fundo ao percebermos que há uma ontologia pressuposta na leitura dessa linguagem, precisamos compreender efetivamente o que há quando falamos de prova de crime.

Em um estudo "sobre o que há", W. V. O. Quine (2011a, p. 11-55) considerou que nós sempre nos comprometemos com alguma ontologia que contém *X*, quando dizemos que há *X*. Assim, se dizemos que há crimes, quando falamos de prova, estamos comprometido com alguma ontologia criminal, não importa a esse respeito qual esquema conceitual adotemos; não importa, pelo menos a princípio, se aceitamos teorias que recorrem às categorias tradicionais do conceito analítico (tipicidade, antijuridicidade, culpabilidade) ou se àquelas da imputação objetiva (risco proibido, risco permitido, criação de risco) – como geralmente encontramos na doutrinas jurídicas do crime, porque "a ontologia de cada um está na base do esquema conceitual por meio da qual ele interpreta todas as experiências, inclusive as mais banais" (Quine, 2011a, p. 22). Quando, por exemplo, Gunther Jakobs (2003), recusando o causalismo e o finalismo, postula o funcionalismo como sua base teórica, está apenas reconhecendo a relatividade dessas ontologias pressupostas em cada doutrina jurídica; mas, ao recusar-se a considerar o crime como entidade apenas biofísica (causalismo) ou psíquica (finalismo), postulando entidades sociais e sobretudo normativas com que apresenta sua teoria do crime, apenas assume uma ontologia particular, no que tem sido seguido por muitos atualmente (Lesch, 2016, p. 15-30). Assim, portanto, ele está – nos termos sugeridos por Quine – comprometido com uma ontologia, no sentido de que aceita a existência de certas entidades sem as quais considera não haver crime. O problema que nos surge é como escolher entre ontologias diversas, nas quais há sempre questões de linguagem, mas que não se reduzem a um problema de linguagem. É, antes, algo como decidir acerca de teorias científicas, sobre o mundo físico ou biológico, por exemplo. Não importa tanto o nome que lhe damos, mas o que acreditamos haver no mundo. E, nesse sentido, assim como na ciência, também no direito penal, admitem-se sempre alguns elementos considerados objetivos, descritivos ou normativos, por todas as teorias do crime, sempre segundo um empirismo, cujos dogmas ainda persistem na dogmática jurídico-penal.

Assim como a ciência em geral, também o direito penal tem sido muito influenciado pela teoria verificacionista do empirismo, certamente por razões diferentes, a considerar a preocupação garantista que motiva o âmbito jurídico. Supõe-se, nesse caso, que a referência exclusivamente empírica, ao garantir mais certeza sobre a verdade, garantiria também mais segurança à liberdade de quem seja imputado por um crime. Em parte, portanto, assimila algumas razões científica nas razões jurídica que justificam o apego empirista. Essa é a teoria verificacionista assumida expressamente por Luigi Ferrajoli (2002, p. 95). Trata-se, contudo, de uma concepção ingênua que supõe um *reducionismo radical,* chamado por Quine de dogma do reducionismo, cuja suposição é de que cada enunciado pode ser composto por partes que sempre podem ser confirmadas ou invalidadas. No caso de provas sobre crimes, seria algo como postular que cada elemento constitutivo do crime seja apenas o que se pode verificar, confirmar ou refutar. Trata-se de privilegiar o que na teoria jurídica do crime tem sido considerado como *elementos constitutivos do delito:* ação material, resultado lesivo e culpabilidade como "atribuição causal da ação à pessoa que seja seu autor". Essa, contudo, é a concepção de Luigi Ferrajoli (2002, p. 99), contra a qual encontramos não apenas objeções teóricas, sobretudo acerca da culpabilidade, mas também objeções práticas, a considerar a previsão legal de crime de omissão (a exemplo da omissão de socorro do art. 135 do Código Penal), bem como crimes sem resultado lesivo empírico (a exemplo de crimes de perigo abstrato como a associação criminosa do art. 288). Qual a solução para essas desviantes? Seja qual for a solução, por mais que possamos entender as razões do garantismo para o apelo ao dogma empirista, não acreditamos que, a considerar o que uma ontologia criminal requer, possamos nos manter nesse reducionismo. Uma forma de assegurá-lo, contudo, talvez seja aceitar a proposta de Quine (2001b, p. 66), para quem não devemos considerar a experiência sensível individualmente, para cada elemento constitutivo no caso de crime, mas como "um corpo organizado": é a expressão que ele usa e nos pode ajudar a entender a ontologia criminal, que seja a suposta no conceito funcionalista do crime, quer seja a que se encontram na base do causalismo ou do finalismo.

Contudo, além dessa proposta, segundo uma organicidade do crime, que iremos enfatizar ao final de nosso capítulo, há uma relatividade ontológica que também foi suscitada por Quine (1980a, p. 133-156). Ao dizermos, portanto, que a teoria funcional do crime, a exemplo do que encontramos em Gunther Jakobs (2003), é uma ontologia criminal, assim o dizemos por que acreditamos ser possível interpretá-la segundo uma ontologia de fundo, na qual coisas como crimes se encontram. A tese relativista de Quine, nesse sentido, quer dizer apenas que podemos afirmar o que são crimes como objetos de alguma teoria, apenas reinterpretando-os como objeto de uma teoria que ele chama de "teoria de fundo". E isso se torna um pressuposto para falarmos de referência probatória do objeto. É disso que vamos tratar em conclusão, de uma ontologia de fundo na qual há espaço para coisas como crimes, que não se reduzem, nem a seus elementos empíricos, nem ao aglomerado de todos seus elementos, mas que acima de tudo se reconhecem como "um corpo organizado" – ou para ser mais preciso, como um emergente que se encontra naquilo que Karl Popper chamava de Mundo 3.

8. AFINAL, O QUE HÁ QUANDO FALAMOS DE PROVA?

O jurista Jorge Frias Caballlero (1993, p. 76), ciente da relevância de um discurso ontológico à teoria do crime, advertia que, embora o natural, o psíquico e o ideal (com que sintetiza causalismo, finalismo e funcionalismo) sejam parte da estrutura do crime, esses elementos não constituem ainda o seu ser essencial: este se encontra entre os "objetos culturais". Pode-se dizer, nesse sentido, que o crime habita o mundo da cultura, considerado o Mundo 3 por Karl Popper (1999, p. 151; 1992, p. 21), para quem podemos conceber a realidade como um conjunto do *Mundo 1* (composto de corpos vivos e inanimados, ou simplesmente estados materiais – que podemos chamar de mundo da *natureza*); do *Mundo 2* (composto de emoções e atividades psíquicas, ou simplesmente estados mentais – que podemos chamar de mundo do *espírito*); e do *Mundo 3* (composto de "produtos objetivos do espírito humano" – que podemos chamar de mundo da *cultura*). Assim, embora possamos encontrar a ação material do delito no Mundo 1, segundo a teoria causal, bem como a finalidade psíquica da ação do autor do delito no Mundo 2, segundo a teoria finalista, é no Mundo 3 que o crime se situa como objeto próprio da cultura, dependente do que Gunther Jakobs (2003, p. 56) chama de "um esquema social de interpretação". É, portanto, no Mundo 3, onde se constituem os objetos culturais, que o crime se encontra, mas não apenas como um objeto organizado com base nos elementos dos Mundos 1 e 2; trata-se de uma realidade abstrata que emerge como objeto originário do mundo da cultura. É o que podemos compreender com base no *realismo perspectivista* sustentado por Luiz Henrique de Araújo Dutra (2021c), cuja ontologia das realidades abstratas pode nos ajudar a entender o que há quando falamos de crime, bem como, sobretudo, entender o problema específico da sua percepção ao tratarmos dos tipos referenciais de prova.

A perspectiva básica de Dutra (2021c, p. 22), a respeito de objetos abstratos, aproveita perfeitamente ao crime como objeto. Precisamos admitir que, somente há crimes, se houver pessoas, cujas ações intencionais produzem resultado lesivos, mas não podemos dizer que o crime é redutível ao que as pessoas fazem e pensam enquanto cometem crime. É certo que o crime supõe elementos de níveis inferiores como objetos do Mundo 1 (sujeitos ativo e passivo do crime, objetos da conduta delitiva, circunstâncias do evento) e do Mundo 2 (intencionalidade individual como dolo, culpa ou outros estados mentais), mas posicionando o crime no nível superior do Mundo 3, não nos basta dizer que ele se entende segundo os objetos de nível inferior. O mais correto será dizer, em conformidade como o emergentismo (Dutra, 2021a, p. 119; 2021b, p. 21), que o crime emerge como realidade própria, ainda que não tenha algo concretamente além de suas condições – nos casos os chamados elementos constituintes do crime, segundo a teoria jurídica, que são consideradas pelo emergentismo como "condições de base" –, mas ainda assim como algo tão real quanto qualquer outro objeto, embora como objeto abstrato.

Ainda que o jurista penal não costume discutir seu objeto nesses termos, não lhe será difícil reconhecê-lo segundo o emergentismo cultural e o realismo perspectivista que postula a realidade de objetos abstratos, atentando para a observação de seus poderes normativos sobre nós, embora não possuam poder causal. Assim, a exemplo da língua, que nos oferece Dutra (2021c, p. 25), também o crime como objeto é uma instituição jurídica, cuja documentação essencial das leis penais é necessária, mas o crime em si a transcende como objeto cultural. Pode-se, portanto, dizer do crime que ele é um objeto abstrato, não visível nem tangível, que vem instanciado em alguma documentação, nos mesmo termos sugeridos por Dutra para a linguagem. Mas, considerada como linguagem jurídica do crime, além de estabelecer essa documentação, a lei penal se constitui igualmente em uma condição de base de constituição do crime como vimos inicialmente. O crime, assim considerado como objeto abstrato cultural, só existe se certas condições de base – como todos aquelas que têm sido evidenciadas pelas teorias da ação causal, final ou social do crime – estiverem presentes: elementos naturais, mentais e culturais dos três mundos. E isso explica por que, apenas na perspectiva de quem preenche essas mesmas condições naturais, mentais e culturais, o crime pode emergir como objeto geral de conhecimento e especialmente objeto de referência. É nesse sentido que Dutra (20021a, p. 46) considera a realidade dos objetos abstratos dependente da comunidade epistêmica dos que possuem as condições necessárias de percepção. Apenas a quem esteja dotado, além das condições físicas e psíquicas de percepção, também do conceito teórico do crime, poderá estar em condições de perceber essa realidade abstrata a que pretenda referir-se por meio de signos probatórios do objeto, a exemplo de ícones, índices e símbolos.

É nesse sentido, afinal, que podemos entender a advertência de W. V. O. Quine, para quem "a ontologia de cada um está na base do esquema conceitual por meio do qual ele interpreta todas as experiências, inclusive as mais banais", mas com ela igualmente nos colocamos necessariamente na dependência de um significado probatório que precisamos impor aos sinais do crime, antes que possamos nos referir a ele como objeto de prova. E é disso que nos vamos ocupar no próximo capítulo.

5. O SIGNIFICADO PROBATÓRIO DO INTERPRETANTE

> "O significado de uma expressão é seu «uso» (no sentido de função), no sentido de que dizer o que uma expressão significa é classificá-la por meio de uma espécie funcional ilustrativa"
>
> (W. Sellars, *Meaning as Fuctional Classification*)

1. *"ALGUNS FIOS RUIVOS DE CABELO..."*, O QUE SIGNIFICAM?

A prática processual probatória frequentemente se depara com muitos sinais em torno do crime, quer se encontrem disponíveis para recolha no local do crime, quer se obtenham em busca e apreensão autorizada por mandado judicial. Assim, alguns poucos fios ruivos de cabelo, uma grande quantidade de cédulas de dinheiro e muitos papéis espalhados em um quarto de hotel no qual foi encontrado o corpo morto de um homem, sem vestígios de qualquer violência, podem nos sugerir muitas coisas, mas não é algo naturalmente evidente que sejam necessariamente provas de um crime antes que tenham sido selecionados. A mesma consideração se pode fazer de outros sinais obtidos posteriormente, quando a autoridade policial e o órgão oficial de acusação podem complementar esses sinais com requerimentos para busca de outros dados, obtendo informações sobre ligações telefônicas, movimentações bancárias e declarações financeiras, além de um mandado para vasculhar a casa de alguns suspeitos à procura de documentos outros, agendas e anotações várias. O relato, embora se faça acerca de um homicídio, pode ser feito com ajustes e diferenças secundárias para qualquer outro tipo de crime – organizações criminosas, lavagem de dinheiro e corrupção: sempre se encontram disponíveis muitos sinais que precisam ser escolhidos entre relevantes e irrelevantes ao caso.

A atividade pode mesmo parecer trivial aos juristas penais, nada tendo de especial nisso de escolher os diversos sinais disponíveis originariamente ou apreendidos posteriormente. Os sujeitos processuais simplesmente chegam ao local, observam, selecionam e apreendem o que consideram possível prova do crime. Contudo, quem quer que se ponha a considerar mais detidamente sobre o que fazem – não apenas na recolha e obtenção, nas fases preliminares do processo, mas também depois na discussão processual em audiência de instrução e julgamento, quando consideram que certos sinais devem ser assimilados como prova e outros não, deixando alguns para trás –, deveria questionar seriamente sobre o que exatamente estão a fazer. Podemos nos perguntar, de uma forma geral a nos orientamos, *o que tudo isso significa*, mas geralmente os sujeitos processuais encontram explicações satisfatórias para concluir suas atividades cotidianas sem maiores discussões filosóficas. A hipótese geral que vamos desenvolver nesse capítulo, contudo, consiste em sustentar que, seja lá o que permite aos sujeitos processuais fazerem o que fazem, isso passa por entender o problema do significado do interpretante segundo modos intencionais, que inicialmente ocorrem na mente, mas que depois se transferem aos enunciados linguísticos e são finalmente discutidos no âmbito de instituições sociais juridicamente ordenadas. A intencionalidade, nesses termos, encontra-se tanto na mente dos sujeitos processuais que se deparam com sinais em torno do crime, quanto na linguagem que usam ao falarem e documentarem suas impressões e opiniões, como também na comunidade jurídica em que discutem esses atos documentos e defendem suas posições, podendo a questão probatória, portanto, ser discutida em qualquer dessas esferas. Supomos, nesse sentido, aquela conclusão que faz H. P. Grice (1957, p. 387-388) acerca de seu estudo sobre o significado, ao dizer que "mostrar que os critérios para julgar intenções linguísticas são muito parecidos com os critérios para julgar intenções não linguísticas é mostrar que intenções linguísticas são muito parecidas com intenções não linguísticas".

Não queremos sugerir que esta seja a única forma de explicar a atividade probatória no processo penal, mas desde que aceitemos a noção de signo para entender os diversos sinais em torno do crime, pensamos que essa seja a melhor forma de extrair uma compreensão semiótica do que se passa, aceitando a intencionalidade como base do processo de significação probatória. Ademais, assim considerada a prova, podemos nos beneficiar de toda uma discussão teórica que encontramos na filosofia da linguagem, bem como na filosofia da mente, acerca do que se entende por significado. Entre os nossos objetivos, contudo, pretendemos encaixar os diversos tipos de interpretantes – com os quais C. S. Peirce enfrenta o problema do significado em sua doutrina dos signos –, em discussões que encontramos nas principais teorias do significado, que giram em torno de ideias, atitudes preposicionais e situações contextuais pragmáticas, tendo estas últimas uma especial relevância porque enfatizam aquilo que os juristas penais conseguem assimilar melhor na prática processual probatória.

Assim, seguindo uma sugestão que encontramos na filosofia da linguagem de L. H. de Araújo Dutra (2017, p. 66) – ao enfatizar a importância de todas as teorias, mesmo as consideradas mais ingênuas como a referencial, apesar das objeções que lhe podemos fazer –, consideramos que todas têm algo a nos oferecer na compreensão do que é o significado, sobretudo no âmbito do que nos interessa especificamente: os significados probatórios do interpretante. Nesse sentido, seguindo esse caminho de uma perspectiva pragmática, esperamos tornar evidente que, por mais que possamos discutir o problema do significado em perspectiva individual, apenas ampliando o âmbito de discussão para o meio social, o significado consegue tornar-se completo e sobretudo obter uma aplicação prática ao que nos interessa – o que parece confirmar uma síntese muito atraente que encontramos na concepção de Umberto Eco acerca do significado, considerado como uma unidade cultural. Se estivermos corretos acerca dessa interpretação, o problema do significado supõe certos compromissos ideológicos, acerca dos quais pretendemos concluir esse capitulo, argumentando, a respeito das provas do crime, que a ideologia jurídico-penal imbricada nas teorias jurídicas do crime, além de estabelecer a referência objetiva da prova, dizem-nos algo sobre o significado subjetivo com que um processo penal conclui se "alguém cometeu um crime" (*AxC*), com enunciados de que "está provado que" (*pq*)*AxC*.

2. A CONCEPÇÃO REFERENCIAL DO SIGNIFICADO

As diversas teorias acerca do significado, embora sempre se oponham a uma concepção referencial, tendem sempre a considerá-la como um bom ponto de partida para que possamos avançar com outras concepções, buscando entender o que há de especialmente relevante na discussão (Alston, 1972, pp. 25-56; Dutra, 2017, p.66-76; Lycan, 2022, p. 22-26). No que concerne à prova do crime, se iniciarmos com essa concepção, diríamos que seu significado está no referir-se ao seu objeto de prova, ao crime em específico que pretende provar; assim, um sinal qualquer é considerado como prova do crime porque, tomado como signo, permite referir-se ao objeto de pensamento: este seria seu significado probatório. Assim, assimilando de imediato o nosso exemplo de partida, os fios ruivos de cabelo encontrados na cena do crime adquirem significado porque se referem a alguém que pode ser autor do crime. Apesar das críticas que essa concepção sofre na filosofia da linguagem, em relação aos nomes e outros termos linguísticos, esta é uma concepção que ao jurista parecerá imediatamente satisfatória, porque não lhe interessa geralmente discutir aquilo que ao filósofo demonstra uma ingenuidade. Mas isso não quer dizer que a concepção seja inadequada; diríamos apenas que ela é necessária, mas não suficiente, embora o seja em termos mais sofisticados que não representem uma referência direta entre prova e realidade, sem intermediações do tipo penal expresso em uma norma jurídica e outros tantos elementos que intervêm no raciocínio. Assim, parece haver algumas razões para tê-la em consideração no âmbito das provas de crime.

A concepção fundamental dessa teoria se encontra em J. S. Mill (2016, Livro I, Capítulo 1, § 3º), para quem o significado de um *nome* é aquilo a que ele se refere. A passagem fundamental com que ele expressa essa ideia é a seguinte:

> "...o que nós fazemos, o que passa em nossa mente, quando nós afirmamos ou negamos dois nomes um do outro, deve depender daquilo que eles são nomes; uma vez que é com referência àquilo, e não aos meros nomes em si, que fazemos a afirmação ou negação. Aqui, portanto, nós encontramos uma nova razão por que a significação dos nomes, e a relação geralmente entre nomes e as coisas significadas por eles, deve ocupar o estágio preliminar da investigação em que estamos envolvidos".

Assim, qualquer nome encontraria seu significado na referência a alguma coisa. Os nomes são nomes de coisas, diz ele, não de ideias (Mill, 1984, p. 92). Se pudermos trocar *nomes* por *provas* – mas pensando em cada prova em particular referida a algum aspecto igualmente particular do crime –, algumas discussões da filosofia da linguagem podem nos ajudar a entender melhor o problema do significado probatório, embora nos seja sempre necessário distinguir nos tipos de signos (ícones, índices e símbolos) as diferentes formas com que cada sinal se refere ao objeto. O problema é que alguns termos da linguagem parecem não ter um objeto de referência. É o caso precisamente dos termos linguísticos sincategoremáticos, as palavras que apenas podem ser afirmadas (*kategoreo*) com (*syn*) alguma outra palavra (Mill, 1984, p. 94), como *de* e *para*. Ao jurista interessado na prova do crime, esse pode parecer um problema que não nos deveria incomodar, afinal, se há signos que se contentam com algum significado sem referência, este não é o caso da prova, porque a esta interessa sempre alguma referência ao crime senão sequer podemos falar de prova. A considerar que Mill fez uma concessão apenas a algumas palavras que não possuem referência, ressalvando outras que a possuem necessariamente, poderíamos estar tentados a considerar que as provas – como signos do crime – são do tipo que exigem sempre referência. Mas isso realmente não exclui o interesse no problema, porque de fato Mill inaugura uma discussão que se tornou relevante para a compreensão do significado, ao distinguir entre denotação e conotação, o que nos permite compreender alguns aspectos menos evidentes da prova sem *denotatum*. Afinal, assim como podemos ter termos sincategoremáticos com algum sentido, mesmo não tendo referência alguma, podemos encontrar provas que parecem ter algum sentido, mas não se referem a nada especificamente relevante à discussão probatória.

J. S. Mill (1984, p. 98) considerava que a maioria dos nomes, palavras e frases, denotam e conotam ao mesmo tempo, ou seja, tanto se referem às coisas, quanto aos seus atributos, mas o fazem de forma diferente, porque representam *diretamente* a coisa, ao passo que *indiretamente,* os atributos; ele denota a coisa e conota seus atributos. Nesse sentido, um signo denota aquilo a que se refere, ao passo que conota os atributos que lhe confere. Mas se assim é, a prova como signo se torna o avesso do que nos parecia ao primeiro momento, porque ela denota algo apenas em razão dos seus atributos probatórios que são conotados. Grande perplexidade essa para o jurista acostumado a pensar a prova na referência direta com seu objeto, não tendo em conta a necessária intermediação da mente, na qual encontramos o significado com que é feita a referência. Afinal, tendo em conta o nosso exemplo de partida, os fios de cabelo encontrados no quarto de hotel – considerados como sinais –, embora possam se referir a uma pessoa que esteve no quarto, apenas adquirem um significado em razão de um específico contexto em que se impõe uma função probatória de crime a eles. A distinção entre sentido e referência, nos termos que a estabeleceu Gottlob Frege (1978), pode nos ajudar a entender um pouco melhor a questão.

Ao falar da conexão entre um sinal, seu sentido e sua referência, Frege apresenta-nos um exemplo que se tornou recorrente na filosofia da linguagem, explicando que, ao comparar as expressões "Estrela da Tarde" e "Estrela da Manhã", embora possamos ter a mesma referência, não temos o mesmo sentido. Ao tentar explicar o sentido, Frege fala de representação como algo que nos é subjetivo e distinto em cada homem, bem como distinto do sentido de um sinal, "o qual pode ser a propriedade comum de muitos". O sentido aqui aparece como uma espécie de significação compartilhada como pensamento acerca do sinal, mas o sentido não assegura a referência sem qualquer discussão acerca da verdade: "É, pois, diz-nos Frege, a busca da verdade, onde quer que seja, o que nos dirige do sentido para a referência" (1978, p. 69). E aqui começamos a antever o que interessa ao significado probatório, considerada a prova como signo do crime. O que, portanto, Frege considera objeto só pode ser discutido quando vinculado ao conceito e à relação – é o que nos diz; é preciso antes estabelecer o sentido do signo e colocá-lo em relação com a sua referência para saber se há alguma verdade. A concepção fregeana, nesses termos, ao estabelecer uma distinção entre sentido e referência, permite-nos entender que o significado não se pode reduzir a uma questão de referência, mas é igualmente importante entender que "um sentido nunca assegura sua referência" (1978, p. 63).

A distinção, contudo, entre sentido e referência permanece sendo relevante não apenas para constatar dois sinais com a mesma referência, mas também para um mesmo sinal que, embora tendo uma única referência, possa assumir sentidos diversos em relação a ela, a exemplo dos fios de cabelo no quarto de hotel. Essa questão foi suscitada por Stephen Ullmann (1977, p. 130), ao observar que, além da relação padrão entre nome (sinal) e sentido, de um para um, há possibilidades tanto de vários nomes para um sentido, quanto de vários sentidos para um único nome, além de outras relações mais complexas entre nomes e sentidos que se alimentam por proximidade, similaridade ou mesmo contrariedade – a exemplo do que observa entre luz, dia, sol e escuridão. É, igualmente, uma questão que surge geralmente no âmbito das provas dos crimes, quando embora não se discuta o sinal e sua relação com o fato, as partes processuais disputam sentidos diversos para a relação, aproveitando-se de sinais próximos ou mesmo contrários. Isso acontece frequentemente em razão do elemento subjetivo do tipo penal, porque os atos materialmente considerados podem assumir um sentido não criminoso se interpretados diferentes.

Mas, antes mesmo que nos coloquemos em um contexto de discussão probatória de um crime, em que um mesmo sinal possa assumir sentidos diversos, podemos observar um significado probatório que se mantenha em todos os casos. Assim, os mesmos fios ruivos de cabelo, referentes a uma mesma pessoa, mas postos em contextos diversos, mantêm apenas o significado probatório comum, mas em uma cena de crime poderá significar que a autora do crime tem cabelos ruivos; para a viúva poderá significar uma possível traição do morto; e para o supervisor do hotel, que as reclamações dos hóspedes acerca da limpeza dos quartos parecem ter algum sentido. Os significados dos sinais que encontramos na cena de crime ou que depois recolhemos em buscas e apreensões, assim, parecem ser algo mais do que o objeto a que se referem, embora este ainda permaneça sendo o ponto de partida dos juristas em sua prática processual. Aqui, embora a referência possa ainda ser interpretada em termos de denotação, o sentido amplia a ideia de conotação ao admitir uma diversidade possível das maneiras de denotar – é o que, acerca da teoria de Mill, conclui Gilbert Ryle (1980, 58ss).

Todas essas distinções (entre denotação e conotação, sentido e referência), contudo, colocam a teoria referencial em dúvida sobre a possibilidade para nos responder o que queremos dizer quando falamos de significado probatório, a considerar que, embora possamos falar de um significado extensional, também precisamos discutir um significado intensional. Assim, portanto, como as expressões linguísticas não adquirem significado apenas porque denotam coisas – como ressalta Ryle (1980, pp. 58-69) – também em relação aos sinais probatórios, é antes porque são significativos que podem denotar de uma maneira entre várias outras possíveis. Há, assim, uma inversão da preeminência, que nos exigem entender melhor o que é o significado probatório.

3. SIGNIFICADO, INTENCIONALIDADE E INTERPRETANTE

Além da concepção referencial, há muitas outras teorias do significado que têm sido discutidas especialmente na filosofia da linguagem (Alston, 1972, p. 567; Dutra, 2017, p. 77ss; Lycan, 2022, p. 125ss), entre as quais encontramos a concepção ideacional e a concepção proposicional com que nos ocuparemos ainda nessa seção, além da concepção de significado como uso tratada na seção seguinte. Elas são geralmente consideradas alternativas teóricas, entre outras concepções de significado que não teremos em conta especificamente, mas que concorrem entre si, bem como também com uma concepção intencional (Abbagnano, 2007, p. 1059). Argumentaremos, contudo, que a concepção intencional, compreendida nos termos que se desenvolve por J. R. Searle (2002b, p. 223), não requer dispensar aquelas outras concepções, porque elas se encontram precisamente na parte da intencionalidade que trata do modo psicológico com que o conteúdo intencional é referido por qualquer signo linguístico ou probatório, o que nos permite falar tanto de significado individual, quanto de significado social, mas sempre segundo a noção de interpretante que encontramos na teoria dos signos de C. S. Peirce.

"O significado é – segundo Searle – um tipo de intencionalidade" (2002b, p. 225), com a qual podemos entender o problema do significado probatório. Se admitirmos que a estrutura dos estados intencionais se compõe segundo a fórmula "*S(r)*", na qual "*S*" representa o modo psicológico e "*r*" o conteúdo representativo (Searle, 2002b, p. 8), considerando que o conteúdo "*r*" diz respeito ao objeto de referência, podemos entender que o modo "*S*" diz respeito ao significado. Ao propor esse modelo de estados intencionais, Searle o faz em comparação com o modelo de atos de fala, mas o podemos comparar igualmente a um modelo de signos probatórios, antes mesmo que se possam expressar em enunciados linguísticos probatórios. Assim, embora Searle (2002, p. 9) se tenha dedicado a analisar mais detalhadamente "estados intencionais que possuem conteúdos proposicionais completos, as chamadas atitudes proposicionais", que iremos discutir na concepção proposicional, nada nos impede de considerar outros estados intencionais possíveis como encontramos na concepção ideacional ou na concepção inferencial, também abrangidas pelos tipos de interpretantes de C. S. Peirce. A respeito dessa possibilidade além das proposições completas, Searle é expresso ao admitir que "nem todos os estados intencionais têm uma proposição inteira como conteúdo intencional, embora por definição todos os estados intencionais tenham pelo menos algum conteúdo representativo", que relativamente ao âmbito da prova será sempre alguma referência ao crime ou algum aspecto seu, mas em qualquer caso como objeto de prova. Já nos debatemos suficientemente nos dois capítulos anteriores com a análise da intencionalidade, não nos parecendo necessário retomar uma explicação geral agora pressuposta apenas para falar da parte que Searle chama de modo psicológico dos estados intencionais, mas gostaríamos de insistir apenas no aspecto da sua teoria que requer uma compreensão para além do confinamento do significado como intencionalidade nas cabeças das pessoas (Searle, 2002b, p. 275). Embora em escritos posteriores, Searle (2021, p. 231) acabe admitindo que "o significado, ..., não é só um produto da intencionalidade individual, mas também o resultado de práticas sociais", considerando assim possível compatibilizar as duas noções, a sua ideia primária concebia o significado como algo que se encontra na cabeça das pessoas individualmente considerada, sendo qualquer outra intencionalidade derivada dessa que ele considerava primária (Searle, 2002b, 275).

Se tivermos em conta a concepção de intencionalidade que se defende por Luiz Henrique de Araújo Dutra (2018b, p. 65-84; 2021d, p. 165-180), para quem se deve incluir como intencionais objetos vitais, mentais e sociais, "podemos identificar um objeto intencional em virtude de sua função em determinado contexto ou sistema" como encontramos no âmbito das discussões processuais acerca da prova de um crime. Nessa concepção de intencionalidade, diversamente da ideia de derivação, Dutra pressupõe a ideia de emergência de uma outra dimensão, na qual as condições de base que encontramos nos indivíduos e suas mentes não são suficientes para compor a intencionalidade social como a que encontramos na prova de um crime, assimilada segundo uma instituição social juridicamente disciplinada por regras legais em processo penal. Em um estudo mais recente seu, contudo, Searle (2020, p. 208) passa a pressupor "a existência de intencionalidade coletiva, por meio da qual os seres humanos cooperam", Não queremos antecipar a discussão sobre como isso ocorre, porque reservamos uma seção para falar de usos, hábitos e convenções acerca do significado probatório, mas gostaríamos de antecipar que esse é o tipo de abordagem que encontramos em uma perspectiva pragmática do significado, cujo esboço podemos localizar na concepção de interpretante que encontramos na semiótica de C. S. Peirce, para quem o significado é precisamente o seu elemento interpretante do signo.

Ao falar de sua tricotomia dos signos segundo o interpretante, no qual distingue os tipos *rema*, *dicente* e *argumento*, C. S. Peirce (2017b, p. 53) havia antecipado que "o signo em si mesmo retém seu significado total quer seja efetivamente afirmado ou não. Sua peculiaridade, portanto, está em seu modo de significar, e dizer isto é dizer que sua peculiaridade reside em sua relação com seu interpretante". A considerar que o interpretante, segundo Peirce, não se confunde com o intérprete, tampouco com o objeto de representação, "sua tarefa é determinar o que deve ser verdadeiro quanto ao *representamen* utilizado por uma inteligência científica a fim de que possam incorporar um *significado* qualquer" (Peirce, 2017b, p. 46). É, contudo, em um breve comentário acerca da obra "O que é o Significado?" de Lady Welby, escrito em 1903, que Peirce (2017c, p. 157-164) expressamente assume o que chama de *interpretante*, na sua teoria dos signos, como o que a autora chama de *significado*, admitindo igualmente que "por *significado* ela entende a *intenção* de quem se exprime". Mas ao admitir a intencionalidade do intérprete, Peirce não pretende confinar o significado na sua cabeça. Como bem ressalva Umberto Eco (2014, p. 58), "o interpretante é aquilo que assegura a validade do signo mesmo na ausência do intérprete", quer dizer, ainda que nenhum sujeito processual venha a considerar o significado probatório de um sinal qualquer acerca do crime, ele mantém alguma validade acerca dessa função probatória do signo. É nesse sentido que pretendemos discutir algumas das principais teorias acerca do significado, tendo sempre em conta os tipos de interpretantes peirceanos – *rema* e *dicente* – que Elisabeth Walther-Bense (2010, p. 25-29) observou se tratar respectivamente de *conceitos* e *proposições*, acrescendo ainda uma discussão sobre os *argumentos*, no qual iremos falar de significados inferenciais atualmente discutidos por W. Sellars e R. Brandom.

Ideias, imagens e conceitos probatórios

A concepção básica da teoria ideacional, embora seja considerada uma concepção superada (Lycan, 2022, p. 127), ainda pode encontrar vestígios dela na concepção psicológica de H. P. Grive (1957) e ainda nos oferece algumas boas razões para entendermos o significado primário que interessa à prova do crime como pretendemos argumentar.

A principal concepção se encontra em John Locke (1999, p. 147), ao falar do significado das palavras, explicando que "as palavras, em seu significado primário e imediato, nada significam senão as ideias na mente de quem as usa, por mais imperfeita e descuidadosamente que estas ideias sejam apreendidas das coisas que elas supostamente representam". Trocando "palavras" por "sinais" em geral, e "coisas" por "crimes", podemos ter uma boa noção do significado ideacional probatório segundo a concepção lockeana. Se essa teoria tiver alguma razão, o significado probatório de sinais recolhidos ou obtidos, seria a ideia primária que algum sujeito processual tem acerca de sua possibilidade de provar um crime que supõe representar. Trata-se, assim de "ideias na mente". Seria algo como dizer a si mesmo "isto e aquilo que encontrei é *uma prova* do crime". Pode-se, é certo, discutir a sentença completa em termos proposicionais, se é verdadeira ou falsa, mas antes e dentro desta sentença, temos uma primeira ideia – *uma prova!* – que não precisa vir diretamente relacionada a qualquer aspecto do crime, mas apenas recolhida entre outras descartadas para depois avaliar sua específica capacidade probatória. A ideia probatória que emerge é sutil e não é por si autoevidente. O sujeito processual poderia apenas deparar com os fios ruivos de cabelo no quarto de hotel e dizer a si mesmo "isto são apenas fios de cabelo", deixando-os de lado sem qualquer interesse. É certo que até neste mero descarte, ao dizer que são apenas fios de cabelo, há também uma ideia que decorre da experiência imediata assimilada segundo uma linguagem natural de enquadramento primário do sinal. Mas no caso da ideia probatória, o sujeito processual dispõe de uma ideia de sensação e reflexão, bem como de outras ideias complexas – para continuar usando a terminologia de Locke (Livro II, Cap. VII, Cap. XII). É, de fato, necessário supor na mente do sujeito processual que ele possua algumas ideias prévias –ainda adquiridas de experiências anteriores, nunca inatas segundo Locke – para suscitar a ideia probatória.

O mais especificamente relevante na teoria ideacional, comparada à teoria referencial, no que nos interessa à prova, é que, embora se possa referir a alguma coisa no mundo, o significado é antes e sobretudo uma ideia que se encontra na mente do sujeito processual; é neste sentido, não a extensão denotada ao crime, mas um significado intencional, que se pretende comunicar aos demais sujeitos processuais. Assim, e somente por intermédio do significado ideacional, que depois se procede a qualquer consideração acerca do crime que há no mundo. A diferença em relação à teoria referencial poderá parecer ao jurista uma sutileza sem vantagens práticas, mas é justamente nessa perspectiva que essa concepção adquire suas virtudes no campo da prova, porque não estando seu objeto de referência presente, não sendo possível discuti-lo a partir de qualquer ostensão direta, é apenas com base na ideia probatória dos sinais presentes que se poderá discutir a verdade dos enunciados probatórios feitos no processo.

Há muitas objeções que se fazem à teoria ideacional, sobretudo no campo da filosofia da linguagem, mas no que interessa ao campo da prova, a mais relevante diz respeito ao que quer dizer precisamente uma "ideia", a respeito da qual há pouco acordo, mas não é algo sem sentido discuti-la, encontrando-se geralmente explicação tanto em termos de "imagens", quando em termo de "conceito". A noção principal com que o termo "ideia" se difunde na filosofia moderna se encontra no próprio Locke, ao falar das ideias em geral (Livro II, Cap. I, § 1º). A considerar a centralidade da noção em seu ensaio sobre o entendimento humano, ele cuidou de fazer uma explicação mais direta na introdução, na qual considera que, "sendo este o termo indicado para significar qualquer coisa que consiste no *objeto* do entendimento quando o homem pensa, usei-o para expressar qualquer coisa que pode ser entendida como *fantasma, noção, espécie,* ou tudo o que pode ser empregado pela mente pensante". Trata-se, em síntese, daquilo que Descartes, nas suas *Meditações,* chamava de "quadro" ou "imagens" das coisas (Abbagnano, 2007, p. 611). Mas, assim enunciada, a noção de ideia muito constantemente é associada àquela de representação que se encontra a respeito do objeto, embora na lógica de John Dewey (1950, p. 128) possamos encontrar a noção de possibilidade como projeção humana. Assim, para ele, "uma ideia é, em primeiro lugar, a antecipação de algo que pode ocorrer: assinalada uma *possibilidade*", o que parece atender melhor à ideia probatória, como possibilidade de que certo sinal possa a vir provar algum crime, o que em Locke parece estar presente ao dizer "supostamente".

Contudo, a noção de "conceito" parece assumir melhor explicação do que seja uma ideia. Embora o conceito tenha sido geralmente assimilado na filosofia antiga como essência das coisas, é atualmente considerado como "signo de objeto (qualquer que seja) e se acha em relação de significação com ele" (Abbagnano, 2007 p. 608). É nesse sentido, precisamente, que C. S. Peirce (2017b, p. 46), ao explicar o signo, diz que este "dirige-se a alguém, isto é, cria na mente dessa pessoa um signo equivalente, ou talvez um signo mais desenvolvido. Ao signo assim criado denomino interpretante do primeiro". Mas é no tipo de interpretante chamado rema (também por ele chamado de "termo"), "que, para seu interpretante, é um signo de possibilidade qualitativa", no qual se pode encontrar a noção de conceito, segundo nos adverte Elisabeth Walther-Bense (2010, p. 24), e nesse sentido "não são nem verdadeiros nem falsos". Isso quer dizer que, ao fazermos uma imposição (intencionalmente) conceitual de algum sinal como signo probatório, estamos apenas dizendo aquilo que diríamos de qualquer coisa, conceituando-a segundo uma língua natural, sem fazer qualquer asserção que possa ser discutida como verdadeira ou falsa. Se pensamos de pequenos resíduos encontrados no quarto do hotel que são apenas fios de cabelo, estamos a pensar que são "fios de cabelo" apenas, segundo o conceito de "fios" e de "cabelo" que temos em nossa língua, não havendo inicialmente qualquer preocupação em saber se são mesmo fios de cabelo ou fios de uma espanadeira, embora possamos discutir isso em alguma instância de discussão a que isso interesse. E o mesmo pensamento podemos ter quando lhe atribuímos conceitualmente um significado probatório de que os fios de cabelo nos proporcionam a ideia de que alguém mais esteve no quarto, podendo ser este uma cena de crime, uma cena de traição ou uma cena de quarto de hospede sem limpeza. É nesse sentido que podemos entender uma explicação aparentemente contraditória de Peirce (2017b, p. 53), para quem "todo rema propiciará, talvez, alguma informação, mas não é interpretado nesse sentido". Por ora, interessa-nos, conceitualmente, apenas por suas qualidades probatórias, que depois podem ser discutidas em perspectiva proposicional.

Assim, embora tendo a noção antiga de essência na origem, assumida a noção de conceito como central na teoria ideacional, entende-se por que Willard Van Orman Quine (2011b, p. 40) considera "o significado como aquilo em que se torna a essência quando ele se divorcia do objeto de referência e se une à palavras", que no caso de nosso interesse, quanto à prova do crime, é o sinal de que se valem os sujeitos processuais para suscitarem o conceito probatório. Contudo, ao seguir explicando o significado na linguística, embora admitindo que "o significado de uma expressão é a ideia expressa" (2011c, p. 74), Quine considera que essa "ideia de uma ideia" possa ser completamente inútil à linguística como ciência, assim como no poderá ser ao processual penal que se pretenda sustentar cientificamente, porque "cria uma ilusão de ter explicado algo". Afinal, tanto em linguística, quanto em processualística, parece nos faltar algo além. E há, de fato, algo mais que se pode dizer do significado probatório, se tivermos em conta o tipo *dicente* de interpretante peirceano de que vamos tratar na sequência dessa seção.

Entretanto, desde esse significado conceitual probatório, pode-se já antever que o significado, quer esteja apenas pensado mentalmente pelo sujeito processual, quer venha depois expresso em enunciados linguísticos probatórios, só tem significado porque exprime uma ideia que se impõe intencionalmente pelos indivíduos que o usam. É nesse sentido que se pode compreender a teoria psicológica de H. P. Grice (1957), para quem "expressões linguísticas têm significados apenas porque exprimem ideias ou intenções dos locutores que a usam" (Lycan, 2022, p. 175), mas como ele conclui, isso se pode dizer igualmente das intenções não linguísticas (Grice, 1957, p. 387-388). E embora saibamos que, tanto na linguagem quanto na prova, dependemos de certos usos compartilhados, bem como de contextos, essa ainda é uma boa forma de começarmos a compreender o significado probatório do interpretante.

Sentenças, enunciados e proposições probatórias

Ao pensar, conceitualmente, "isto é uma prova" – independentemente dos sinais, sejam fios de cabelo, cédulas de dinheiro ou documentos, sejam encontrados na cena de um crime ou recolhidos posteriormente – o sujeito processual lhe impõe (intencionalmente) um primeiro significado probatório, mas ainda nada se diz acerca do que são provas. Em algum momento, contudo, precisará dizê-lo, não apenas o primeiro sujeito processual que se decidiu por "isto é uma prova", mas todos os demais sujeitos que o sigam nessa intuição primária poderão constituir sentenças escritas cada um ao seu modo, em diversos episódios enunciativos nos documentos escritos do processo penal – no laudo pericial, no despacho de indiciamento e no relatório de inquérito, na denúncia ou na sentença penal; e se estiverem concordantes, segundo uma mesma e única proposição como *XpY*, terão em mente algo como "isto prova aquilo" – em que X pode ser um único sinal ou um conjunto de sinais e Y um crime ou aspecto de um crime. Esse breve relato supõe uma distinção – entre enunciado, sentença e proposição – que, embora não se encontre geralmente de forma clara, deve ser pressuposta para que possamos entender a concepção proposicional do significado que encontramos em enunciados probatórios, mas que antes mesmo de qualquer documentação processual, ou até qualquer asserção pública, se encontra na crença do sujeito processual. "As proposições – como bem observa Quine (2011d, p. 134) – são consideradas mais corretamente significados de enunciados, como Frege apontou, não o que é nomeado por enunciados". Essa redução teórica – de que proposição são significados de enunciados – requer, contudo, uma melhor explicação do que podemos considerar proposições, tanto em comparação com nomes, quanto em relação a fatos. E nesse sentido, a concepção de Russell é a mais indicada como ponto de partida (Dutra, 2017, p. 54s), embora ele mesmo tenha admitido ter-se influenciado por Wittgenstein.

As proposições são – segundo Russell – símbolos complexos, no sentido de que são compostas de outros símbolos. Na terminologia que temos utilizado, diríamos melhor que são interpretantes (também complexos) dos signos que pressupõem alguns conceitos (remas) para compor-se, porque os símbolos – segundo a concepção de Peirce – se encontram na relação do signo com o objeto. Mas, ao falar de proposições, Russell parece mesmo encaminhar-se no sentido referencial, embora o faça de uma forma mais elegante e sofisticada. Ao falar das relações entre fato e proposição, explica-se que considera *fato* "a espécie de coisa que torna verdadeira ou falsa uma proposição" (Russell, 1978a, p. 57), mas ressalta que com "isso não pretende significar qualquer coisa em particular" que se possa referir por um nome simples, é algo mais que somente se expressa por uma sentença completa, da qual então a proposição é seu significado. Seria, no que nos interessa, algo como distinguir entre elementos particulares do tipo penal – como "alguém" em "matar alguém" – e expressar o fato completo do crime "X matou Y". E nesse sentido, portanto, Russel assevera que "as proposições não são nomes para os fatos" (1978b, p. 61), porque temos aqui uma relação totalmente diferente.

Assim, entende-se melhor quando considera a proposição como símbolo complexo, recorrendo à explicação com base numa sentença composta de várias palavras. E o entendemos melhor quando, em um texto seu mais tardio, tratando da significação das sentenças, afirma que as palavras significam algo que denomina "ideia" (Russel, 1978d, p. 171), embora suponha que a signific6ancia da sentença deve ser chamada de "proposição" que é verdadeira ou falsa (Russell, 1978d, p. 159). Contudo, ao admitir claramente que "a noção de significado é sempre mais ou menos psicológica, e que não é possível obter uma teoria puramente lógica do significado" (1978b, p. 60) – o que voltará a dizer, em outros termos, afirmando que "a significância é um estado daquele que crê" (1978d, p. 164) – a concepção de Russell nos conduz a entender que, embora os fatos sejam o que torna verdadeira ou falsa uma proposição, esta não depende de que seja verdadeira ou falsa par que possamos emitir ou entender seu significado. Essa noção de proposição independente dos fatos se encontra mais expressamente no *Tratactus* de Wittgenstein (2020, p. 159), para quem "a proposição é uma figuração da realidade: pois sei qual é a situação por ela representada, se entendo a proposição" (4.021), mas adiante ele cuida de ressalvar que "a proposição tem um sentido independentemente dos fatos" (4.061). Isso poderá parecer ao jurista estranho, porque interessa ao processo penal precisamente discutir as proposições em relação ao fato do crime, saber se é verdade ou não o que se diz acerca do autor a quem se atribui uma culpa. Essa aparente contradição, contudo, parece ter sido discutida por Peirce com que pensamos ser possível entender melhor a questão.

Também C. S. Peirce (2017b, p. 77) considerava as proposições como "o tipo de signo que *veicula* informação", admitindo que a prova mais característica de que estamos diante de preposições é que elas podem ser verdadeiras ou falsas. Mas ao explicar-se melhor, ressalta que, supondo alguma expressão qualquer – que adaptamos ao nosso interesse, como "esses fios de cabelo são do autor do crime" – "isso é uma proposição quer seja verdade ou não, quer alguém a afirme ou não e quer alguém concorde com ela ou não" (Peirce, 2017b, p. 80). Até aqui, contudo, nenhuma diferença quanto à concepção de Russel, porque Peirce estava a sugerir que as proposições antecedem e existem antes de qualquer asserção pública, na qual alguém "se torna passível de sofrer as penalidades da lei social (ou de qualquer forma da lei moral) no caso desse ato não ser verdadeiro...". É, contudo, ao tratar da natureza da asserção, e depois das relações entre argumentos e proposições, que estas se tornam mais claras na concepção de Peirce. Iremos reconstruir seu entendimento, partindo de sua conclusão de que "as proposições hipotéticas abarcam todas as proposições" (Peirce, 2017b, p. 99), excluindo os argumentos lógicos que apresenta. Assim, se algum sujeito processual diz que "X prova que Y", trata-se de uma proposição hipotética, na qual temos uma "gama de possibilidade", no sentido de que a proposição deriva suas características (Peirce, 2017b, p. 96). A hipótese primária é conceitual, que X seja uma prova, porque toda proposição (*dicente*) supõe algum conceito (rema); mas a hipótese proposicional é que, mesmo sendo uma prova, ao dizer que prova Y, apenas aduz um caso possível. E, nas explicações de Peirce (2917b, p. 95), "aquilo que é *possível* é uma hipótese que, não se conhece, e certamente não se pode inferir que seja falsa". Isso decorre porque, segundo Peirce (2917b, p. 91), "o mundo real não pode ser distinguido do fictício por nenhuma descrição", ou seja, se há ou não o crime que algum sujeito processual diz estar provado em uma asserção, esta consiste apenas "no fornecimento de evidência pelo locutor ao ouvinte de que o locutor acredita em algo" (Peirce, 2017b, p. 90) – acredita que *XpqY*. Trata-se, assim, apenas do significado expresso que o sujeito processual atribui aos sinais disponíveis.

A considerar, contudo, essas conclusões acerca das proposições, somos forçados a entender que o significado é apenas o que torna compreensíveis os enunciados, assim como qualquer outro tipo de signo, independentemente dos fatos a que ser referem existirem ou não, quer sejam verdadeiras ou falsas as sentenças, desde que assumam algum sentido compreensível. E nesse sentido, as proposições são apenas uma forma de significado entre outras que encontramos nos conceitos vistos anteriormente, assim como nos argumentos que veremos em seção adiante, após tratar das concepções pragmáticas acerca do significado como uso.

4. USOS, COMPORTAMENTOS E CONTEXTOS PROBATÓRIOS

Apesar da compreensão do significado viabilizada pelas noções de conceito e proposição, encontramos um grupo de pensadores que desenvolvem uma noção mais pragmática em torno da noção de uso, bem como de comportamento e contextos. Com isso, geralmente, pretendem suplantar a recorrente ideia de que os significados são entidade mentais que se encontram na posse de uma pessoa, e conseguem efetivamente demonstrar que há aspectos externos ao falante que merecem a atenção na discussão acerca do significado. Contudo, esperamos tornar claro que mesmo em perspectiva pragmática, pode-se ter um relato mais amplo e completo que, embora enfatizando a relevância dos elementos ambientais, não nos deve obrigar a rejeição das demais concepções, inclusive até mesmo a referencial. Essa é a compreensão de Luiz Henrique de Araújo Dutra (2017, p. 92-107) que adotaremos, por considerarmos a mais adequada e conter algumas boas intuições, sobretudo ao significado probatório que nos interessa, após considerarmos algumas outras que nos oferecem algumas intuições importantes.

A começar pela concepção de John Dewey (1980, p. 29sss), ao falar das relações entre "natureza, comunicação e significado", encontramos a afirmação de que "o significado é primeiramente intenção" – ele não lhe nega isso, mas adverte que essa intenção "não é pessoal no sentido privativo e exclusivo". Qual, então, o sentido? Usando um exemplo – que adaptamos ao âmbito das provas – Dewey supõe que o significado envolve movimentos, sons e cooperação. Primeiramente, um sujeito processual (A) apresenta uma alguma coisa (X) a outro sujeito (B), emitindo sons que dizem algo acerca de X – como *XpqY*, recebendo de B movimentos e sons concordantes de cooperação. Nesse sentido, assevera Dewey, X "deixa de ser aquilo que é de modo bruto naquele momento e passa a ser considerada face a suas potencialidades, como meio para consequências remotas" – no caso, algumas cédulas de dinheiro, por exemplo, podem com o significado probatório, viabilizar uma condenação por lavagem de dinheiro. A considerar, contudo, que Dewey fala de intenção e cooperação, parece-nos ainda possível interpretar sua concepção em termos de intencionalidade, segundo uma "intencionalidade coletiva" de que nos fala J. R. Searle (2020, p. 208), ampliando a comunicação entre A e B para outros sujeitos que se encontram envolvidos na instituição jurídica do processo penal. Searle admite que podemos "pressupor a existência de intencionalidade coletiva, por meio do qual os seres humanos cooperam", embora proponha um contraexemplo, que se encontra na teoria da mão invisível de Adam Smith, na qual "há uma ideologia no sentido de que não deve haver intencionalidade coletiva", quer dizer, não há uma cooperação, mas um "cada um por si". Esse exemplo é valioso porque nos permite entender melhor o tipo de cooperação que podemos encontrar em empreendimentos como o processo penal, no qual não há de fato uma cooperação entre os diversos sujeitos, a considerar que pelo menos a defesa constitui uma resistência à construção coletiva de significado probatório que possa ser usado em seu desfavor. Searle considera, contudo, que ainda podemos falar de cooperação em empreendimentos coletivos assim – a exemplo do processo penal que não se conclui individualmente por nenhum sujeito – mas com cada um a fazer sua parte, a contribuir com sua intenção como parte de uma intenção maior – descobrir a verdade acerca de notícias de crime. Mas essa interpretação, ainda em termos intencionais, não deve excluir que também há realmente outros elementos contextuais a serem considerados na compreensão do significado.

Ludwig Wittgenstein (2021, p. 173-177), ao tratar do significado em sua teoria dos jogos de linguagem, parece sugerir que não podemos estabelecer uma significação completa da linguagem, mas apenas entender o como alcançamos os significados, segundo uma abordagem exclusivamente pragmática. Essa concepção encontra no âmbito da significação probatória uma grande vantagem, porque em muitos casos – mas não diria na totalidade – os sujeitos processuais se deparam com sinais primários para os quais não há nenhum significado previamente estabelecido a descobrir. Há antes uma espécie de invenção que cria o significado probatório que depois de aceito e confirmado poderá ser ensinado na formação dos diversos sujeitos processuais. Nesses termos, podemos assimilar o exemplo de Wittgenstein sobre uma construção em que trabalham dois pedreiros, mas com um relato um pouco mais primitivo do que até ele mesmo supôs. Afinal, quando o legislador penal institui legalmente um tipo de crime – p. ex. "matar alguém" ou "subtrair coisa alheia" – ele tem em mente certos eventos como homicídio ou furto, mas não imagina desde logo que tipo de sinais (coisas) pode vir a tornar-se prova desses eventos. E, de fato, ninguém acredita que se possa fazer um catálogo completo e anterior sobre todos os sinais que possam adquirir significados probatórios, e entretanto, estes significados se constroem à maneira de um jogo de linguagem probatória. Essa relevância prática tem, portanto, um papel contextual na construção dos significados, mas não precisamos dizer que nada há além disso, porque de fato há, e outros relatos parecem tornar isso mais claro.

A concepção de Willard Van Ormam Quine (1980b, p. 133), embora partindo de Dewey, e admitindo também Wittgenstein, parece mais esclarecedora a respeito. A partir do que chama de "mito do museu", Quine contesta que "as palavras e sentenças de uma linguagem têm seus significados determinados", o que podemos dizer igualmente acerca das provas. Qualquer concepção jurídica que venha a postular significados probatórios determinados tende a ressuscitar o sistema medieval das provas taxadas, pelo qual se entendia, p. exemplo, que dois depoimentos concordantes significavam que tínhamos o suficiente para uma condenação, o que vinha predeterminado pela lei, sendo apenas afirmado pelo juiz no processo. Mas se essa não é a forma correta de definir o significado, qual seria então? Quine (2010, p. 55). nos sugere a noção de *significado estimulatório* (em um sentido naturalizado), para explicar que: "o significado por estímulo de uma frase para um sujeito é a soma de sua disposição a assentir ou dissentir de uma frase em resposta a uma estimulação presente" Na concepção de Quine, o que ele considera "estimulação" se opõe ao que o sujeito "inculca" – com o que pretende evitar o idealismo mental – embora ele admita "que a estimulação resulte contribuir, de algum modo, ao inculcar de alguma disposição".

Estimulação, nesse sentido, diz expressamente Quine, seria algo "não como um evento particular datada, mas como um universal, uma forma reproduzível de evento". Mas se assim for, se tivermos em conta o contexto de provas, isso não seria possível ao primeiro sujeito processual que pela primeira vez, em um evento particular datado, depara-se com um sinal que postula significar algo como prova. E, no entanto, isso é algo intuitivo que podemos admitir que acontece, ou deve ter acontecido antes, em algum momento, relativamente a certos sinais atualmente consolidados como significativamente probatórios. A concepção naturalista do significado em sentido comportamental de Quine parece ter algo a dizer além das teorias precedentes, mas parece ainda não dizer tudo que podemos observar em uma concepção pragmática mais ampla como a que encontramos em Luiz Henrique de Araújo Dutra (2017, p. 98), chamada de concepção ambientalista. O que faremos a seguir é um relato de como ele compreende o processo de significação porque nos parece que em seus diversos detalhes, corresponde ao tipo de relato que consegue captar pontos importantes do problema do significado probatório com que adaptamos sua explicação, fazendo algumas ressalvas que nos parecem necessárias para seguir com a concepção inferencial da próxima seção.

Assim como Quine, também Dutra (2017, p. 101s) supõe um problema de tradução entre línguas que podemos igualmente pressupor no caso da prova, se tivermos em conta a linguagem dos tipos penas com que o legislador define algum crime e a linguagem com que os sujeitos processuais, especificamente o juiz, considera haver traduzido em prova aquilo que o legislador teria suposto como significativo. Dutra propõe que podemos considerar o significado (S) de uma expressão (A) – aqui substituída por um sinal probatório (p) – observando certos contextos ($C_{1,}$ $C_{2...,}$ C_n), nos quais certo sujeito processual poderá ser levado a formular algumas hipóteses de tradução (H_1, H_2... H_n) que podem significar o sentido que encontramos previamente suposto na linguagem típica do legislador. Nesses termos, parece fazer sentido dizer que o significado de "*p*", em um contexto "*C*" é interpretado como sendo hipótese probatória "H", relativamente a uma linguagem de base na qual também encontramos significados previamente supostos, segundo a fórmula "S(p/C)=H".

O problema desse relato – não quanto ao exemplo linguístico, mas sim quanto ao exemplo das provas – é que a decisão acerca de que hipótese deve prevalecer entre as várias existentes (H_1, H_2... H_n) como significado não pode depender das "boas razões empíricas" que Dutra sugere ao caso linguístico, porque essas razões no caso são precisamente os sinais a que devemos atribuir um significado probatório relativamente à linguagem do tipo. Apenas podemos proceder assim, se eliminarmos essa etapa e partimos diretamente para a análise dos enunciados probatórios linguísticos expressos em documentos processuais, que terá como razões empíricas precisamente os sinais primários chamados de prova por antecipação. Mas isso nos sonegaria o fundamental do problema lógico da razão probatória como fica evidente nesse relato. Ademais, precisamos considerar que, geralmente no âmbito das provas, os sujeitos processuais nem sempre – embora às vezes – dispõem de uma coleção de contextos de uso ($C_{1,}$ $C_{2...,}$ C_n), estando reduzido a uma única aposta de partida como aquela com que precisa concluir: *S(p/C)=H*. Assim, por mais que se conceda ao contexto pragmático um papel relevante no estabelecimento do significado, não se podem eliminar todos os demais elementos, a exemplo dos quais as concepções ideacional e proposicional sugerem, e até mesmo a referencial, como inclusive Dutra considera necessário, mesmo de um ponto de vista pragmático. O contexto pragmático, nesse sentido, embora contribua na constituição do significado, não nos permite dizer que é o determinante exclusivo da significação, sendo necessário considerar, entre outros elementos, além da intenção processual do sujeito processual, a disposição dos demais interlocutores para comunicarem-se, bem como a estimulação que os sinais disponíveis oferecem aos sujeitos processuais e, sobretudo, o que Dutra chama de *estado de coisas* – os diversos elementos da cena empírica do crime, quer esta tenha sido observada presencialmente, quer tenha sido apenas documentada nos autos do processo, mas que todos os sujeitos processuais levam em conta nos debates acerca do significado probatório dos sinais disponíveis.

As intenções dos sujeitos, nesse sentido, mesmo tendo em conta o estado de coisas da cena em questão, parece ainda ter alguma relevância na constituição do significado, a considerar nosso exemplo inicial dos fios ruivos de cabelo; porque, mesmo que possamos supor uma única e mesma cena do crime, sabemos que, conforme a intenção seja da polícia, da viúva ou do supervisor de limpeza dos quartos, os mesmo sinais até mantêm o conceito probatório, mas suas proposições poderão gerar sentenças muito diversas sobre crime, traição ou apenas sujeira em quartos de hotel. Isso não nos impede, contudo, de admitir as conclusões acerca do significado ambiental como uma questão de tradução entre duas linguagens, segundo a fórmula síntese de Dutra (2017 p. 142) – $S(p)_{L1}=S(h)_{L2}$ – em que $_{L1}$ é a linguagem do legislador e $_{L2}$ é a linguagem processual. Mas, para podermos chegar à redução da fórmula *S(p/C)=H,* contendo apenas uma hipótese (H), tendo em conta por vezes apenas um contexto (C), se tivermos em mente as provas de crime, precisamos de outros expedientes que parecem estar presentes no terceiro tipo interpretante de Peirce – os argumentos. Esses, contudo, bem compreendidos, nos permitem resgatar aquelas "boas razões empíricas" de que nos fala Dutra, se as pudermos entender no sentido das "inferências materiais" com que W. Sellars e R. Brandom falam de significado inferencial como classificação funcional em uma racionalidade elucidatória.

5. ARGUMENTOS, INFERÊNCIAS E RAZÕES PROBATÓRIOS

Além das concepções pragmáticas do significado que vimos até agora, William G. Lycan (2022, p. 151) ressalta a existência também do inferencialismo como teoria do uso. Os dois principais defensores dessa concepção são Wilfrid Sellars e Robert Brandom, cujas ideias nos permitem entendermos por que C. S. Peirce considera os argumentos como tipo de interpretante, que nos parece ser necessário para complementar o relato do significado probatório. Sellars desenvolve a ideia de inferir como ato social, chegando a uma teoria inferencial do significado que depois Brandom irá desenvolver melhor em uma concepção particular de uso em sentido mais normativo, "segundo a qual o uso de uma frase é o conjunto de compromissos e titularidades associadas à elocução pública da frase" (Lycan, 2022, p. 152). Ele parte da noção de *asserção* como uma prática social em que o locutor se compromete com a sua defesa contra objeções possíveis, apresentando *razões probatórias* para que qualquer interlocutor possa acreditar em uma afirmação factual suposta em proposições, o que nos parece ser uma boa forma de entender o significado inferencial.

Apesar de não se encontrar expressamente referido em Sellars e Brandom, é interesse constatar o quanto das intuições de Peirce acerca do argumento se vai encontrar depois nesses dois pensadores. A começar pela relação entre conceitos, proposições e argumentos – porque para Peirce, assim como as proposições supõem conceitos, os argumentos supõem proposições – os três tipos de interpretantes como significados se constroem do mais simples ao mais complexo. Os argumentos, nesse sentido, envolvem também conceitos – como deixará claro Robert Brandom ao explicar como as inferências materiais funcionam em discurso racionais, a exemplo do que nos interessa em matéria probatória; mas é nos argumentos que o significado aparece de forma explícita, o que podemos encontrar desde Sellars. Mas o que são precisamente os argumentos?

O argumento, diz-nos inicialmente Peirce (2017b, p. 53), "é signo que para o interpretante é signo de lei", com o que pretende evidenciar aquilo que constitui a sua "tríade do raciocínio (2017a, p. 9)": *dedução*, *indução* e *abdução*, esta última em alguns escritos geralmente tratada como *hipótese* (2008, p. 165). Embora reconheça que também o *dicente* (proposição) pode (mas não necessita) dizer algo a respeito do mundo, "o interpretante do argumento representa-o como um caso de uma classe geral de argumentos, classe esta que, no conjunto, sempre tenderá para a verdade" (2017b, p. 54). Mas ao explicar o argumento em termos de coisas no mundo acerca do que tende, Peirce não pretende confundir a discussão do interpretante com o que supõe uma teoria referencial. Enfatizando a lei (inferencial lógica), ele diz que "é esta lei que, de alguma forma, o argumento sublinha, e este «sublinhar» é o modo próprio de representação dos argumentos". Assim, nesse sentido, o argumento deve ser uma espécie de signo que envolve uma proposição como premissa – "porque o argumento só pode sublinhar a lei, sublinhando-a num caso em particular" – assim como uma proposição como conclusão, que representa claramente o significado do interpretante. Ao voltar na distinção com os demais interpretantes, Peirce insiste que "sua peculiaridade, portanto, está em seu modo de significar, e dizer isto é dizer que sua peculiaridade reide em sua relação com seu interpretante". É por isso que em outra passagem, ao apresentar a "tricotomia dos argumentos", Peirce volta a insistir que "o argumento sempre é entendido por seu interpretante como fazendo parte de uma classe geral de argumentos análogos..." (2017b, p. 59), apresentando os três modos com que considera possível obter o significado. Aqui nessas primeiras considerações acerca dos argumentos, já podemos antever a ideia de significado como classificação, bem como o reconhecimento do papel das inferências que mais recentemente iremos encontrar em Sellars como veremos.

É, contudo, em um estudo sobre o pragmatismo, que Peirce, ao falar dos três tipos de raciocínio, voltando a discutir suas diferenças e relações, expressa mais claramente o que entende por "significado de um argumento" (Peirce, 2017d, p. 222). Inicialmente, ele nos adverte que "a ideia de significado é tal que envolve alguma referência a um propósito". Contudo, embora trate dos conceitos, proposições e argumentos como significados em seu interpretante, Peirce considera que "o único tipo de *representamem* que tem um definido propósito confesso é um argumento". E se explica melhor, dizendo que o propósito nesse caso é obter o acolhimento de sua conclusão. Assim, ele considera que "parece natural usar a palavra *significado* para denotar o interpretante declarado de um símbolo" (2017d, p. 222). Essa passagem em Peirce parece antecipar a concepção inferencial de Sellars acerca do significado, ao enfatizar a proeminência dos argumentos no estabelecimento do significado. Mas não podemos simplesmente abandonar os demais tipos de significado, como o conceito (que ele também chama de termo) e a proposição, que também em Peirce se encontram como espécies de interpretante. É por isso que precisamos prestar atenção na sutil diferença que Peirce atribui aos argumentos, relativamente aos demais interpretantes, ao falar de significado em todos eles, concluindo que, "se por significado de um termo, proposição ou argumento, entendemos a totalidade do interpretante geral pretendido, neste caso o significado de um argumento é explícito" (2077d, p. 224). E isso de tornar-se explícito é algo a que Brandom dará uma grande ênfase, partindo de algumas ideias que encontramos em Sellars como pretendemos evidenciar nas discussões que se seguem nessa seção.

Significado inferencial

Iniciando com a expressão "está chovendo, portanto a rua estarão molhada" – que podemos adaptar para "isso são fios de cabelo, portanto alguém esteve aqui" – Sellars (2007a, p. 3) considera que podemos explicitar a existência do argumento, dizendo algo como "sempre que X, temos Y", o que em nosso exemplo significa "sempre que encontro fios de cabelo no local (X), posso crer que alguém esteve no local (Y)". A considerar que o raciocínio se baseia em princípios formais da lógica, Sellars se dispõe a demonstrar que há regras de inferência material que também devem ser levadas em conta. Após elencar seis compreensões diversas das relações entre regras formais e materiais de inferência, assume expressamente a posição que: "As regras materiais são tão *essenciais para o significado* (e, portanto, para a linguagem e o pensamento) quanto as regras formais, contribuindo com os detalhes arquitetônicos de sua estrutura dentro dos arcobotantes [*flyng buttresses*] da forma lógica" (Sellars, 2007a, p. 7). Explicando-se sobre essa distinção que supõe, Sellars considera como diferença essencial, entre inferências extralógicas e lógicas, dependerem ou não para terem validade, "do fato de conterem um certo conjunto de termos descritivos" (2007a, p. 8), o que para Sellars necessariamente precisa recorrer a premissas adicionais sustentadas em sentenças formuladas com base em leis da natureza. É o que, assumindo terminologia sugerida por Carnap, ele chama de "regras-P" (por abreviação de *physical*), em contraposição às regras-L (por abreviação de *logical*), com as quais podemos falar em inferências L-válidas ou P-válidas.

O objetivo de Sellars, contudo, é enfatizar que, tendo em conta essas regras de inferência, devemos considerá-las como "afirmações sobre a assertabilidade condicional das sentenças", argumentando que "o conteúdo conceitual de uma expressão linguística é articulado pelas regras inferenciais materiais que governam seu uso". Apesar da ênfase que busca dar às regras de inferência material, Sellars não pretende conferir nenhum papel de fundamento ao que chama de *dado* da realidade. Segundo ele encaminha suas conclusões, ao falar de regras de inferência material e formal, "...as regras de transformação material determinam o significado descritivo das expressões de uma linguagem dentro do quadro estabelecido por suas regras de transformação lógica" (2017a, p. 26). Assim, "o papel do dado deve ser comparado ao papel do ambiente na evolução das espécies" – ressalta ele, observando que isso é característico da ciência moderna, na qual as estruturas conceituais devem ser aceitas como mutantes que visam a desafiar o mundo. Isso quer dizer que, conforme o reconhece Sellars (2007a, p.26):

> "há um número indefinido de possíveis estruturas conceituais (línguas) ou sistemas de regras formais e materiais, cada uma das quais pode ser considerada como um candidato à adoção pelo animal que reconhece as regras, e nenhum dos quais tem uma marca intuitiva de realeza. Eles devem competir no mercado de prática pelo emprego de usuários de línguas e se contentar em ser adotados de forma hesitante e esquemática".

Assim, entende-se por que Sellars considera o "significado como classificação funcional", ao explicar que em sentenças na forma "*s* significa que *p*" – a exemplo do que encontramos na discussão probatória – dizendo que "especificar o significado de uma palavra ou sentença é fornecer uma classificação funcional do mesmo em vez de uma caracterização referencial" (2007b, p. 95), assim como podemos dizer que especificar o significado de um sinal (s) como prova (p) é fornecer uma classificação funcional dela na prática processual, o que supõe, além de regras de inferência formal, outras tantas de inferência material sustentadas na experiência. Nesse sentido, assumindo o relato sugerido por Sellars, podemos dizer que, se um sujeito processual apresenta algum enunciado probatório, ele o faz por "uma classificação funcional do enunciado", o que envolve, "um uso especial (ilustrativo) de expressões com as quais se presume que o destinatário esteja familiarizado, ou seja, que são, por assim dizer, em sua língua de fundo". Essa língua de fundo, supondo tratar-se de prova de um crime previsto na lei penal, encontra-se na linguagem do tipo de crime. O sujeito processual, então, dirá "aqui está uma prova do elemento típico do crime", que resulta assim em uma classificação funcional do sinal como prova, supondo regras de inferência formal e material que igualmente presume nos demais sujeitos processuais. É nesse sentido que Sellars considera o significado de uma expressão (no caso acerca da função probatória de um sinal) como seu uso (no sentido de função), no sentido de que dizer o que significa um sinal é classificá-lo por um expediente ilustrativo.

Racionalidade elucidatória

Retomando algumas ideias de Sellars – entre outros em que se baseia, especialmente Frege e Dummentt – Robert Brandom (2013) apresenta-nos um relato acerca do papel das inferências especialmente relevante ao significado probatório que nos interessa. Ele também considera importante a distinção entre inferências formais e materiais de que nos fala Sellars, assumindo inclusive sua ideia básica de que "as regras materiais são tão *essenciais para o significado* (e, portanto, para a linguagem e o pensamento) quanto as regras formais...", mas acresce alguns outros elementos que tornam o inferencialismo mais compreensível no âmbito de uma discussão pragmática do significado, ao distinguir também entre circunstâncias e consequências, bem como de compromissos com as inferências materiais pressupostas. Assim, além da tese principal de Sellars – acerca da importância das inerências materiais no raciocínio – Brandom especifica melhor outras que considera presentes desde Frege, para explicar que "a capacidade de raciocínio não pode ser identificada exclusivamente com o domínio de um cálculo lógico", acrescendo ainda o que nos parece ser a sua tese principal, nos seguintes termos: "as praticas inferências materiais, que governam e tornam possível o jogo de dar e pedir razões, são trazidas para esse jogo, e assim na consciência, como temas explícitos de discussão e justificação" (2013, p. 76).

O ponto de partida de Brandom está na sua noção de "conceito", que considera em termos de uma "demarcação inferencial", ao explicar que "para dominar *qualquer* conceito, é preciso dominar *muitos* conceitos, porque a captação de um conceito consiste no domínio de pelo menos algumas de suas relações inferenciais com outros conceitos" (2013, p. 63). Se sua tese estiver correta – como nos parece ser o caso – devemos voltar àquela primeira concepção ideacional do significado baseada na noção de conceito, para entender que ao considerar que algo é uma prova (apenas conceitualmente considerado na mente, não ainda preposicionalmente em alguma sentença afirmativa), um sujeito processual assim o considera tendo em conta algum conceito mais amplo de prova, com base no qual procede alguma inferência; e se depois, considera que é prova de algum aspecto do crime, assim o faz igualmente com base em algumas outras inferências. Assim considerado o conceito, Brandom conclui que "o requisito é de que, para que *qualquer* conceito tenha usos informativos, alguns conceitos devem ter usos *não informativos*" (2013, p. 63). Isso começa a nos esclarecer como é possível ao sujeito processual, diante de algumas hipóteses de interpretação da linguagem típica do crime em linguagem processual das provas, escolher aquela com que pretende sustentar suas proposições acerca do sinal. Mas isso, embora o faça com base em inferências materiais como sustenta Brandom, não significa que o faz com base em razões empíricas atuais e presentes, ainda que algumas razões empíricas estejam supostas nos muitos conceitos de que se utiliza para classificar seu sinal conceitualmente no caso. Assim, entende-se por que, embora reconheça o papel das inferências formalmente consideradas, estas dependem de alguma maneira de suas qualidades materiais. Brandon diz, nesse sentido, que "a qualidade *formal* das inferências deriva e se explica em termos da qualidade *material* das inferências e, por isso, não se deveria recorrer a ela ao explicá-la" (2013, p. 70). Essa é uma concepção lógica que nos parece corresponder àquela teoria da investigação de John Dewey (1950), para quem as formas lógicas de raciocínio nascem a partir de anteriores investigações controladas e garantidas, nas quais podemos encontrar inferência materiais nesse sentido brandomiano, e nesse sentido não nos é difícil imaginar como isso pode dar-se em relação às provas criminais, a considerar tudo que acontece ao longo de um processo penal, desde a investigação, passando pela discussão em instrução e chegando ao julgamento. Claro é, contudo, que essas inferências, embora as possamos supor na mente dos sujeitos processuais, não aparecem geralmente explícitas em suas manifestações públicas, sequer mesmo nos documentos processuais oficiais. Eventualmente, podemos encontrar algo próximo disso em laudos periciais – mas infelizmente sem sempre o encontremos de fato – embora fosse desejável que também despachos de indiciamento, denúncias e sobretudo sentenças tenham explícitas essas inferências supostas nos conceitos que usam ao estabelecer o significado probatório de certos sinais. É, contudo, a respeito disso que a teoria de Robert Brandom tem algo especialmente relevante a enfatizar.

Ao falar do que chama de "razão elucidatória", Brandom retoma uma ideia de Sellars acerca do "método socrático", considerando-o como "uma maneira de colocar as nossas práticas sob um controle racional, expressando-as de forma explícita" (2013, p. 71), explicando que dessa forma podemos tornar explícito o que se encontra implícito naquilo que enunciamos, dando assim razões, bem como as pedindo, se esse for o caso, acerca da classes de funções conceituais com base nas quais apresentamos algum conteúdo conceitual, como uma prova, por exemplo. Embora possamos objetar que isso é exaustivamente complexo para tratar de questões em conversas corriqueiras, este parece ser precisamente o tipo de relato que corresponde ao que esperamos ao falarmos de provas criminais. E uma forma de fazer isso – que Brandom colhe de ideias de Dummentt –, é discutir as circunstâncias e consequências das sentenças, a exemplo do que encontramos nos enunciados do tipo "X prova que Y", em que X seja considerado um sinal ou conjuntos de sinais e Y seja considerado culpado por algum crime, para irmos direto ao que interessa ao final de um processo penal, embora saibamos que isso envolve discutir muitos outros enunciados menos completos acerca de um aspecto do crime relativamente a algum sinal em particular.

Assim, ao admitir que um enunciado envolve sempre circunstâncias e consequências de seu uso, Brandom volta a enfatizar o significado inferencial, ressaltando que "a ligação entre significação pragmática e conteúdo inferencial é fornecida pelo fato de que a afirmação de uma oração consiste em adquirir implicitamente um compromisso com a correção da inferência material que vai das suas circunstâncias às consequências de sua aplicação" (2013, p. 78). E, nesse sentido, ressalta Brandom, "não é uma questão de tudo ou nada", porque, enquanto um metalúrgico está habilitado a compreender o conceito de *tellurium* melhor que ele (segundo seu exemplo), podemos também dizer que esperamos dos sujeitos processuais comprometidos com o empreendimento de provar um crime que estejam habilitados a discutir por que razões um determinado sinal pode adquirir significado probatório. E não conseguimos transmitir esse conceito probatório de crime – para usar outro exemplo de Brandom – fornecendo um testador infalível de provas que possa acender uma luz na presença de sinais. Fazemos isso oferecendo razões para alguém crer que um sinal pode ser classificado como prova de crime, primeiramente em geral, depois como prova de algum aspecto do crime especificamente nos enunciados probatórios, mas of azemos sempre tendo em conta as circunstâncias em que encontramos o sinal em questão, bem como as consequências que esperamos obter dos enunciados – o que Brandom tenta englobar na noção de "compromissos inferenciais".

Apresentando casos de uso pejorativo de termos como "negão, "prostituta", "bicha" e "comunista" – aos quais podemos acrescer "criminoso", por exemplo – Brandom observa que a questão de classificar alguém com esses conceitos, pressupõe fazermos sempre uma espécie de inferência que poderá ser questionada, ainda que não se queira questionar o conceito geral de que decorre, o que é geralmente uma forma de discutir ideias, voltando-se apenas para o fato em questão. Esses, contudo, não são os únicos exemplos que pressupõem inferências, porque podemos encontrá-las em quaisquer outros conceitos, a exemplo de "prova" ou "prova de X". Mas, adverte Brandom, "o uso de qualquer conceito ou expressão envolve compromissos com uma inferência a partir de seus fundamentos às consequências de sua aplicação", o que no caso da prova implica as possibilidades de condenação de alguém, em alguns países uma condenação de morte. E Brandom parece ter consciência disso, ao suscitar casos históricos que para o jurista se tornaram paradigmas de autoritarismo como o "inimigo do povo" no regime nazista. É por isso, certamente, que Brandom insiste na necessidade de uma explicitação dos compromissos inferenciais implícitos em qualquer enunciado, para que se tragam à tona da discussão o conceito suposto, tornando-o "suscetível de crítica e necessitado de justificação" (2013, p. 86). É o que, igualmente, espera-se das provas de crimes, apresentadas e discutidas em processo penal como instituição jurídica pública, embora nem sempre seja possível chegar ao que Brandom chama de "teoria da harmonia" em questão de provas, apesar de ele recorrer à atividade de juízes para dar um exemplo.

Ele acredita seriamente que, se tiver algum sentido falar de uma teoria da harmonia, ela "deve assumir a forma de uma investigação do processo elucidativo contínuo, do «método socrático» de descobrir e ajustar conceitos discordantes, o único que dá conteúdo à noção de harmonia" (2013, p. 91). Brandom compara essa possibilidade à prática jurisprudencial de juízes que sintetizam princípios com base em práticas anteriores, conforme encontramos no direito consuetudinário – portanto, no sistema de *commom law*, próprio dos países de tradição jurídica anglo-saxônica – cuja principal consequência, ao explicitar as razões inicialmente implícitas, será "ter autoridade reguladora para a prática consequente". Contudo, mesmo no sistema de *civil law*, próprio dos países de tradição jurídica romana como o Brasil, cujos juízes decidem com base em legislação positivada previamente, parece-nos que em matéria de provas do crime, podemos imaginar uma prática similar ao modelo sugerido por Robert Brandom. A considerar que, em muitos casos processuais penais, mesmo não tendo conceitos prévios acerca do que possa ser considerado prova, precisamos discutir os sinais em questão pedindo e dando as razões probatórias, bem como levar a sério o compromisso inferencial de que essas razões se prestam a condenar não apenas a pessoa em questão, mas qualquer outra que pudesse estar em situação similar e venha a estar em casos futuros É isso que, em termos jurídicos, o direito processual espera obter com os princípios de igualdade e sobretudo imparcialidade dos juízes mas estes por si não nos oferecem garantia que os juízes vão proceder segundo essa razão elucidatória, assumindo compromissos inferenciais.

6. COMPROMISSOS IDEOLÓGICOS

Ao chegar nesse ponto de discussão, tendo em conta todas as questões que enfrentamos acerca do significado – em torno das noções de referência, ideia, proposição e argumentos, bem como de seus usos em contextos pragmáticos – parece-nos ser irremediável concluir com a noção de "significado como unidade cultural" sugerida por Umberto Eco (2014, p. 56). Essa concepção parece ter uma força congregante de muitas ideias acerca do significado, e diremos por que pensamos que ela é uma boa forma de termos tudo em mente, sem abrir mãos do que as demais concepções têm a dizer-nos. Ao final, ela nos permite dizer que o significado somente é possível no quadro de alguma ideologia com que se compromete o falante, no caso das provas, o sujeito processual. Em outros termos, igualmente esclarecedores, podemos dizer que os significados são objetos abstratos da cultura, como o sustenta Luiz Henrique de Araújo Dutra (2021c, p. 16).

Assim como o termo "asrs" – segundo exemplo de Umberto Eco – tinha um significado distinto de como o entendemos atualmente, podemos dizer que dois depoimentos concordantes de testemunhas no sistema medieval de provas (Ferrajoli, 2002, p. 108) não tinham o mesmo significado probatório que atualmente lhe atribuímos no processo penal contemporâneo em razão da cultura distinta de cada época. E se quisermos ir mais longe, podemos dizer que sobreviver ileso a uma prova corporal não terá atualmente para nós sequer qualquer significado probatório como supõem os relatos das ordálias no antigo direito germânico (Foucault, 2013, p. 63). O que explica essas diferenças é precisamente o que alimenta nossos conceitos, proposições e argumentos acerca das provas que podemos identificar como o conjunto de elementos culturais chamados de ideologia. Poderíamos dizer, segundo a terminologia de J. R. Searle (2002b, p. 198), que temos no caso um *background* – "um conjunto de capacidades mentais não-representacionais que permite a ocorrência de toda representação" –, mas pensamos que podemos considerar isso em termos do que Karl Mannheim (1982, p. 82) chama de ideologia – ampliando aquilo que no marxismo considera um particularismo de grupos – para explicá-la em genericamente como mentalidade de uma época, incluindo o aparato conceitual de opositores que disputam uma questão qualquer, "tentando compreender estes conceitos como decorrentes da vida coletiva de que o opositor partilha", a exemplo da oposição entre acusação e defesa no âmbito do processo penal. É claro que, inevitavelmente, ficando ainda com o exemplo do processo penal, os sujeitos processuais também podem se ver influenciados por uma ideologia de classe ao tratarem das provas do crime, deixando-se influenciar também por interesses e valores, que geralmente se encontram nas diversas teorias jurídicas do delito alimentada por uma ideologia punitiva, mas mesmo nesses casos, precisarão tratá-la de uma forma racional que não se mostre estranha à ideologia científica do conhecimento que se espera das pessoas nas sociedades ocidentais atualmente. Ao considerar, assim, a racionalidade científica em termos ideológicos, fazemos naquele sentido que a reconhece Paul Feyerabend (2011, p. 123), ao dizer que "a ciência é uma ideologia entre muitas outras", mas não chegamos ao ponto de considerar que ela "deve ser separada do Estado exatamente como a religião hoje está", justamente porque em matéria de prova do crime, pensamos que, mesmo sendo considerada uma ideologia, ainda nos parece ser a melhor ideologia com que os sujeitos processuais, como representantes do Estado, podem enfrentar questões relativas a provas do crime. Desde, é claro, que os sujeitos processuais estejam dispostos a considerá-la seriamente, no contexto de sua prática jurídica, naquele sentido que Robert Brandom defende ser necessário ao falar da racionalidade elucidatória, tendo em conta as circunstâncias e as consequências práticas de suas conclusões acerca das provas do crime.

Assim, apesar das fragilidades que se encontram em todas concepções acerca do significado, parece realmente que todas elas tem algo a oferecer nesse empreendimento processual probatório, desde a concepção referencial, que não nos deixa perder de vista que estamos sempre nos referindo a um crime como objeto, até as práticas processuais relativas aos usos, suas circunstâncias e consequências, mas sem deixar de lado aquilo que necessariamente nos parece compor o significado probatório, os conceitos envolvidos em proposições, mas sobretudo expresso em argumentos que esperamos encontrar nas motivações das sentenças penais e devemos sempre reivindicar se não estiverem explícitos. Afinal, somente assim podemos arbitrar acerca do que nos interessa em todo esse empreendimento, se há nisso tudo alguma *verdade*. Mas disso, trataremos no próximo capítulo.

6. A VERDADE PROBATÓRIA DOS SIGNOS

> "Verdade e falsidade dependem de uma relação entre a significância da sentença e algo que não corresponde nem a palavras nem a imagens, a não ser que a sentença seja sobre palavras ou imagens"
>
> (B. Russell, *Significado e Verdade*)

1. AO DIZERMOS "HÁ PROVAS DE QUE X", O QUE SUPOMOS?

A finalidade do processo penal é – entre outras que se reconhecem no direito – obter uma decisão acerca da ocorrência de um crime, bem como da sua autoria. As provas, nesse sentido, têm relevância processual porque permitem justificar a crença dos sujeitos processuais de que há ou não algum crime praticado por alguma pessoa a quem se possa imputar a responsabilidade penal, aplicando-lhe uma pena prevista em lei. Supondo que possamos sintetizar essa crença na conclusão final do processo penal, pode-se dizer que "há provas de que X" ou que "S prova que X" (S*pq*X) – em que *S* é algum sinal probatório, *X* quer dizer que "A cometeu um ato Y" e *Y* quer dizer "alguma situação histórica prevista no tipo de crime da lei penal". Esse relato compreensível a juristas, bem com a filósofos, pode sugerir que não precisamos de qualquer referência ao termo "verdade" – como o supõem certas teorias da redundância em filosofia ou certas concepções práticas do processo penal preocupadas com outro tipo de problemas jurídicos, a exemplo da justiça da decisão penal.

Considerando, contudo, que não podemos falar de justiça sem alguma verdade (Laudan, 2013, p. 23; Taruffo, 2011, pp. 62-71; Ferrajoli, 2002, pp. 31-33), parece-nos que esta se encontra pressuposta nos enunciados probatórios documentados nos atos processuais, ainda que não encontremos a ocorrência da palavra "verdade" em qualquer documento. Devemos, portanto, supor que, ao dizermos que "há provas que X", apenas o dizemos como justificação de alguma verdade acerca da crença que temos sobre X, bem como sobre Y, ainda que não o digamos expressamente nas asserções públicas. Mas embora possamos enfatizar a verdade das crenças, segundo uma intencionalidade mental – o que permanece sendo um recurso de apoio explicativo de que nos vamos utilizar ao final –, há bons motivos para considerarmos, inicialmente, a verdade dos diversos enunciados processuais documentados, por razões que esperamos deixar mais claras na discussão que faremos ao tratar do problema dos portadores de verdade no processo penal.

Apenas após explicar essa decisão preliminar, pretendemos explorar algumas das principais teorias da verdade que dominaram as discussões no último século, buscando evidenciar o que nelas nos aproveita a uma melhor discussão acerca do que pode interessar à verdade no processo penal. Acreditamos que assim orientada a discussão, além de atender a expectativas específicas do contexto processual, podemos efetivamente obter uma melhor compreensão de certas teorias – a exemplo especialmente da concepção semântica de Tarski – cuja confusão com a concepção correspondencial precisa efetivamente ser afastada no meio jurídico. Sobretudo porque nesse âmbito de discussão há uma distinção fundamental ao processo penal entre *quaestio facti* (QF) e *quaestio iuri* (QI) que Luigi Ferrajoli tem considerado como verdade fática e verdade jurídica, ambas supostas em conclusões do tipo "hás provas que X", em que *X* é uma *QF* e *Y*, uma *QI*. Doravante, portanto, pretendemos usar essa notação aqui pressuposta.

Ao final – tendo essa distinção em consideração, bem como outras entre definição e critérios de verdade, além de especialmente a distinção semiótica entre as dimensões semântica, sintática e pragmática – esperamos poder concluir, dando conta da diversidade de teorias, em um relato unificador que ainda possa fazer sentido ao jurista em sua prática processual. Nesse ponto, iremos assumir deliberadamente a proposta de uma pragmática da investigação – como encontramos bem detalhadamente na epistemologia de Luiz Henrique de Araújo Dutra (2022) –, por considerarmos que seu relato corresponde precisamente ao tipo de questões com que o jurista se depara na prática, oferecendo-nos algumas boas razões para reafirmar o papel instrumental da verdade em empreendimentos cognitivos institucionais como o processo penal – mas lhe acrescendo um relato intencional complementar que nos ajuda a compreender outras perspectivas da verdade.

Ademais, ao longo de nossa discussão, assumiremos a concepção de Dutra acerca da verdade como acordo, por considerar que ela efetivamente nos permite lidar com a diversidade de questões que a verdade no processo penal exige, bem como assimilar aspectos relevantes das demais teorias conforme seja o caso. Ao final, tendo essa concepção em conta, esperamos deixar evidente que, além de todas as coisas que se podem colocar de acordo na discussão da verdade no processo penal, em última instância podemos observar que o acordo se estabelece entre o objeto e o interpretante da prova, considerados como relação de referência e relação de significado, que pressupomos em uma consideração semiótica da prova como signo do crime. É nesse sentido que podemos falar de uma verdade probatória dos signos.

2. OS PORTADORES DE VERDADE NO PROCESSO PENAL

As diversas teorias da verdade se distinguem inicialmente – entre outros pontos que serão evidenciados – pelo portador de verdade que escolhem para discutir o que consideram relevante. A escolha não é arbitrária e sem consequências, porque carrega consigo toda uma tradição filosófica de campo. Assim, encontramos entre os mais recorrentes portadores os enunciados, as sentenças, as proposições e as crenças (Dutra, 2022, p. 94-114; Kirkham, 2003, p. 67-109; Haack, 2002, p. 178). Sem abrir mãos das relações possíveis que existem entre os vários portadores, que nos podem auxiliar na discussão geral da verdade no processo penal, por várias razões que iremos evidenciar, optamos por considerar como ponto de partida os enunciados[31].

[31] Essa também é a opção que se encontra em Jordi Ferrer Beltran (2017, p. 21-58), ao falar dos enunciados probatórios na sua discussão sobre prova e verdade no direito. Ao falar do problema da verdade processual, Luigi Ferrajoli (2002, p. 38-57) se refere mais frequentemente a"proposições" de uma sentença, mas às vezes fala de "decisões" no que nos parece supor também as sentenças penais como "enunciados".

A primeira razão decorre de serem os enunciados aquilo que mais imediatamente o jurista reconhece como um portador de fácil assimilação, a considerar o exemplo das sentenças penais como as iremos detalhar melhor. A segunda razão decorre de essa ser a escolha que se encontra na filosofia da linguagem cujas bases teóricas nos parecem atender bem ao que interessa à discussão da verdade no processo penal, considerado na prática de seus atos documentados, o que nos aproxima mais da dimensão pragmática da questão. Ademais, a considerar que tem sido comum recorrer à teoria dos atos de fala para discutir a intencionalidade de estados mentais (Searle, 2002b), essa perspectiva nos permite também considerar as crenças pressupostas nos enunciados, bem como uma discussão acerca da intencionalidade presente nos dois momentos, o que nos será relevante ao final da discussão.

Os enunciados – mesmo havendo uma crença suposta naquilo que enunciamos – são eventos públicos de proferimento de uma sentença qualquer que se pode repetir em vários outros enunciados. Em outras palavras, como sintetiza Luiz Henrique de Araújo Dutra (2022, p. 111), pode-se dizer que "um enunciado é o uso de uma sentença em determinada circunstância". Assim, a sentença penal proferida pelo juiz, em sua parte dispositiva acerca do crime – a considerar que possui outras partes como relatório e motivação, além da aplicação da pena –, poderá repetir a mesma sentença linguística que se encontrava na denúncia inicial do órgão de acusação, bem como esta poderá repetir a mesma sentença linguística contida no ato de indiciamento do inquérito, mas pode se expressar com outra sentença linguística não necessariamente igual, embora ainda possam todos os enunciados processuais – indiciamento, denúncia e sentença penal – ter a mesma proposição básica que "S*pq*X", na qual todos os sujeitos creem ser verdadeira. Há, portanto, uma relação de continuidade entre enunciados e sentenças, proposições e crenças, mas escolhemos os enunciados porque, ao assumirmos as provas como signos pressupostos nos atos processuais, os enunciados são os portadores que mais diretamente se podem assemelhar aos signos probatórios como signos linguísticos de segunda ordem, tendo em conta a noção peirceana de sequência ilimitada de interpretantes (Peirce, 2017b). Há, contudo, nesse reconhecimento, apesar das vantagens de transferir a abordagem semiótica das provas para os atos processuais documentados, uma objeção séria a que coisas possam ser portadores de verdade. Afinal, como já se suscitou, é problemático considerar que coisas físicas possam ser portadores de verdade, mas essas objeções se encontram já na consideração das sentenças linguísticas antes e independentemente de terem sido enunciadas em determinada circunstância.

A considerar que uma sentença é uma sequência de símbolos de uma língua, ao reconhecê-la como portador de verdade, isso nos levaria a dizer que a verdade existe como algo que ocorre entre dois objetos físicos, criando o que, embora sustentável, seria uma "metafísica esdrúxula" na avaliação de Dutra (2022, p. 108). Essa é uma posição que Richard L. Kirkham (2003, p. 91) chega a suscitar como possível, em "uma atitude tolerante a respeito dos portadores de verdade", mas não gostaríamos de trazer toda essa carga metafísica para o âmbito do processo penal, embora saibamos que alguns compromissos metafísicos sejam sempre inevitáveis em uma discussão acerca da verdade. O melhor, portanto, nos parece ser considerar que, como espécie de signo – uma sentença, assim como um enunciado – pode-se analisar segundo uma estrutura semiótica (Peirce, 2017b), na qual além do meio físico com que se apresenta, supomos que ele se refere a algum objeto, tendo em conta um significado do interpretante, no qual encontramos, entre outras possibilidades, as proposições. Assim, portanto, torna-se incontornável supor alguma metafísica, mas a supomos expressamente com base na filosofia da mente, na qual se discutem os estados mentais em termos de intencionalidade, em que se supõe um conteúdo da representação, conforme um modo psicológico (Searle, 2002b). Essa é uma saída possível aventada por Dutra (2002, p. 113), que aceitaremos para discutir o problema da verdade, mesmo tendo em conta os enunciados probatórios.

A sentença penal – entre os diversos atos processuais que podemos assimilar como enunciados – é o nosso enunciado probatório mais exemplar, com o qual podemos mais facilmente discutir as questões relativas à verdade[32]. Embora também se possam assimilar como enunciados probatórias as denúncias dos órgãos oficiais de acusação – bem como os atos de indiciamento, laudos periciais e relatórios de inquérito dos delegados – é na sentença penal que uma série completa de investigação se conclui e estabiliza a ponto de poder acrescer uma decisão sobre a pena decorrente da responsabilidade penal reconhecida processualmente. Antes disso, todos os demais atos

[32] Para que não se faça nenhuma confusão, tenha-se em conta que a "sentença penal" – assumida como enunciado – é um texto que contém várias outras sentenças, em sentido gramatical do termo, quer dizer, várias frases ou orações.

carregam alguma crença verdadeira que se expressa nos enunciados parciais, mas nenhum ainda pode ser considerado como conclusivo acerca da verdade probatória dos signos discutida em todo o processo penal. É certo que, ainda após a sentença penal, pode-se ter um recurso que leva a sentença penal a uma rediscussão da verdade reconhecida, chegando a um novo enunciado probatório, mas isso apenas reforça o procedimento legal de averiguação da verdade inicialmente estabelecida, ainda que ao final a sentença penal venha a ser reformada pelo último enunciado probatório do processo: o acórdão dos tribunais, que nada mais é que uma sentença penal de segundo grau.

Ademais, embora possamos reconhecer nos atos de indiciamento e de denúncia – mas não nos laudos e outros informes de agentes da autoridade policial – um esboço daquilo que vai constar na sentença penal, é nesta que podemos observar mais claramente a discussão sobre a *quaestio facti* (QF) e a *quaestio iuri* (QI), que nos permitem entender duas espécies de verdade na decisão final do processo. A respeito dessas duas questões, que teremos sempre em conta nas discussões que se seguem, assumimos a distinção feita por Luigi Ferrajoli (2002, p. 41), no sentido de que um enunciado probatório se constitui de duas sentenças – uma que se refere à asserção de que "A cometeu um fato X" (*QF*), na qual temos uma questão de verdade fática; outra que se refere à asserção de que "X está definido como crime Y" (*QI*), na qual temos uma questão de verdade jurídica. Essa nos parece ser uma distinção necessária a fazer, embora Ferrajoli se refira às proposições – não a sentenças contidas em enunciado como sugerimos – e o faça supostamente com base na teoria semântica de Alfred Tarski, segundo uma errônea interpretação correspondencial que esperamos deixar evidente nas discussões que se seguem.

3. A VERDADE COMO CORRESPONDÊNCIA: UMA INTUIÇÃO PRIMÁRIA

A correspondência é geralmente aceita como a noção que melhor atende a uma intuição primária dos juristas, embora permaneça sendo questionada por várias razões que esperamos deixar evidente, tendo em conta o que ela nos exige no âmbito de uma discussão acerca da verdade probatória em processo penal. A começar pelas diversas formas de compreender a correspondência – a exemplo das duas mais proeminentes teorias que a associam à noção de congruência ou à noção de correlação – é necessário decidir o que corresponde a que, quando falamos em verdade processual. Inicialmente, convém termos em conta as diversas questões (fática e jurídica) com que os juristas costumam se debater processualmente, para percebermos que não se trata apenas de fatos, e mesmo quando tratamos apenas destes, não os podemos alcançar diretamente, tendo em conta que o crime não se encontra presente, mas apenas como objeto de representação das provas que se apresentam. Assim, quando o jurista se pergunta se há alguma verdade no âmbito do processo penal, embora não queira discutir a verdade que se diz acerca das provas, mas a que se diz acerca dos crimes, dificilmente poderá evitar esse tipo de questão preliminar. Seria algo como perguntar se é verdadeiro o que se diz acerca dos sinais probatórios, se eles têm aptidão probatória para permitir afirmar o que se diz acerca do crime. Trata-se de questões pressupostas em uma perspectiva mentalista, na qual supomos haver alguma crença dos sujeitos processuais em que certos sinais lhes permitem alguma asserção acerca dos fatos em enunciados probatórios documentados, nos quais há também uma asserção acerca da questão jurídica: que aqueles fatos são crimes segundo uma tipicidade legal. São essas questões preliminares que precisamos ter em conta na análise das concepções teóricas acerca da correspondência.

Correspondência como congruência com os fatos

A teoria da correspondência de Bertrand Russell se sustenta na noção geométrica de *congruência*. Ele considera que as crenças – inicialmente, mas depois fala em proposições – são verdadeiras porque correspondem a fatos. Veremos por que razões sua concepção é criticada, mas convém ter antes em conta como sua teoria se comporta no processo penal, porque ela parece atender àquilo que intuitivamente os sujeitos processuais compreendem como verdade. A considerar, contudo, que nos interessam os enunciados, estes seriam verdadeiros porque contêm proposições que correspondem aos fatos do crime, ou antes porque as crenças dos sujeitos processuais, que lhe permitiram enunciar um ato processual, correspondem aos fatos do crime. Há muitas questões práticas que se podem opor a essa concepção – sobretudo em razão de o suposto fato no caso não estar disponível, mas apenas suas provas, além de a mera crença apenas atender a expectativas do sujeito que crê, não nos demais sujeitos processuais – contudo, iremos nos deter nas questões problemáticas à filosofia, por serem elas pressupostos das demais. E, nesse sentido, a objeção principal tem sido o suposto isomorfismo da teoria: afinal, como pode haver correspondência entre coisas tão diferentes, como fatos e crenças ou proposições? (Dutra, 2022, p. 23; Haack, 2003, p. 133).

A primeira concepção teórica de Russell se encontra em um ensaio filosófico de 1910, aceca da "natureza da verdade e da falsidade", no qual inicialmente parece tratar tanto de enunciados, quanto de proposições, embora acabe por enfatizar as crenças consideradas como juízos, como aquilo que se encontra na mente, fazendo disso depender a verdade do enunciado como "noção derivada da verdade das crenças" (1978c, p. 152). E, nesse sentido, Russell afirma algo que nos parece relevante, ao considerar que "não pode existir nenhuma verdade ou falsidade a menos que existam mentes para julgar" – essa é uma condição primária, porque exige necessariamente ter em conta os sujeitos processuais com suas crenças, a considerarem algo como verdadeiro. Mas isso, conquanto necessário, não é suficiente, afinal, "não obstante, é evidente também que a verdade e a falsidade não dependem de modo algum da pessoa que julga, mas unicamente dos fatos acerca dos quais julga" (197c, p. 153). A verdade, nesse sentido, tem o que ele chama de "base objetiva". Partindo, assim, dessa dualidade entre mente e fatos, Russell avança para suscitar diversos atos cognitivos – como acreditar, duvidar, descreditar, apreender, perceber e imaginar, que podemos supor também nos sujeitos processuais – para ressaltar que a mente tem objetos diferentes de si própria ao fazer juízos, concluindo que estes consistem de "relações da mente com os objetos". Esse breve relato parece antecipar aquele que posteriormente J. R. Searle (2002b) desenvolve acerca da intencionalidade dos estados mentais, embora neste se encontre uma distinção interna (entre conteúdo representativo e modo psicológico) não considerada claramente por Russell, mas que nos parece ser uma forma de abordagem que levaremos em conta ao final desse capítulo. Antes, contudo, precisamos compreender as objeções feitas a esta concepção de Russell, bem como as concepções alternativas que nos podem ajudar a obter mais argumentos.

A principal objeção se encontra no seu suposto isomorfismo de estruturas entre as crenças e os fatos, fundada em seu atomismo lógico que se vai tornar mais explicito quando opta por enfatizar as proposições como portadores (Russell, 1978b, p. 55), voltando a afirmar que um fato é "a espécie de coisas que torna verdadeira ou falsa uma proposição". Nessa nova consideração, Russell se empenha em explicar o fato como algo que exige uma sentença inteira para se expressar, não apenas como coisas que podemos nomear – seria algo como o que nos interessa numa sentença penal, ao enunciar que "X matou Y". A ideia de Russell, nesse sentido, focado na proposição como algo que pode ser verdadeira ou falsa, não se confunde com os nomes de coisas que damos independente da discussão sobre a verdade. Isso parece fazer sentido, se entendermos que não queremos saber no processo penal a verdade sobre o nome que damos à palavra "matar", já que apenas a supomos na sentença completa. Mas este exemplo nos suscita um problema probatório porque podemos questionar se o ato atribuído a *X* pode inicialmente ser considerado um ato de matar no sentido que se supõe no tipo penal. Há, portanto, não apenas na proposição completa, mas antes no conceito suposto ao ato, bem como se "alguém" no tipo pode corresponder a *Y* no enunciado, mas isso apenas nos adverte que não são apenas proposições e enunciados, mas muitas outras coisas se podem dizer verdadeiras, como o veremos. Contudo, em qualquer caso, a noção de congruência precisa ser discutida, afinal como podemos obter alguma qualquer congruência entre proposições – ou qualquer outro portador – e fato, a considerar a diferença ontológica entre essas entidades? Aqui, podemos ver que, por mais que Russel se esforce por oferecer um exemplo simples como descrever "a faca está à esquerda do livro" (1987c, p. 157-158) – o que está longe do tipo de sentença que requer um enunciado probatório processual – mesmo este exemplo já nos demonstra que precisamos de mais intervenientes teóricos para permitir concluir por alguma crença verdadeira.

A concepção teórica de Russel, assim, parecerá atraente aos juristas inicialmente porque satisfaz a expectativas imediatas com que podemos entender a questão da verdade dos enunciados probatórios em atos processuais como a sentença penal. Contudo, ao discutir alguns problemas mais salientes de sua concepção, podemos perceber alguns inconvenientes, a respeito dos quais algumas outras concepções teóricas têm algo a dizer de uma forma mais sofisticada, mas ainda considerando a verdade como correspondência. Uma primeira objeção séria diz respeito ao grau de correspondência que se pode obter entre fatos e crenças ou proposições, a considerar que nunca podemos alcançar uma verdade completa acerca das coisas. Uma segunda objeção diz respeito a que tipo de correspondência efetivamente podemos ter, a considerar que a noção de congruência parece não corresponder efetivamente ao que existe entre crenças e fatos. É dessas duas questões que nos ocupamos a seguir.

Correspondência como ideal de que nos podemos aproximar

A noção de verdade aproximada sustenta por Richard Boyd (1983) parece ser uma resposta possível à primeira objeção. Ela parece atender a uma atitude falibilista que também encontramos em Karl Popper (2006), ao falar de correspondência como ideal do qual nos podemos aproximar, ideia que pareceu a Luigi Ferrajoli (2002) no âmbito do direito promissora para explicar uma antiga querela entre verdade material e verdade formal, que nos interessa entender melhor. Antes, contudo, convém antecipar algum crédito ao próprio Russell, porque nele já encontramos algo que parece reconhecer essa aproximação.

Logo no início de sua filosofia do atomismo lógico, Russell (1978b, p. 54) tinha advertido que, ao falar de "dados inegáveis" não pretendia considerá-los em termo de "dados verdadeiros", porque "inegável" aí estaria como um termo psicológico, ao passo que verdadeiro, não. Ele considera que, mesmo ao falar de "dados inegáveis", deveríamos admitir algo como "um tanto quanto vagos e ambíguos", e que o processo de filosofar envolve justamente passar desse vago até algo mais preciso e claro. Assim, ressalta ele: "as coisas que chegamos a assumir como premissas em qualquer tipo de trabalho de análise são as coisas que *nos* parecem inegáveis". Russell está, nesse sentido, ciente de que não podemos obter uma proposição completamente correspondente aos fatos, embora não o tenha dito expressamente como encontramos em Boyd e iremos encontrar em Popper, mas uma advertência sua é indicativa disso, ao dizer que: "o desejo de segurança perfeita é uma daquelas armadilhas em que sempre estamos caindo, e é tão insustentável no meio do conhecimento quanto qualquer outra coisa".

A ideia de verdade aproximativa também parece estar presente na noção de correspondência como ideal do qual nos podemos mais ou menos, mas nunca completamente, nos aproximar, o que Karl Popper (2006, p. 293ss) trata como uma questão de verossimilhança. Ao partir ainda do que considera uma "teoria da verdade objetiva", explicando-a em termos de "correspondência com os fatos" – no que, portanto, ainda está muito próximo do que Russell defendia –, Popper estava interessado, contudo, em discutir especialmente a verdade das teorias científicas, para o que ele apresentou a ideia de que devemos escolher entre duas teorias concorrentes aquela que apresente maior verossimilhança em relação à verdade. Há muitos problemas que se encontram na concepção de Popper – especialmente quanto à interpretação que confere à teoria semântica de Tarski, como iremos evidenciar oportunamente –, mas de imediato gostaríamos de tornar evidente sua concepção de verdade como correspondência, tendo em conta sua ideia de que, "apesar de não sabermos quão perto, ou quão longe, estamos da verdade, nós podemos – e frequentemente conseguimos *aproximar-nos cada vez mais da verdade*" (Popper, 2006, p. 314). Está aí já o embrião daquilo que depois Richard Boyd desenvolve como verdade aproximada, mas antes que possamos tratar desta, é preciso observar o quanto de problema essa concepção nos traz, sobretudo ao âmbito do processo penal, porque ela foi assumida por Luigi Ferrajoli (2002, p. 42) para explicar a disputa teórica que existe no direito entre verdade material e verdade formal.

Contudo, podemos antecipar a compreensão de seus problemas, perguntando como nos é possível escolher entre duas teorias rivais – a exemplo das posições entre acusação e defesa em um processo penal, tendo por base os mesmos sinais probatórios, cada uma com sua hipótese acerca do valor probatório – se não temos nenhum parâmetro além do que se apresenta ao juiz, por exemplo? Como já se observou acerca da teoria da verdade de Popper, sua concepção se presta apenas para comparar teorias em que alguma delas possui proeminência sobre a outra, algo como uma posição de parâmetro para considerar as demais. Afinal, se não sabemos o quão longe ou quão perto estamos da verdade, como efetivamente podemos saber que estamos nos aproximando dela? É por isso que, apesar de falar de aproximação da verdade, o mais importante na teoria de Karl Popper, e que nos parece ter seduzido Luigi Ferrajoli no âmbito do processo penal, consiste na concepção de verdade como ideal de correspondência do qual nos podemos aproximar, mas nunca igualar. E isso de fato parece oferecer algum sentido à disputa histórica entre verdade material (aquela que corresponde efetiva e completamente aos fatos do crime) e verdade formal (aquela que conseguimos alcançar aproximativamente no processo penal). Mas, assim considerada, a verdade acaba mesmo não passando de um ideal de conhecimento, como a justiça é um ideal de política, o que não nos ajuda em termos práticos no processo penal. Luigi Ferrajoli (2002, p. 42), contudo, considera que, tendo em vista uma perspectiva preliminar, "nisto reside precisamente seu valor: é um princípio regulador (ou modelo limite) na jurisdição, assim como a ideia de verdade objeto é um princípio (ou modelo limite) na ciência". É a mesma noção defendida por Popper (2006, p. 307), para quem também "não temos nenhum critério de verdade, mas somos, não obstante guiados pela ideia de verdade como princípio regulador". Com isso, contudo, parece-nos que, em lugar de nos oferecer qualquer ideia sobre a verdade, a concepção apenas nos oferece uma razão para adotarmos uma atitude comedida em relação à verdade, uma atitude preventiva contra dogmatismos que sugerem a possibilidade de chegarmos a verdade absolutas sobre as coisas, o que ao processo penal é realmente algo que tem sua importância, mas ainda não nos diz muito acerca da verdade dita aproximada, sobretudo como podemos saber que estamos mais próximos ou não, que é o tipo de questão que interessa não apenas a teorias científicas, mas também ao processo penal em que o juiz se depara com teses contrárias entre acusação e defesa.

A considerar essas questões, a concepção de Richard Boyd (1983) tem algo mais a nos dizer, recorrendo a certos recursos, a exemplo do "refinamento denotacional" entre outros, além de admitir a possiblidade de conjugar correspondência e coerência. Iremos nos dedicar inicialmente apenas ao primeiro, deixando o segundo para o momento posterior ao falar da teoria da coerência. Iniciando com um exemplo – no qual compara a mecânica newtoneana e a mecânica relativista – Boyd explica que o julgamento e escolha sempre se baseia em "concepções teóricas atuais", naquilo que entre os filósofos da ciência se reconhece como uma espécie de "*standard realist picture*" (Boyd, 1983, p. 358), o que geralmente se faz com base em uma tradição de pesquisa historicamente considerada. Esse parece ser precisamente a noção com que Karl Popper imagina a aproximação da verdade.

Contudo, na concepção de Boyd (1983, p. 364), ao falarmos de verdade aproximada, precisamos abandonar o empirismo tradicional, recorrendo a uma noção causal de referência, segundo uma concepção naturalista, para entender que "a referência de um termo é estabelecida por conexões causais entre o uso do termo e (instâncias de) seu referente". No que isso interessa especialmente, Boyd ressalta que "a referência é em si uma noção epistêmica e os tipos de conexões causais que são relevantes para referência são apenas aquelas que estão envolvidos na regulação confiável da crença". Aqui, pode-se objetar que essas teorias da referência não nos dizem tudo que precisamos saber a respeito da relação de referências – tendo em conta as discussões entre internalistas e externalistas, como ressalta Searle (2002b) –, mas no essencial a concepção de Boyd nos adverte sobre a necessidade que temos de uma teoria da referência para termos acesso epistêmico a uma discussão acerca da verdade. O mais importante é que, ao voltar ao tema da verdade aproximada, Boyd enfatiza que isso passa por um processo progressivo de refinamento denotacional da referência, no sentido de que obtemos aproximação da verdade à medida que conseguimos obter algum refinamento da referência, o que geralmente envolver aprimoramento metodológicos. Seria algo como conseguir um refinamento de termos linguísticos que encontramos na linguagem do tipo penal, excluindo certas referências aparentes que não se devem incluir na hipótese geral do tipo, e, portanto, não nos deve preocupar juridicamente. Mas isso por si nos demonstra que precisamos falar do significado dos termos que se referem, porque estes pressupõem que lhe damos um sentido probatório.

É importante, contudo, ter em mente que a concepção de Boyd se faz no âmbito de uma defesa ao realismo científico, contra o construtivismo e, portanto, contra qualquer concepção exclusivamente mental do significado, razão por que busca enfrentar a objeção até que ponto o realismo é "independente da mente", a respeito do que ele admite que somente busca enfrentar brevemente no artigo que estamos usando. Assim, Boyd não adota a postura de negar qualquer papel à mente, porque admite que

> "a adoção de teorias, paradigmas, estruturas conceituais, perspectivas – ou ter interesses, intenções, fins, etc. – de alguma forma constitui, ou contribui para a constituição dos poderes causais e as relações causais entre os objetos que os cientistas estudam no contexto dessas teorias, interesses, etc."

Ao reunir tudo em um mesmo pacote, Boyd não distingue aquilo que Searle distinguiria como background, rede de estados mentais e estados mentais específicos, nos quais encontramos os conceitos, entre outros tipos de significado, embora nos pareça que há alguma diferença. Diversamente, ele considera expressamente que esses elementos intervêm todos no estabelecimento das teorias, mas "são eles próprios fenômenos causais ..." (1983, p. 370). A diferença de perspectiva não é uma sutileza sem implicações, mas no que nos interessa ao problema da verdade, importa entender que todas essas supostas causas – que Boyd se recusa a admitir como contribuição de tipo lógico, conceitual, socialmente construtivo ou qualquer coisa semelhante – integra o problema do significado com que podemos chegar a qualquer verdade aproximativamente[33].

Boyd admite a contribuição da mente, mas apenas uma contribuição que interpreta como igualmente causal em comparação com os demais dados empíricos a respeito do que uma teoria trata. Isso fica mais claro quando Boyd, mesmo mantendo a defesa do realismo científico, admite que "as considerações evidenciais na ciência são profundamente dependentes da teoria" (983, p. 383). Ao que nos interessa no âmbito do processo penal, resumidamente, Boyd nos oferece a estrutura básica com que podemos entender a verdade como aproximação empírica, tendo em conta as noções de referência e significado, embora lhes atribua uma explicação estritamente naturalista e causal, sem conferir à mente qualquer poder distinto como costumamos encontrar em um relato intencionalista a que voltaremos ao final, depois de reunir outras concepções que nos ajudem a compreender melhor o problema da verdade. Entre essas concepções, é especialmente relevante a que Austin desenvolve com base na ideia de convenções.

Correspondência como correlação de convenções

J. R. Austin (1961) nos propõe uma outra forma de entender a verdade como correspondência, que nos é especialmente relevante ao direito, admitindo ainda que considera um enunciado verdadeiro "quando corresponde aos fatos", porque isso não lhe parece errado, embora possa parecer enganoso. Afastando crenças, sentenças e proposições como portadores de verdade, Austin se concentra nos enunciados, considerando-os como aquilo que é produzido em um evento histórico – a exemplo da sentença penal que nos interessa – cuja pronúncia é feita por um falante (no nosso caso, um sujeito processual especifico, o juiz) ou escrita (em um ato processual documentado), mas em qualquer caso "para uma audiência com referência a uma situação histórica, evento ou qualquer outra coisa" (Austin, 1961, p. 87-88). Ele ressalta, contudo, que ao dizer "enunciado", não pretende se

[33] Nesse ponto, temos em mente a interpretação que lhe confere Dutra (2022, p. 72): "ele afirma que a verdade depende do significado e, dado que este é um fenômeno natural, não apenas a noção de verdade aproximada seria então uma questão a ser tratada *a posteriori*, mas o seria também a própria noção de verdade exata".

apegar a uma palavra, podendo também falar-se em "asserção" que lhe parece funcionar na maioria das vezes da mesma forma: "Ambos têm a função de referir-se claramente ao uso histórico de uma sentença por um locutor e, portanto, precisamente não serem equivalentes a «sentença»".

Austin considera que, para podermos falar da verdade, precisamos satisfazer algumas condições – entre muitas outras, algo como um estoque de símbolos, que se possa transmitir entre um falante e uma audiência, mas também algo sobre o que falar no mundo, além de sobretudo o que lhe parece essencial – dois conjuntos de convenções (Austin, 1961, p. 89):

1) "Convenções *descritivas* correlacionando as palavras (= sentenças) com os *tipos* de situação, coisa, evento, etc., encontrados no mundo"
2) "Convenções *demonstrativas* correlacionando as palavras (= enunciados) com as situações *históricas*, etc., encontradas no mundo".

Assim, segundo sua definição de verdade – que tem os enunciados como portadores – "diz-se que um enunciado é verdadeiro quando o estado de coisas histórico ao qual ela está correlacionada pelas convenções demonstrativas (aquela a que se refere) é do tipo com o qual a sentença usada para fazê-la está correlacionada pelas convenções descritivas" (Austin, 1961, p. 90). A explicação de Austin, nesse sentido, é especialmente relevante ao processo penal. Chamando a atenção para os "fatos", ele considera problemático seu uso para situações históricas, porque o que lhe parece melhor ser dito no lugar de "fatos" seria "enunciado verdadeiro". E nos oferece um exemplo do detetive que, quando diz "vamos aos fatos", não se põe a rastejar no chão, mas se põe a proferir uma série de enunciados, até chegar ao enunciado dos fatos que lhe interessa (Austin, 1961, p. 91). Pode-se, contudo, objetar Austin, dizendo que antes de enunciar os fatos, os sujeitos processuais – sobretudo os primeiros que se deparam com a cena do crime – lidam com sinais acerca dos fatos que quer enunciar –, talvez não rastejando pelo chão como ele sugere, mas seguindo os rastros do crime – até que possam fazer um enunciado dos fatos. Mas Austin admite que "quando um enunciado é verdadeiro, há, é claro, um estado de coisas que a torna verdadeira", embora insista ser também claro – como se torna claro no processo penal –, "que só podemos descrever esse estado de coisas em palavras".

Austin considera que dizer "corresponde", nessas circunstâncias, causa muitos problemas, "porque geralmente é dado um significado muito restrito ou muito colorido, ou um que neste contexto não pode suportar" (1961, p. 92). Por isso, ele insiste na noção de *correlação* entre convenções (descritivas e demonstrativas), ressaltando que "somos absolutamente livres para designar qualquer símbolo para descrever qualquer tipo de situação, desde que seja apenas verdade". A sentença penal, nesse sentido, embora se possa enunciar em palavras de nossa língua, poderia estabelecer uma notação simbólica própria, desde que ainda tenha em conta ser compreendida pela audiência a que se destina. Com isso, Austin quer ressaltar que não temos qualquer necessidade de usar uma palavra específica que possa supostamente "espelhar" os fatos, desde que tenhamos convenções suficientemente claras acerca da correlação entre descrição e demonstração. E, ao falar de "espelhamento", embora não o diga expressamente, Austin parece estar claramente se opondo à concepção de Russell acerca da correspondência como congruência.

A recusa à noção de espelhamento das palavras com que criamos sentenças nos é especialmente relevante ao problema probatório no processo penal porque, se há algum suposto espelhamento, este poderia se encontrar apenas na relação dos sinais com o fato passado do crime – se pensamos no tipo peirceano de signos com referência ao objeto, como o ícone, e mesmo neste segundo graus distintos, mas já não em relação ao índice que supõe outro tipo de relação de referência. Ao falarmos, portanto, de símbolos, com os quais se constroem os enunciados, estamos mesmo no campo das convenções, mas é por isso que Russell acabou se voltando às proposições, como pressupostas na discussão da verdade. É preciso, nesse sentido, admitir que, mesmo ao falarmos de enunciados como proferimentos públicos de sentenças, estamos tratando de signos, que supõem não apenas a referência aos fatos, mas também um significado, que estão, portanto, em relação com os sinais probatórios. É sobretudo relevante termos em conta – pelo menos ao âmbito dos signos probatórios que podem conferir evidência aos enunciados verdadeiros do processo penal – que os enunciados somente podem ser verdadeiros por intermediação de uma discussão semiótica acerca dos sinais, seus significados e suas referências. Mas esse detalhamento não exclui a relevância do esquema convencional de Austin aplicado aos enunciados. E ele nos oferece um exemplo esclarecedor ao processo penal.

Imaginando um caso em que o *Sr. Q* escreve em um quadro de avisos que "O Sr. W é um ladrão", Austin supõe que um julgamento público é realizado para decidir se o enunciado não seria uma calúnia. Primeiramente, considera necessário saber se há um fato a considerar em substância – diz Austin, para somente depois decidir se a declaração é verdadeira. Aparentemente, reconhece Austin, as duas discussões requerem uma mesma evidência, mas conclui que não é correto pensar assim. E o jurista o pode entender facilmente, nesse caso, porque precisamos ter antes em conta a existência de uma convenção descritiva do tipo de situação ou evento que consideramos calúnia (como temos nos tipo penal de calúnia previsto nas leis), seguida de alguma convenção demonstrativa da situação histórica (o que geralmente encontramos no histórico de decisões da jurisprudência dos tribunais a reconhecer certos fatos como crime de calúnia), embora no que concerne ao direito penal brasileiro, para falarmos de calúnia tivéssemos de ter uma declaração pública mais especifica como "o Sr. W furtou o computador da sala de professores". Em todo caso, sabemos que precisamos de convenções, para podermos relacionar o fato – nesse caso uma inscrição pública em quadro de aviso – ao tipo penal. Mas precisamos entender que, ao falar de convenções, estamos a fazer uma distinção pressuposta que exige, além de uma linguagem-objeto, também uma metalinguagem – que no âmbito do direito parece se encontrar em uma teoria analítica do crime, naquilo portanto que os juristas reconhecem como "doutrina", distinta da lei e da jurisprudência – o que parece exigir algumas considerações complementares que iremos encontrar apenas na compreensão mais detalhada de uma teoria semântica da verdade.

4. AS DIMENSÕES SEMIÓTICAS DA VERDADE

Ao falar de enunciados como portadores de verdade, Austin nos permite orientar a discussão da verdade para uma perspectiva semiótica, porque os enunciados, considerados como eventos físicos históricos, se podem assimilar facilmente a signos e detalhar segundo seus elementos constituintes que C. S. Peirce (2017b) chamava de meio do signo (o enunciado), seu objeto e seu interpretante, compondo uma relação triádica fundamental. Esses elementos, portanto, se podem pressupor tanto nas sentenças do tipo "está provado que X", quanto nos sinais que chamamos de provas nessa sentença, cujo enunciado se pode compreender como um signo secundário. Trata-se aqui de compreender um postulado fundamental da semiótica, pelo qual se reconhece que um signo sempre se compõe a partir de outros signos, o que implica reconhecer que o enunciado – como signo – se compõe a partir de outros signos (Walther-Bense, 2010). Se podemos falar de uma verdade dos enunciados, nesse sentido, parece que isso decorre, portanto, porque antes supomos alguma verdade acerca da qual os sinais se apresentam como prova. E se evitamos falar de verdade dos sinais diretamente, é porque – como nos faz ver Austin – precisamos de palavras para falar de verdade, mesmo que estejamos tratando de outros signos distintos de palavras. Enfatizar, portanto, os enunciados se tornam assim uma primeira atitude mais pragmática que, contudo, esperamos complementar com um relato mais intencional ao final. É, nesse sentido, importante ter como imagem em mente que os sinais probatórios se interpõem entre o enunciado probatório e o crime passado como objeto de prova acerca do que a sentença penal pretende alguma verdade. O mais importante, contudo, é que, assim considerados os enunciados como signos, podemos igualmente pensá-los segundo aquelas relações diádicas que C. Morris (1983) buscou enfatizar ao falar de semântica, sintaxe e pragmática. Essa é uma sugestão que no direito encontramos em Luigi Ferrajoli (2002, pp. 38-72), para quem podemos falar de dimensões semióticas da verdade, para podermos assimilar mais de uma teoria, conforme a dimensão, o que nos parece ser uma ideia promissora, embora tenhamos que discordar de sua equivocada compreensão da teoria semântica de Tarski como correspondência.

A concepção semântica da verdade

As diversas teorias da correspondência – ao sugerirem a dependência de fatos ou de quaisquer estados de coisas – pretendem ser uma versão moderna da clássica versão de Aristóteles, para a qual Alfred Tarski (2007a, 2007b, 2007c) espera oferecer o que lhe parece ser a versão mais correta – uma concepção semântica da verdade. Em resposta a objeções que recebeu a sua teoria, Tarski sustenta que a sua concepção pretende ser "completamente neutra" em relação a várias questões, enfatizando que "podemos aceitar a concepção semântica da verdade sem abandonar qualquer atitude epistemológica que possamos ter tido" (2007b, p. 189-190). Essa advertência de Tarski – entre outras que enfatizaremos – certamente levou alguns pensadores a aproveitarem a concepção semântica para vários campos, a exemplo de Karl Popper (1999, pp. 294-308) na teoria da ciência e Luigi Ferrajoli (2002, pp. 40-41) na teoria do direito, embora concluindo erroneamente acerca de sua natureza correspondencial. No que se segue iremos expor sucintamente a teoria de Tarski, visando a evidenciar como ela pode ser assimilada no campo do processo penal, mas sem lhe conferir qualquer ideia correspondencial, pelas razões que esperamos deixar claras.

A concepção semântica é uma teoria complexa que envolve muitos conceitos e sobretudo condições que o próprio Tarski impõe, especialmente para limitar sua proposta ao campo das linguagens formalizadas da qual a linguagem cotidiana, como a que usamos no processo penal, dificilmente se poderá aproximar, apesar do programa proposto por Donald Davidson (1967), visando a expandi-la. A concepção de Tarski (2007b, p. 158-165) pretende apenas oferecer uma *definição da verdade* que seja *materialmente adequada e formalmente correta*, tendo em conta uma distinção necessária entre *linguagem-objeto* e *metalinguagem*, partindo de um esquema – *(T) 'X' é verdadeira se e somente se p* – no qual 'X' é o nome de uma sentença e 'p' é a sentença propriamente dita. Assim, para termos uma compreensão contextual em processo penal, poderíamos dizer que: *"A sentença penal (de fls. tal no processo de n. tal), na qual consta que 'S cometeu o fato descrito na lei penal'(X) é verdadeira se e somente 'S cometeu o fato descrito na lei penal como crime' (p)"*. Mas isso não é ainda uma definição de verdade na concepção de Tarski, é apenas um critério de adequação material com o qual espera ter algo equivalente ao seguinte: *"A sentença 'a neve é branca' é verdadeira se, e somente se, a neve é branca"*. Apesar da possibilidade de interpretar o lado esquerdo do esquema (T) como uma correspondência com fatos – como erroneamente Karl Popper (1999) faz, no que é seguindo igualmente por Luigi Ferrajoli (2002) – nada na concepção de Tarski nos permite concluir nesse sentido, afinal ele insiste que está falando de "sentenças" e "nomes de sentenças" em uma linguagem, o que se torna claro quando ele enfrenta a relação da verdade com a prova em outro estudo posterior. Ademais, a considerar o problema da verdade no processo penal, basta que pensemos nas duas questões de verdade (*QF*, *QI*) para entendermos que a concepção semântica nesse caso se pode aplicar tanto à *QF* quanto à *QI*, não havendo razão para considerá-la uma questão de correspondência com os fatos. Apenas porque Popper (2006) se interessa na concepção semântica para tratar de teorias na ciência e Ferrajoli (2002) enfatiza inicialmente a *QF*, é que eles conseguem enxergar a definição de Tarski como correspondencial. Mas bem considerada essa concepção semântica, tendo em conta os demais elementos de sua teoria, podemos entender que não é disso que se trata.

Desde a sua primeira concepção teórica, Tarski (2007a, p. 20) observava que "a extensão do conceito a ser definido depende, de maneira essencial, da linguagem particular sob consideração" – quer dizer, no que nos interessa, depende da linguagem usada do processo penal –, enfatizando, contudo, que a linguagem comum – em razão de sua universalidade, dada a propensão a traduzir qualquer outra linguagem na sua – teria dificuldade de atender a certas condições de correção formal, porque dificilmente conseguiria estabelecer uma distinção entre *linguagem-objeto* e *metalinguagem*. Sem essa distinção, portanto, que nos permite considerar a verdade da linguagem-objeto apenas na metalinguagem, não podemos alcançar uma consistência semântica, e esse é precisamente o problema da linguagem processual, embora possamos nos esforçar por fazer algum esboço assimilativo e trabalhar para alcançar o que Tarski considera uma "estrutura especificada com exatidão" (2007b, p. 170). A considerar que a linguagem-objeto é aquela "a cujo respeito se fala" e a metalinguagem, aquela na qual "falamos a respeito" da linguagem-objeto, se tivermos em conta a sentença penal como portadora de verdade, precisaríamos ter na discussão do acórdão em segunda instância uma metalinguagem que pudesse abranger a linguagem da sentença, especificando os termos em que a sentença seria considerada verdadeira. Contudo, a considerar que "a própria definição e todas as equivalências implicadas por ela devem ser formuladas na metalinguagem" (Tarski, 2007, p. 171), não vemos como isso se possa se dar sem as inconsistências da linguagem comum, o que muito constantemente podemos identificar na prática processual. É claro que podemos observar na linguagem dos enunciados probatórios alguns termos semânticos, geralmente oriundos das diversas teorias analíticas do crime, que permitem às sentenças penais arbitrarem sobre o significado de certos termos da linguagem-objeto dos tipos penais, quando consideram a interpretação devida a certas leis, mas há tanta diversidade de teorias analíticas – considerando não apenas o causalismo, o finalismo e o funcionalismo, mas mesmo nestes as diversas concepções teóricas – que dificilmente podemos pensar em alguma estabilidade metalinguística que permita uma formalização rígida nos termos que Tarski imagina. No entanto, considerando que a metalinguagem requer uma "condição de riqueza essencial" (Tarski, 2007b, p. 172), essa é precisamente a condição das teorias analíticas, o que o jurista pode reconhecer facilmente, tendo em conta a diversidade de categorias conceituais que encontramos nas discussões sobre tipicidade, antijuridicidade e culpabilidade, entre outras subcategorias que a teoria da imputação objetiva tem desenvolvido no direito penal.

Em qualquer caso, contudo, precisamos ter em conta uma ressalva importante que faz Tarski (2007c, p. 221; 1969, p. 69), ao considerar a relação entre sua definição de verdade e qualquer procedimento probatório, ressaltando que "a definição não traz consigo um critério operativo que possa decidir quando sentenças particulares dessa linguagem são verdadeiras ou falsas (e, de fato, a definição não é projetada com esse propósito)"[34]. Nesse sentido, comparado ao exemplo que Tarski nos oferece no campo da geometria – na qual "apenas uma investigação geométrica permitirá decidir qual é realmente o caso" – advertindo que observações análogas se devem considerar no domínio de qualquer outra ciência específica, também no processo penal, apenas investigações – em sentido amplo, não limitadas à fase processual de inquérito, mas no sentido de todo o contexto de descoberta do processo – podem "decidir em que casos determinada sentença é verdadeira". Tarski, portanto, insiste em que uma definição de verdade qualquer – não apenas a sua definição semântica – não proporciona nenhum critério desse gênero, mas, tendo em conta que a procura da verdade nesse sentido é precisamente o que move as ciências em particular, assim como o processo penal especificamente, "parece ser um problema importante encontrar pelo menos alguns critérios parciais de verdade e desenvolver procedimentos que permitam determinar ou negar a verdade" (Tarski, 2007c, p. 222). Assim, apenas no processo penal com seus procedimentos de investigação, nos quais obtemos provas com as quais as sentenças penais podem fazer enunciados acerca do crime, podemos estabelecer os critérios de verdade. E, nesse sentido, embora Tarski se tenha empenhado em uma definição para linguagens formalizadas, bem como tenha se dedicado a falar de prova em demonstrações de ciências dedutivas, ele admite que mesmo nesses casos, a noção de sentença verdadeira atua como "um limite ideal que nunca pode ser atingido", concluindo que "parece provável, embora por diferentes motivos, que a noção de verdade exerce um papel semelhante no domínio do conhecimento empírico" (Tarski, 2007c, p. 233).

---

[34] O texto traduzido que usamos (Tarski, 2007c) fala em "verdade e demonstração", enfatizando assim o exemplo das ciências dedutivas que é desenvolvido pelo autor, mas em consulta também ao texto original (Tarski, 1969), podemos constatar que o autor fala genericamente de "Truth and Proof", o que nos é especialmente relevante ao tema em discussão.

Essa é uma razão – entre outras encontras na concepção de Tarski – que tem motivado muitas interpretações a favor da sua utilização em campos empíricos como o processo penal, no qual Luigi Ferrajoli (2002, p. 52) – embora partindo de uma interpretação equivocada sobre a natureza correspondencial da teoria semântica – sugere que podemos admitir essa definição de verdade, em perspectiva semântica, para avançamos com critérios de verdade, tanto em dimensão sintática, quanto em dimensão pragmática. É como pensamos ser possível considerar a coerência como concepção de verdade.

A perspectiva sintática: coerência

A considerar a distinção entre definição e critérios – que inclusive Russell (1978, p. 152) já tinha em mente e encontramos atualmente bem aceita (Haack, 2002, pp. 127-129) – a noção de correspondência que algumas teorias da verdade defendem como definição parece melhor se enquadrarem como um critério de verdade – no caso, um critério para sentenças que falam de fatos, mas não para sentenças que falam de outra coisa – embora em qualquer caso, portanto, um critério entre outros que se defendem, a exemplo da coerência que no processo penal parece ter um grande apelo a ser considerado, ainda que geralmente se insista ser a correspondência uma definição da verdade (Ferrajoli, 2002, p. 40).

Um critério de verdade é, nesse sentido, aquilo que nos permite dizer se, por exemplo, uma sentença penal acerca dos fatos é verdadeira, tendo por pressuposto uma definição qualquer. Assim, enquanto uma definição nos dá apenas o significado do termo verdadeiro – ao dizer que uma sentença penal é verdadeira se, e somente se, ‘p’ – o critério de verdade precisa especificar o tipo de procedimento ou de prova com que podemos dizer que é o caso. Nesse sentido, podemos entender que o critério– no caso de uma sentença penal de crime de homicídio (“matar alguém”) – exige como prova o corpo de alguém morto (não necessariamente sua ostensão em audiência, apenas um laudo de corpo de delito), bem como prova de um ato de matar (a exemplo de uma arma de fogo com vestígios de pólvora na arma e nas mãos do condenado), o que pode ser considerado em termos de correspondência. Na prática processual penal, sabemos que há muitos outros detalhes a considerar, mesmo em termos de mera correspondência, tendo a simplificação aqui apenas o objetivo de facilitar a discussão. Podemos, assim, objetar que a mera correspondência dos sinais probatórios (mesmo considerados segundo convenções demonstrativas e descritivas) não oferecem um critério seguro de verdade, a considerar que há outros muitos sinais probatórios que precisam ser considerados sobretudo segundo alguma coerência entre eles. Esse é o tipo de problema com que a teoria da coerência parece se debater, tendo sentido em falar de perspectiva semântica porque, considerados todos os sinais probatórios de um processo penal, o que interessa é saber se eles conseguem estar todos em coerência para sustentar uma frase sentencial condenatória que sintaticamente tenha sentido.

A respeito da relação possível entre correspondência e coerência, inicialmente convém ter em mente que mesmo Richard Boyd (1983), ao defender sua concepção correspondencial de verdade aproximada, tinha considerado possível falar de uma coerência, em uma defesa do realismo científico, admitindo o que chamou de "fenômeno da coerência local", assim explicado por ele:

> "Os achados explícitos e quase explícitos da ciência comum examinados sincronicamente parecem confirmar fortemente, ainda que apenas tacitamente, as explicações particulares para a confiabilidade dos julgamentos de projetabilidade sobre os quais repousa o empreendimento explicativo do realista e eles parecem fazê-lo de uma forma que submete os julgamentos dependentes do contexto de aspectos relevantes de aproximação que eles contêm ao requisito apropriado de coerência" (Boyd, 1983, p. 281),

Mas é em Otto Neurath (1981, pp. 2-5-214) que podemos encontrar uma defesa mais explícita da coerência, ao sustentar o ideal de uma ciência unitária na qual tentamos criar "um sistema livre de contradições" composto de proposições protocolares (aceitas sem maiores discussões) e não protocolares (submetidas a discussões). Ele considera que "quando uma nova proposição nos é mostrada, nós a comparamos com o sistema disponível para nós e descobrimos se a nova proposição está ou não em contradição com o sistema" (Neurtath, 1981, p. 209). Se a proposição estiver em contradição, podemos eliminá-la ou aceitá-la, mas nesse último caso, sob a condição de alterar o sistema de tal forma que possa abarcar a nova proposição sem termos uma contradição. O importante, para Neurath, é termos em mente que "não há como tomar sentenças protocolares conclusivamente estabelecidas ou partir das ciências". Considerando o conjunto de provas de que dispõem os sujeitos processuais, se pudermos igualmente considerar o processo penal como um microssistema de pensamento, mesmo diante das provas mais persistentes que asseguram proposições desde a primeira fase, segundo a experiência acumulada na criminalística, criando uma espécie de sistema probatório, se em alguma fase processual uma proposição probatória se tornar contraditória com outras que sustentam o conjunto das provas mais consistentes, será necessário ou eliminá-la ou alterar o sistema. Assim, suponha-se que temos em um processo penal um corpo morto e tudo mais que nos permite considerar que houve um homicídio por arma de fogo, incluindo uma arma compatível com as perfurações, marcas de pólvora no morto, na arma encontrada e nas mãos do acusado, mas ao final este consiga apresentar prova igualmente consistente – por meio de registros de imagens, uso de cartão de crédito entre outras – que demonstram que no dia do homicídio ele estava em clube de tiro, em outra cidade distante, usando outra arma que não a sua, o que explica as marcas de pólvora compatíveis com o tempo do evento criminoso.

O mais importante é que nenhuma proposição seja aceita como, no dizer de Neurath, "noli me tangere", ou seja como intocável porque supostamente atende a um critério de correspondência, segundo proposições protocolares. É dizer, em outras palavras, nenhuma proposição pode ser protocolar ao ponto de estar livre de qualquer objeção, considerada esta no conjunto de outras proposições que permitem tornar o sistema de pensamento coerente em seu conjunto. A concepção de Neurath, portanto, consiste em recusar a qualquer proposição alguma natureza primária tal que a exclua de uma possível eliminação, quando contraditória com as demais que estão em conformidade com o sistema de pensamento. No processo penal, portanto, deve-se ter em mente que, mesmo as proposições assumidas como verdadeiras desde o início da investigação, passando pela acusação e sentença penal que as confirme – se foi deixada de fora uma proposição sustentada pela defesa que, embora fortemente convincente, requer uma correção do sistema completo – não se podem salvar se forem contraditórias, em detrimento de uma coerência completa do processo. É preciso reconstruir a conclusão do enunciado, tendo em conta as diversas proposições. Assim considerado, conforme o ressalta Neurath, não se admite que algumas proposições possam ser assumidas como protocolares, é dizer, que não requeiram verificação pragmática para serem aceitas, enquanto apenas outras não protocolares sejam postas sob prova. Uma postura assim no processo penal poderia levar a aceitar apenas as proposições da acusação como protocolares, livre de discussão no conjunto do sistema do processo, apenas submetendo as proposições da defesa a verificação.

A verdade, nesse sentido, embora se possa discutir com critérios de verificação de alguma correspondência com os fatos, exige para reforçar-se alguma coerência com o sistema de conhecimento do processo penal, não conferindo, contudo, qualquer proeminência a alguma proposição, seja da acusação, seja da defesa, tampouco até mesmo ao sistema probatório que se tenha estabelecido em primeira instância, supondo que este se pode alterar para abranger a maior quantidade de proposições em um conjunto coerente de conhecimento no acórdão de segunda instância. É nesse sentido que nos parece compreensível a famosa frase de Neurath (1981, p. 206) – ao dizer que "somos como navegadores que precisam transformar seu navio no meio do mar, sem nunca poder desmontá-lo em uma doca e reconstruí-lo com os melhores materiais" – o que nos é perfeitamente compreensível no âmbito da prática do processo penal, em que nenhuma proposição protocolar é assumida em detrimento de uma ampla possibilidade de defesa sempre, pelo menos quando o objetivo seja mesmo o de assegurar uma verdade acerca do crime, não apenas de fazer do processo penal uma encenação teatral em que figuram interesses obscuros.

A perspectiva pragmática: concordâncias

As questões que se suscitam na discussão da verdade, sobretudo quando passamos a considerar seus critérios probatórios, parecem sempre inevitavelmente depender de alguma atitude pragmática que pode nos exigir uma investigação, como até mesmo Tarski em sua concepção semântica tinha advertido ao distinguir verdade e prova. E, nesse sentido, uma abordagem pragmática parece ter muito a acrescer na compreensão do problema da verdade acerca da qual a prova pretende atender a certos critérios de garantia. Ademais, algumas muitas concepções dessa perspectiva – como as que encontramos em Peirce, James e Dewey – nos permitem considerar certos aspectos da verdade que costumam não ser postos em evidência, mas que nos interessa especialmente ao âmbito do processo penal, no qual uma variedade de outros interesses realmente intervém nas discussões acerca da verdade. Mas ao final, ainda sob uma perspectiva pragmática, podemos ter um relato de como a verdade pode ser compreendida sem perder de vista aquilo que constitui o essencial da definição proposta de Tarski, se tivermos em conta a concepção de verdade como acordo, segundo a proposta pragmática de Luiz Henrique de Araújo Dutra (2022).

A começar por C. S. Peirce (2017b, p. 90), ele havia considerado que "a verdade consiste na compulsão decisiva da inteligência investigadora", o que certamente nos permite entender que assim ele considerava a verdade como finalidade da investigação, como o ressalta Dutra (2022, p. 194) em sua concepção da verdade como acordo, sustentando que a verdade é nesse sentido ineliminável de qualquer investigação, pois se trata de um elemento operativo. Isso é perfeitamente compreensível ao jurista, no campo do processo penal, mas não nos deve conduzir a uma postura dogmática que postule qualquer certeza. A respeito, em outra ocasião, Peirce havia ressaltado que "o único objeto da investigação é o estabelecimento da opinião" (2008, p. 43), porque, embora tenhamos sempre a impressão de que isso não é o suficiente, tão logo uma crença é firmemente alcançada, costumamos ficar satisfeito com nossa crença, seja esta verdadeira ou falsa – o que no processo penal parece corresponder bem a como costumam proceder os sujeitos processuais oficiais que se dedicam a investigar, denunciar e julgar crimes. Assim, embora em várias passagens de seus elementos de lógica, Peirce pareça sugerir alguma ideia de correspondência, há nele sempre uma atitude falibilista que o mantém sempre na cautela de que "o máximo que se pode sustentar é que buscamos uma crença que *pensamos* ser verdadeira". As razões para isso se tornam muito mais claras na concepção pragmática de verdade concebida por William James, para quem também a verdade se deve compreender como acordo ou concordância, enfatizando a necessidade sempre de certos atos de investigação.

Assumindo que a verdade "é uma propriedade de certas ideias nossas", James (2006, p. 112) admitia que se podia falar nesse caso de um "acordo" ou "desacordo" com a "realidade", no sentido de uma "concordância", mas não segundo qualquer ideia de cópia do pensamento, dando-nos um exemplo de um relógio de parede, acerca do qual podemos ter uma ideia muito precisa de sua aparência externa, mas somente se fossemos relojoeiros, poderíamos ter uma ideia de cópia adequada considerando seus elementos internos. Assim, adverte-nos que "onde nossas ideias não podem copiar definidamente o objeto" – a exemplo do crime objeto de prova, cuja existência passada e detalhes nos são desconhecidos – deve haver outra noção de concordância. E, nesse sentido, ele sugere que "as ideias verdadeiras são aquelas que podemos assimilar, validar, corroborar e verificar". A respeito, com maiores explicações, Luiz Henrique de Araújo Dutra (2020, p. 155) nos dirá que é o que podemos "averiguar" em uma análise pragmática da investigação, na qual podemos estabelecer o acordo entre muitas coisas, não apenas ideias e realidade, mas também hipóteses e base de dados, a exemplo do que encontramos em contextos reais de investigação como acontece no processo penal. É nesse sentido que igualmente podemos entender a advertência de James, ao recusar qualquer "relação estática inerte" da verdade com mundo, explicando que:

> "A verdade de uma ideia não é uma propriedade estagnada nessa ideia. *Acontece* ser a verdade uma ideia. Esta *torna*-se verdadeira, é *feita* verdadeira pelos acontecimentos. Sua verdade é, de fato, um evento, um processo, o processo, a saber, de verificar-se, sua *verificação. Sua validade é o processo de sua validação*" (James, 2006, p. 113)

Trata-se de um relato imediatamente compreensível pelo jurista que entende o processo penal como um procedimento no qual a verdade, inicialmente sustentada como hipótese na fase de inquérito, após as investigações preliminares do delegado que reúne uma primeira base de dados, não se estabelece em definitivo, pois continua a ser verificada por outros sujeitos processuais, em continuidade de investigações que permitem novos dados e averiguação da verdade. Esse é um relato que podemos encontrar na análise pragmática da investigação de Dutra (2020, p. 155ss) – com mais riqueza de detalhes e considerações complementares – mas que nos diz o essencial da verdade em perspectiva pragmática. É certo, por exemplo, que a cada passo desse processo, cada sujeito processual terá estabelecido seu acordo entre suas hipóteses e sua base de dados, o que poderá ser corroborado por outros sujeitos, a exemplo do órgão de acusação, mas também poderá ser refutado por outros, a exemplo da defesa. O importante é que – como ressalta James (2006, p. 113) – "a posse de pensamentos verdadeiros significa a posse de valiosos instrumentos de ação", quer dizer, apenas com base na posse do que considera verdadeiro, os sujeitos processuais agem no processo penal, dando seguimento com outras medidas que consideram necessárias, a exemplo de pedidos e decretação de medidas restritivas de direitos – como sequestro de bens ou até mesmo prisão preventiva, antes da prisão definitiva ao final. Assim, embora se possa recusar a ideia de mera utilidade da verdade

– dissociada de qualquer relação com a realidade, o que certamente não foi afirmado pelos pragmatistas –, pode-se compreender por que James (2006, p. 114) considera que "a posse da verdade, longe de ser aqui um fim em si, é somente um meio preliminar em direção a outras satisfações". Se há na verdade algum valor teórico interno, "o valor prático de ideias verdadeiras é, pois, derivado primariamente da import6ância prática de seus objetos para nós". E isso não o pode ignorar o jurista, a considerar a punição perseguida pelo processo penal como utilidade última.

William James, contudo, consente que muito constantemente procedemos com base em verdades não verificadas, pelos menos enquanto elas não se tornam problemáticas a ponto de exigirem uma verificação, mas mesmo quando o exigem, muito constantemente também nos contentamos com o conhecimento possível com que costumamos nos bastar, dando o exemplo de fatos históricos muito antigos para os quais admitimos os relatos da história como suficientes, pelo menos se eles não estão em séria disputa. Isso significa que "nossos pensamentos e crenças «passam», na medida em que nada os desafiam", o que no processo penal é muito comum entre os sujeitos processuais oficiais, que atuam no interesse do Estado, visando a obter uma punição, encontrando resistência geralmente apenas na defesa que constitui o ponto de desafio, a exigir então alguma verificação intersubjetiva. Assim, a respeito da verdade, somos também movidos por aceitações mútuas, o que James chama de "sistema de créditos", no sentido de que "você aceita minha verificação de uma coisa, eu, de outras" (2006, p. 116). Há, nesse sentido, sistemas apenas parciais de verificação, o que James explica em razão de nosso sistema de crenças, no qual outras ideias precedentes permitem o ajuste ou concordância por meio de uma verificação indireta. Mas, em qualquer caso, James ainda mantém a ideia de que, seja total ou parcialmente, seja direta ou indiretamente, um objeto qualquer apenas advém da verificação de sua significação[35], o que será enfatizado pela teoria da investigação de John Dewey. Em qualquer caso, portanto, parece-nos estarmos falando de investigação – insistimos, em um sentido amplo, que ao jurista não se deve confundir apenas com a fase preliminar de inquérito, mas abranger todo o contexto de descoberta do processo penal, desde o inquérito até a sentença penal, e mais além até se houver recurso e discussão no tribunal (Pereira, 2019, 2022).

[35] Na tradução utilizada, James (2006, p. 115) diz: "O advento do objeto é a verificação da significação".

Assim, podemos entender a ideia de *assertabilidade garantida* de John Dewey (1950, p. 139) para quem "as formas lógicas acedem ao objeto quando este está submetido à investigação controlada". A perspectiva principal de Dewey consiste em enfatizar o conhecimento como processo que se desenvolve em investigações particulares, chamando a atenção para o fato de que, antes que possamos falar de verdade como produto, temos que percorrer um caminho, no qual não apenas ideias, mas também ações devem ser consideradas. É com base nessa concepção que podemos entender o relato pragmático de Dutra (2022, p. 155), para quem "algum tipo de acordo está o tempo todo sendo feito nos processos de investigação", mas enfatizando também certos "padrões coletivos ou socialmente admitidos, regras e convenções", a exemplo do que o jurista pode reconhecer facilmente em um processo penal, devido ao conjunto de regras de procedimento e de organização do poder. Em razão desses padrões normativos, podemos reconhecer em torno da verdade muitos compromissos que conformam os sujeitos processuais ao contexto particular de investigação no qual buscam provas, mas nenhum é mais fundamental que este compromisso com a verdade. Assim, entende-se por que James (2006, p. 126) falava de uma obrigação para com a verdade, porque: "Nossa obrigação no sentido de procurar a verdade é parte de nossa obrigação de fazer o que compensa". Mas ao falar de compensação aqui, James estava a pensar nas condições de satisfação, com o que nos devemos voltar a uma perspectiva mental da verdade.

5. CONDIÇÕES DE SATISFAÇÃO, INTENCIONALIDADE E COMPROMISSO EPISTEMOLÓGICO

As discussões teóricas em torno dos enunciados, sentenças e proposições – considerados como portadores de verdade – embora nos permitam ter uma boa compreensão da verdade, parecem ficar incompletas sem percebermos o contexto pragmático em que ela desempenha um papel em investigações reais como as que encontramos no processo penal, mas também parece faltar algo se ignorarmos o que se desenvolve na mente dos sujeitos processuais em termos de intencionalidade. Como ressalta Dutra (2020, p. 196), mesmo em uma análise pragmática da investigação, tendo em conta a noção de verdade como acordo, é a intencionalidade que nos permite "dar sentido ao comportamento dos diversos investigadores" – no caso do processo penal, dos diversos sujeitos processuais. Dessa forma, portanto, "podemos considerar a investigação como um evento intencional no sentido de que ela é dirigida para um fim – a verdade, o acordo". E nesse relato intencional, vamos encontrar questões como as condições de satisfação e o significado na sua relação com a verdade.

Até mesmo Alfred Tarski (2007b, p. 174) – após apresentar sua concepção semântica da verdade, cuja estrutura complexa nos deixa efetivamente em dúvida se podemos alcançá-la em linguagens comuns como a usada em processo penal – havia considerado que "uma definição de verdade pode ser obtida, de maneira muito simples, da definição de outra noção semântica, a noção de *satisfação*". É essa simplicidade que parece ter sido bem traduzida no conceito de verdade como acordo que Luiz Henrique de Araújo Dutra nos oferece, ao tornar evidente que é apenas isso que fazemos ao colocar várias coisas em acordo – no caso uma hipótese e a base de dados – cuja noção de satisfação se encontra primeiramente na mente dos sujeitos processuais, para ficarmos em nosso exemplo. Assim, deve ser perfeitamente compreensível ao jurista que, ao tratar de coisas como crimes e provas, antes que possa fazer asserções públicas em enunciados probatórios, os sujeitos processuais, a partir de seu lugar de atuação e cada um ao seu tempo, deverão estabelecer quais condições de satisfação atendem a sua intencionalidade no contexto em que se encontram. O acordo se dá, assim, inicialmente consigo mesmo, devendo seguir em acordos que se reforçam ao longo do processo, embora, como se sabe, possa haver muitos desacordos também.

A respeito do papel da intencionalidade nesse contexto, J. R. Searle (2002b) nos oferece um bom relato, sobretudo ao espelhar a intencionalidade dos estados mentais na intencionalidade dos atos de fala, o que nos permite colocar em diálogo os diversos portadores com que cada teoria da verdade se desenvolve. Partindo do modelo de atos de fala (enunciados), Searle sugere-nos que podemos identificar a mesma estrutura de intencionalidade nos estados mentais, atribuindo a este uma primariedade da qual aqueles seriam derivados. Embora saibamos que a intencionalidade dos enunciados supõe outros elementos que não se limitam a reproduzir os estados mentais, a proposta nos ajuda a sintetizar os diversos relatos como se segue. A considerar a busca da verdade como uma forma de intencionalidade – no sentido de que a mente está dirigida ao fim de obter alguma verdade (Dutra, 2022, p. 196), podemos entender que o problema da verdade surge naqueles estados mentais (como crenças) ou nos atos de fala (como enunciados) cuja direção de ajuste se dá na direção mente/palavra-mundo (Searle, 2002b, p. 10). Assim, decorre da própria intencionalidade dos sujeitos processuais – para voltarmos ao tema de nosso interesse sobre a verdade acerca de um crime – ao terem uma crença ou fazerem algum enunciado, estabelecerem uma direção de ajuste: "As crenças, tal como os enunciados – ressalta Searle – podem ser verdadeiras ou falas, e pode-se dizer que têm uma direção de ajuste «mente-mundo»". Isso decorre porque, ao proferir um enunciado com conteúdo afirmativo – a exemplo do que faz o juiz ao final do processo com uma sentença penal – há um conteúdo proposicional, como o qual o sujeito expressa um estado intencional, e como ressalta Searle (2002b, p. 12), "esse estado intencional é a consideração de sinceridade desse tipo de ato de fala". Em outras palavras, o proferimento de um enunciado é uma expressão de um estado intencional correspondente, por isso não faz sentido que o sujeito processual enuncie 'A' e acredite em 'B', embora sempre seja possível mentir ou realizar um ato de fala sem sinceridade. Mas, como bem observado em outra ocasião por Searle (2021, p. 239), "uma afirmação necessariamente compromete o falante com a verdade da proposição, quer ele creia que a proposição é verdade, quer não". Em outros termos, deve-se enfatizar que "parte da definição de uma afirmação é ser um *compromisso* com a verdade". Assim, mesmo que o enunciado não tenha a intenção de ser verdadeiro, ao enunciá-la, supondo o compromisso com a verdade dos enunciados, a verdade se torna um padrão crítico de quem o ouve ou o lê.

É por essa razão que Searle (2002b, p. 13) insiste em que "a noção de condições de satisfação" se aplica tanto aos atos de fala, quanto aos estados mentais intencionais, sempre que podemos ter uma direção de ajuste – mesmo quando temos um caso de desejo, cujo sentido é mundo-mente – mas no caso de crenças e atos de fala, essa direção no sentido mente-mundo exige considerar seriamente um compromisso com a verdade. Assim, podemos atribuir um sucesso ou um fracasso aos enunciados, assim como às crenças, se satisfeitas as condições impostas pela direção específica do ajuste, segundo o propósito do ato de fala ou da crença, o que no caso do processo penal consiste em saber se há ou não um crime, se certa pessoa é ou não seu autor, entre outras circunstâncias que concorrem para a responsabilidade penal e seus critérios de aplicação de uma pena. Nesses termos, diz-nos Searle que "um enunciado é satisfeito se, e somente se, for verdadeiro" (2002b, p. 14); e, se quisermos voltar à correlação entre crenças e enunciados, diremos que "o ato de fala [enunciado] será satisfeito se, e somente se, o estado psicológico expresso for satisfeito e forem idênticas as condições de satisfação do ato de fato e do estado psicológico expresso". Donald Davidson (1967, p. 310) havia chegado a conclusão similar, ao interpretar a definição da verdade de Tarski em conexão com o conceito de significado, explicando que "a definição funciona dando condições necessárias e suficientes para a verdade de cada sentença, e dar condições de verdade é uma forma de dar o significado de uma sentença", embora ele tenha admitido que em sua concepção o significado possa acabar se encaminhando para o que geralmente se discute na teoria da referência. Mas essa é uma questão que também Searle enfrenta, afinal, ao falarmos de condições de satisfação em termos de verdade, subsiste a questão se elas "são intencionais ou extensionais?" (Searle, 2002b, p. 33).

É claro que, a considerar uma direção de ajuste mente-mundo como se impõe por crenças e enunciados, é no mundo que devemos buscá-las, mas Searle adverte que essa pergunta está tentando elucidar se "são intencionais ou extensionais as *especificações* das condições de satisfação", o que, portanto, depende de como sejam especificados os enunciados e as crenças. A considerar, nesse sentido, que ao falarmos de crime – como objetos culturais que, embora suponham dados da realidade, não se esgotam nesses dados, porque exigem uma atribuição de significado aos atos ilícitos, segundo o tipo da lei penal – é muito improvável que as condições de satisfação de uma sentença penal estejam na mera ostensão de dados, considerados aqui como sinais probatórios do crime, sem que lhe façamos uma especificação intencional de significados. É nesse sentido, portanto, que podemos entender Searle, ao dizer que a chave de compreensão do significado está na imposição dessas condições de satisfação: "a chave do problema do significado é perceber que, na realização do ato de fala, a mente impõe intencionalmente à expressão física do estado mental expresso, as mesmas condições de satisfação do próprio estado mental" (Searle, 2002b, p. 229). Isso parece fazer sentido no contexto do processo penal em que se fala de um crime, cuja referência se encontra no mundo, mas o significado depende daquilo que o tipo penal da lei inicialmente estabelece, antes que a sentença penal a assimile e pressuponha também no seu enunciado probatório, bem como antes que os sujeitos processuais possam ter suas crenças.

6. VERDADE E SIGNIFICAÇÃO

Ao falar da verdade, embora por diversos caminhos, tudo parece sempre nos levar a considerar os fatos – quer os consideremos como objeto, quer como relação de referência – fazendo parecer que o significado não exerce qualquer papel em sua discussão, mas ao chegar no relato intencional, podemos observar que ao falarmos da verdade em termos de condições de satisfação, essas nos encaminham ao problema do significado inevitavelmente, ainda que o possamos entender em um sentido meramente extensional. Parece-nos claro, portanto, que em todas as concepções acerca da verdade, mesmo quando não falam do significado, este é pressuposto implicitamente em algum sentido, mas há quem o considere expressamente. É com essa consideração final que gostaríamos de concluir nossa exposição acerca da verdade probatório dos signos.

A considerar que, no tema de nosso interesse, entre crenças ou enunciados e os fatos acerca do que a verdade é discutida, interpõem-se sinais aos quais atribuímos uma função probatória, dando-lhe um papel de atuar como critérios de verdade, não podemos esquecer que antes precisamos lhes atribuir um significado probatório particular, bem como assumi-lo genericamente em um sentido probatório geral, antes mesmo de qualquer uso específico. Em um relato mais claramente assimilável ao jurista, no processo penal em que se busca estabelecer uma verdade acerca do crime, sabemos que os sujeitos processuais se deparam inicialmente com sinais aos quais atribuem um significado probatório, buscando conferir um sentido que esteja de acordo com o tipo penal previsto em lei. Inicialmente, o primeiro sujeito processual que se depara com o sinal fará uma imposição intencional do mesmo significado que considera estar requerido pela lei penal, assumindo os sinais como condição de satisfação de sua crença, dando-se por satisfeito em sua "íntima convicção" – para usar aqui uma expressão que é compreensível aos juristas. Nisso, podemos dizer que há um acordo preliminar. Mas se quiser fazer um enunciado público, precisará dar conta de suas razões, motivando a crença que possui, apresentando as condições de satisfação que considera, especificando o significado que atribui aos sinais em comparação com o tipo penal. E nesse caso, não podemos dizer que as mesmas condições de satisfação sejam suficientes, porque não bastará a íntima convicção do sujeito processual, mesmo que este seja o juiz ou tribunal – é o que o direito tem chamado de íntima convicção *motivada*. Contudo, ainda que suas condições de satisfação não sejam compartilhadas, ainda que encontre oposição, terá sido o significado atribuído intencionalmente o que lhe permitiu considerar a referência ao objeto em questão, assim como proceder a averiguação se é o caso do enunciado feito acerca do crime e seu autor. É apenas a partir e com base no significado que parece ser possível inclusive proceder com a averiguação da verdade como acordo, seja inicialmente pelo sujeito processual em sua crença privada, seja publicamente entre os demais sujeitos processuais.

Nesse sentido, há um texto tardio de Russell (1966, 1978d), sobre a relação entre verdade e significado, no qual ele volta a falar das proposições como portadores de verdade, mas enfatizando que elas são os significados das sentenças. Assim, ainda que possamos falar de enunciados, sentenças ou crenças, são as proposições – mas como tipo de significado entre outros possíveis, segundo a tipologia peirceana que inclui conceitos e argumentos – que se tornam portadores de verdade. E a verdade decorre de sua relação com o objeto de referência da sentença. A passagem, embora não esteja tão clara como o supomos, parece-nos esclarecedora: "verdade e falsidade, diz Russell, dependem de uma relação entre a significância da sentença e algo que não corresponde nem a palavras nem a imagens, a não ser que a sentença seja sobre palavras ou imagens" (1966, p. 176; 1978d, p. 158)[36]. Ao evitar falar em fatos, como encontramos em seus textos mais antigos, ao falar de "algo que não corresponde nem a palavras nem a imagens", Russell parece ter em mente uma relação de referência dos signos com o objeto, seja este o que for, não o confinando ao mundo dos fatos como fazia, o que vem adequadamente a favor das duas possibilidades de verdade no processo penal, tendo em conta a *QF* e a *QI*. Assim, mesmo que estejamos falando de uma verdade jurídica decorrente do acordo entre um enunciado fático e um tipo penal, como acontece na *QI*, ainda podemos falar de uma relação obtida de duas outras relações, a de significado e a de referência.

[36] No original inglês de 1966, embora use o termo "meaning" no título (*An Inquiry into Meaning and Truth*), nessa passagem Russell usa o termo "significance": "*Truth and falsehood depend upon a relation between the significance of the sentence and something which is neither words nor images (except when the sentence is about words or images)*". Aceitamos a tradução "significância", sugerida pela versão portuguesa, mas assumindo *significance* como *meaning*, não como *significação*, porque em outras passagens Russell fala também de *signification*, e considera a "significance" como "preposição": "é esta significância que deve ser chamada de « proposição»" (Russell, 1978d, p. 159).

A título de conclusão, portanto, gostaríamos de tornar mais evidente esse reconhecimento, argumentando por fim que, embora ainda nos possamos orientar segundo uma ideia de verdade como acordo, este acordo em sua mais profunda consideração semiótica parece dar-se entre significado e referência, o que quer dizer que, tendo em conta as provas como signo do crime, estas se apresentam como evidência da verdade que se encontra seja nas crenças ou nos enunciados, seja nas sentenças, mas sempre como um resultado de uma terceira relação de duas outras supostas, a relação de referência do signo com o objeto e a relação de significado do signo com seu interpretante, no qual encontramos proposições, mas também conceitos e argumentos relacionados em tema probatório. O acordo, assim, para manter a noção de Luiz Henrique de Araújo Dutra, pode-se encontrar entre hipótese e base de dados, mas esta base de dados, considerada como sinais probatórios, supõem antes um acordo entre significado e referência acerca dos fatos que a hipótese supõe existir. Mas a verdade não se encontra aqui como uma consequência, como relação secundária de duas relações; é antes a sua busca que permite colocar significado e referência em conexão, e no que se refere ao objetivo probatório dos sinais do crime, é apenas porque antes os orientamos no sentido de uma função probatória que podemos dizer acerca deles que são evidência da verdade discutida, segundo a especificação do significado.

CONSIDERAÇÕES FINAIS
A PROVA ENTRE VERDADE E JUSTIÇA

> "A fim de bem raciocinar, a não ser num modo meramente matemático, é absolutamente necessário possuir não apenas virtudes como as da honestidade intelectual, da sinceridade e um real amor pela verdade, mas sim as concepções morais mais altas"
>
> (Peirce, C. S. *Elementos de Lógica*)

AFINAL, QUAL A RACIONALIDADE PROBATÓRIA?

O nosso estudo teve como ponto de partida o *problema probatório*, resumido numa pergunta de introdução sobre como é possível, nos diversos casos processuais penais, qualquer coisa ser assumida como prova de um crime, segundo o que consideramos uma questão de *racionalidade probatória*. Desde o início, ressaltamos que nosso objetivo consistia em tentar responder a essa pergunta, assumindo como pressuposto teórico a ideia de prova como signo do crime, com a qual pretendíamos argumentar que o estabelecimento da racionalidade probatória passa por um processo de significação.

A considerar as discussões especificas desse processo – em torno das relações de referência, de significado e de verdade – que enfrentamos nos Capítulos 4, 5 e 6, nos quais antecipamos algumas conclusões parciais, esperamos ter tornado claro o que nos parece ser o principal resultado decorrente de toda a discussão a título de conclusão geral: que, antes de qualquer processo de significação, as chamadas evidências são apenas sinais, que se podem aproveitar a muitos projetos de significação não apenas probatória, mas que do ponto de vista probatório são apenas meios dos signos que requerem ter em conta o seu objeto e seu interpretante pare serem consideradas uma unidade sígnica, como sustentamos no Capítulo 1; e que reconhecer a prova como signo do crime, nos termos do Capítulo 2, é uma concepção viável para a discussão sobre a racionalidade probatória, considerada como um processo de significação, na qual a intencionalidade exerce um papel central, como sustentamos no Capítulo 3. Não esperamos muito mais que isso.

Nesse sentido, receamos frustrar algumas expectativas geradas nos leitores, sobretudo nos juristas que pretendam obter algum modelo compulsório de raciocínio probatório no processo penal, porque nada que se possa dizer acerca das provas pode constranger os sujeitos processuais a procederem de forma diferente. E não acreditamos que transformar qualquer modelo em obrigação legal possa ser uma solução viável. No entanto, esperamos pelo menos que a compreensão detalhada das várias operações do processo de significação possa constituir ainda um modelo, que permita aos vários sujeitos processuais, bem como ao observador externo interessado, proceder com uma análise crítica do raciocínio probatório, se não para resolver em definitivo o problema, pelo menos para adquirir consciência da complexidade que o envolve, mas, sobretudo, para adquirir consciência de que para enfrentá-lo precisamos assumir alguns compromissos.

Assim, portanto, esperamos igualmente ter deixado claro o quanto de compromissos a racionalidade probatória requer que os sujeitos processuais assumam, se quiserem enfrentar seriamente o problema da significação das provas penais. O mais evidente que se reconhece imediatamente em qualquer discurso jurídico é o compromisso epistemológico com a verdade, que enfatizamos no Capítulo 6, mas há muitos outros que se requerem em um empreendimento processual sério. Durante nosso estudo, a cada passo da significação, buscamos enfatizar, ainda que apenas transversalmente, também os compromissos ontológicos e ideológicos nas discussões sobre referência e significado, nos Capítulos 4 e 5. Juntos, compromissos epistemológicas, ideológicos e ontológicos constituem um pano de fundo – que J. R. Searle (2022b) chamaria de rede de estados mentais da intencionalidade da significação –, mas há algo mais que se requer pressupor como compromissos relevantes ao problema probatório.

É desses compromissos que gostaríamos de falar a título de considerações finais que escrevemos como prelúdio para um direito probatório. Trata-se de compromissos éticos, políticos e jurídicos que geralmente se encontram supostos no padrão normativo de ação dos diversos sujeitos processuais que se dedicam ao problema probatório do crime, podendo ser sintetizado no que se chama de "devido processo penal" (Giacomolli, 2015). O argumento que queremos enfatizar, tendo em conta essa concepção, é que a racionalidade probatória não requer dos sujeitos processuais apenas compromissos com a verdade, mas também com a justiça de seus atos processuais.

COMPROMISSOS ÉTICOS, POLÍTICOS E JURÍDICOS

Aos juristas, esses compromissos talvez sejam mais imediatamente compreensíveis, se tiverem em conta o que as leis processuais pretendem proteger com as proibições de prova em processo penal (Andrade, 2013). Quando, por exemplo, a lei proíbe que se obtenham confissões com tortura, está em questão não apenas a viabilidade epistemológica do método, porque, ainda que se pudesse realmente obter alguma verdade com métodos violentos, o direito não os permite por questões éticas e políticas – eticamente, porque há um reconhecimento de dignidade da pessoa humana como princípio fundamental do direito que nos impede de torná-la um mero meio para a obtenção da verdade a qualquer custo; politicamente, porque um Estado que pretenda obter provas dessa forma dificilmente poderá alcançar alguma justiça coletiva que nos permita dizer que vivemos em uma boa sociedade ainda que se consigam punir todos os criminosos segundo as leis penais. Proibições como essas representem uma escolha entre dois valores, verdade e justiça, segundo um modelo de sociedade configurada nas limitações legislativas, que merecem ser mantidas pelo valor que tem, enquanto permanecem tendo algum valor social para a coletividade. Chamemos essas proibições de substanciais, porque se proíbem em absoluto devido ao valor protegido no caso.

Há, contudo, outra ordem de proibições probatórias meramente formais, que apenas estabelecem formas jurídicas rígidas para os métodos de obtenção da prova, a exemplo do que podemos encontrar nas buscas e apreensões, bem como nas interceptações telefônicas, cujas possibilidades exigem requerimento e autorização judicial, mas são métodos que se admitem sob certas condições. Ao deparar-se com essas limitações, ao observador externo ao direito poderá parecer que se trata imediatamente de mera formalidade dispensável, porque o método permanece o mesmo independentemente da autoridade que a permite usar juridicamente. E, nesse sentido, é sempre possível discutir, não juridicamente, mas politicamente em reformas da legislação, se essas limitações se justificam mesmo, a considerar que não protege verdadeiramente o valor de base que se encontra na inviolabilidade do domicílio ou da privacidade das pessoas. Mas qualquer consideração de possível aperfeiçoamento legislativo, deverá ter em conta se realmente não há alguma vantagem epistemológica nesse procedimento que submete o método a certos controles intersubjetivos. A formalização jurídica, assim, embora vista geralmente como "mera formalidade" até mesmo por juristas, acaba por contribuir de alguma forma como mecanismo de controle epistêmico da prova (Prado, 2014; Valente, 2020), o que poderá ter como resultado algo como aquilo que John Dewey (1950) chamaria de assertabilidade garantida por uma investigação controlada.

Os exemplos, nesse sentido, se podem multiplicar, quando temos em mente o que possivelmente as proibições probatórias pretendem proteger. Assim, os métodos legais de obtenção de provas, mesmo quando aparentemente pareçam dificultar o alcance da verdade, tem suas razões que se incorporam na racionalidade probatória do sistema jurídico-penal de um Estado, devido aos valores que a sociedade reconhece como essenciais. Há sempre algum valor de interesse ético ou político, mas não se pode descartar que também a verdade poderá ser beneficiada com controles jurídicos da prova. É claro que também há excessos de limitações, leis pouco razoáveis, desproporcionalidade entre o bem lesionado pelo crime e o bem protegido pelas proibições probatórias – o que deve permanecer no horizonte de possibilidade de alterações legislativas. Mas, no caso de qualquer alteração, é preciso ter em conta essa distinção que fizemos, entre as proibições estabelecidas no interesse de outros valores não epistêmicos e as proibições estabelecidas ainda no interesse de valores epistêmicos, porque essas parecem sempre ter uma boa razão para manterem-se e aperfeiçoarem-se, enquanto as outras exigem uma decisão ético-política. Em qualquer caso, contudo, ainda que os possamos criticar essas escolhas, em uma perspectiva inicialmente descritiva do contexto, importa entender que a prova penal é obtida por métodos que se encontram cercados por padrões normativos, o que não é exclusivo do processo penal, a considerar as descrições históricas e teóricas que encontramos aceca da atividade científica.

A respeito da ciência, por exemplo, basta pensarmos nos paradigmas, programas metodológicos e tradições de pesquisa com que alguns teóricos a descrevem. Assim, Thomas Kuhn (2009, pp. 228-234) fala de paradigmas de uma comunidade científica como compromissos de grupos, nos quais, além de generalizações simbólicas e partes metafísicas, encontramos muitos valores partilhados. Imre Lakatos (1999, pp. 54-61), por sua vez, fala de metodologia dos programas de investigação científica, nos quais temos regras de heurística positiva, mas também de heurística negativa, na qual um cinturão protetor cria um núcleo firme de irrefutabilidade. E Larry Laudan (2011), falando de tradições de pesquisa, considera que a ciência deve ser caracterizada como solução de problemas, na qual a verdade não ocupa um lugar primordial. E muitos exemplos na prática científica realmente nos permitem facilmente identificar padrões normativos que orientam a pesquisa segundo muitos valores distintos da verdade. É nesse sentido que Luiz Henrique de Araújo Dutra (2022, p. 200ss) fala do papel de regras e convenções nas atividades de investigação (em sentido amplo, a abranger toda o contexto de descoberta) que podemos encontrar também no processo penal.

CRENÇA, VERDADEIRA, JUSTIFICADA E *LEGITIMADA*: A EPISTEMOLOGIA PROCESSUAL

Há, portanto, também no processo penal, muitos padrões normativos envolvidos na obtenção da prova penal, que fazem dele um empreendimento altamente controlado juridicamente, não apenas em razão da verdade, mas também em razão da justiça, que se espera não apenas ao final da decisão. É também necessário pensar em uma justiça processual que se observe ao longo dos atos com que o processo penal se desenvolve. Assim, no dizer de Paul Ricoeur (2008, p. 78), "a verdade, ..., só encerra o percurso constitutivo de seu sentido com o socorro da justiça".

Ainda assim, contudo, podemos falar de uma racionalidade probatória, mas a epistemologia jurídica, nesse caso, dificilmente se pode compreender segundo a concepção tradicional que considera o conhecimento apenas como crença, verdadeira e justificada. Mesmo se tivermos em conta as respostas que se deram aos problemas de Edmond Gettier (1963), voltados a demonstrar que o conhecimento requer algo mais que crença verdadeira e justificada – a exemplo da sugestão de Alvin Goldmann (1967) a respeito da necessidade de um elo causal entre a justificação e a crença verdadeira, que para Jonathan Dancy (2002) seria apenas uma especificação do tipo de justificação necessária –, ainda nos parece faltar algo no âmbito jurídico. Afinal, ao pensarmos nos limites jurídicos existentes no processo penal, a justificação probatória da verdade realmente é incrementada com controles rígidos dos meios de obtenção, mas a ponto de excluir a prova apenas porque foi obtida por meios ilícitos, independentemente de seu conteúdo de verdade. Ao proceder assim, o direito processual penal realmente acresce um elemento a mais na epistemologia jurídica, porque não se trata apenas de excluir as provas em razão de sua inconsistência epistêmica. Essas provas serão excluídas por ilicitude ainda que ninguém tenha dúvidas da verdade que ela justifica. Pensemos, por exemplo, no caso de uma interceptação telefônica sem autorização judicial, apenas procedida por agentes de polícia que decidiram autonomamente fazer um "grampo". Trata-se de caso que não admite reconsideração jurídica no direito processual brasileiro, exigindo do juiz que exclua a prova por ilicitude do meio de obtenção, independentemente de sua verdade. Além disso, tudo mais que se tenha obtido como prova posterior, se viabilizada pelo conhecimento obtido no "grampo", torna-se ilícito por derivação segundo a teoria dos frutos da árvore envenenada (Armenta Deu, 2014)

Ao observador externo ao direito, novamente, esse rigor jurídico talvez pareça excessivo, sobretudo porque não leva em conta que tipo de crime está sendo investigado, não importando se é um crime simples ou algo mais grave como o terrorismo. Sabemos, é certo, que atualmente há discussões que buscam relativizar essa rigorosidade jurídica, tentando obter algum juízo de proporcionalidade que tenha em conta uma ponderação entre o tipo de crime investigado e o tipo de restrição ao direito fundamental do investigado, mas independentemente dos novos ajustes legais que alguma revisão legislativa possa obter, o que queremos enfatizar é que estamos diante de um quarto elemento que incrementa o conceito tradicional de conhecimento. Trata-se de uma questão de *legitimidade*, na qual se supõe alguma justiça na obtenção da prova, ainda que possamos discutir que tipo de justiça queremos em uma sociedade. Em todo caso, parece-nos que a epistemologia jurídica no âmbito do processo penal se desenvolve na busca de uma crença verdadeira que esteja não apenas justificada, mas também legitimada.

Não estamos a sugerir que essa concepção de conhecimento se encontre na totalidade dos empreendimentos cognitivos humanos, mas nos parece que em empreendimentos institucionais que se desenvolve em uma sociedade qualquer, há sempre alguma exigência de legitimidade mínima, o que implica requerer aos sujeitos cognitivos alguns compromissos. E esse é precisamente o caso do processo penal, no qual a obtenção de prova exige respeito não apenas a regras de procedimentos, com que se desenvolvem as investigações ao longo do processo penal, mas desde o início, também, respeito a regras de competência, que estabelecem a que sujeitos competem certos atos processuais de obtenção, de autorização, de aceitação e de valoração das provas. É o conjunto dessas regras, cujos valores de interesse oscilam entre verdade e justiça, que garantem ao final a racionalidade probatória que se espera do processo penal.

QUE DIREITO PROBATÓRIO?

Assim, portanto, voltando ao tema dos compromissos, pensamos que, antes e acima de tudo, se queremos falar de uma racionalidade probatória, levada mesmo a sério, precisamos reconhecer a necessidade de uma integridade intelectual que esteja realmente comprometida com o empreendimento processual de apenas punir alguém se tivermos prova de sua responsabilidade.

É nesse sentido que podemos entender as advertências de Susan Haack (2011, pp. 57-86) acerca das virtudes epistêmicas em matéria de prova. Ela considera que a "a integridade intelectual é uma disposição à honestidade na investigação: a fazer o melhor de si para alargar o alcance de suas evidências, a escrutinar a sua evidência com cuidado e paciência, a expandir os seus poderes imaginativos". Sem essas advertências – que se devem colocar no prefácio de qualquer direito probatório, seja este construído por leis, seja por jurisprudências – nenhuma compreensão dos procedimentos de significação com que buscamos explicar as lógicas da razão probatória estará a salvo da irracionalidade humana. Mas, a considerar os compromissos todos com que os sujeitos processuais precisam se orientar juridicamente, há muitas outras virtudes éticas a considerar. E, tanto as leis, quanto as jurisprudências, ao tratarem do direito probatório precisam levar em conta que, ao sustentarem proibições probatórias não epistêmicas, estão sempre a contribuir para um modelo de sociedade que escolhe certos valores, em detrimento da verdade.

Não queremos arbitrar em nossas considerações finais que valores merecem essa proeminência, embora nos pareçam ser sustentáveis apenas o que se postulam a título de justiça.

O mais importante é que se reconheça na racionalidade probatória, não apenas uma questão de lógica, mas também – como advertia Peirce – uma questão moral, da qual, ao final, não se pode desvincular qualquer direito probatório.

REFERÊNCIAS

Abbagnano, N. (2007) *Dicionário de filosofia*. São Paulo, Martins Fontes.

Agostinho (2002). *A doutrina cristã:* manual de exegese e formação cristã. São Paulo, Paulus, [397].

Almeida Jr., J. M. (1959). *O processo criminal brasileiro,* Volume II. Rio de Janeiro, Freitas Bastos.

Alston, W. P. (1972) *Filosofia da Linguagem.* Rio de Janeiro, Zahar [1963]

Altavilla, E. (1981). *Psicologia judiciária I:* o processo psicológico e a verdade judicial. Coimbra, Armenio Amado Editor, [1955].

Altavilla, E. (1982). *Psicologia judiciária II:* personagens do processo penal. Coimbra, Armenio Amado Editor, [1955].

Andrade, M. C. (2013) *Sobre as proibições de prova no processo penal.* Coimbra, Coimbra Editora [1992]

Armenta Deu, T. (2014). *A prova ilícita:* um estudo comparado. Madri-Barcelona--Buenos Aires-São Paulo, Marcial Pons.

Austin, J. L. (1961). Truth. *Philosophical Pappers.* Edited by J. O. Urmson and G. J. Warnock Oxford, Claredon Press, pp. 85-101 (https://archive.org/details/philosophicalpap013680mbp).

Austin, J. L. (2020). *How to do things with words.* The William James Lectures, Harvard University, edited by J. O. Urmson. Edição Kindle, Barakaldo Books, [1955].

Bacigalupo, E. (2005). *Direito Penal:* parte geral. São Paulo, Malheiros [1999]

Barthes, R. (2001) *A aventura semiológica.* São Paulo, Martins Fontes [1985]

Barthes, R. (2012) *Elementos de semiologia.* São Paulo, Cultrix [1964].

Beltran, J. F. (2017). *Prova e verdade no direito.* São Paulo, RT [2003]

Benthan, J. (1825). *Tratado de las pruebas judiciales,* Tomo I. Paris, Bossange Fréres.

Berwiick, R. C.; Chomsky, N. (2017) *Por que apenas nós?* Linguagem e evolução. São Paulo, Editora Unesp.

Biro, J.; Kotatko, P. (1995) *Frege: Sense and reference One Hundred Years Later.* Berlin, Springer Science [Edição Kindle].

Blanché, R. (2001). *História da Lógica.* Coimbra, Edições 70 [1970]

Boyd, R. (1983). Realism, approximate truth, and philosophical method. In C. Wade Savage (ed.), *Scientific Theories.* University of Minnesota Prese, pp. 355-391.

Brandão, C. (2014). *Tipicidade penal:* dos elementos da dogmática ao giro conceitual do método entimemático. 2ed. Coimbra, Almedina.

Brandom, R. B. (2013). *Articulando razões*: uma introdução ao inferencialismo. Porto Alegre, EDPUCRS [2001].

Caballero, J. F. (1993) *Teoría del delito.* Buenos Aires, Hammurabi.

Carnelutti, F. (2005). *Das provas no processo penal.* Campinas, Impactus.

Cassirer, E. (2001) *Filosofia das formas simbólicas,* I – A linguagem. São Paulo, Martins Fontes, [1923].

Castells, M. (2000). *A Era da Informação,* Volume 1: A Sociedade em Rede. Rio de Janeiro, Paz&Terrra.

Castells, M. (2003). *A galáxia Internet:* reflexões sobre a Internet, os negócios e a sociedade. Rio de Janeiro, Zahar.

Ceccaldi, P. (1988). *A criminalística.* Portugal, Europa-America.

Chomsky, N. (2018) *Que tipo de criaturas somos nós?* Petrópolis, Vozes.

Clancy, T. K. (2019) *Ciber Crime and Digital Evidence:* materials and cases. Third Edition. Durham, Carolina Academic Press.

Dancy, J. (2002) *Epistemologia contemporânea.* Lisboa, Edições70.

Davidson, D. (1967) Truth and Meaning. *Synthese,* Vol. 17, No. 3, Language in Use Including Wittgenstein's Comments on Frazer and a Symposium on Mood and Language-Games, pp. 304-323.

Deely, J. (1995) *Introduçào à Semiótica: história e doutrina.* Lisboa, Fundação Calouste Gulbenkian [1982]

Deely, J. (1990). *Semiótica básica.* São Paulo, Ática.

Dennett, D. C. (1997) *Tipos de Mentes*: rumo a uma compreensão da consciência. Rio de Janeiro, Rocco.

Dewey, J. (1950). *Lógica:* teoria de la investigación. México-Buenos Aires, Fondo de Cultura Económica [1938].

Dewey, J. (1980). *Experiência e Natureza* [Os Pensadores]. São Paulo, Victor Civita [1925].

Dewey, J. (1948). *La Experiencia e la Naturaleza.* Mexico-Buenos Aires, Fondo de Cultura Económica [1925]

Dutra, L. H. A. (2001). *Verdade e Investigação:* o problema da verdade na teoria do conhecimento. São Paulo, EPU.

Dutra, L. H. A (2006) Comportamento Social e Contextos Sociais: uma abordagem nomológica. Abstracta 2 : 2 pp. 102–128 (https://doi.org/10.24338/abs-2006.326)

Dutra, L. H. A (2008) *Pragmática da investigação científica.* São Paulo, Loyola.

Dutra, L. H. A (2017) *Filosofia da Linguagem:* uma introdução crítica. Florianópolis (SC), Editora UFSC.

Dutra, L. H. A. (2018a). *Autômatos Geniais*: a mente como sistema emergente e perspectivista. Brasília, Editora UnB.

Dutra, L. H. A. (2018b). *O campo da mente:* introdução crítica à filosofia da mente. Florianópolis, Editora UFSC.

Dutra, L. H. A. (2021a). *A Escala Humana*: emergentismo perspectivista nas humanidaes. Ribeirao Preto (SP), Agrya.

Dutra, L. H. A. (2021b). *Consciência e Racionalidade:* esboço de uma filosofia da ação. Ribeirao Preto (SP), Agrya.

Dutra, L. H. A. (2021c). *Temíveis Tigres Invisíveis*: ontologias das realidades abstratas e dos poderes naturais. Ribeirao Preto (SP), Agrya.

Dutra, L. H. A. (2021d). *Realidade e Conhecimento Social*: aspectos ontológicos e epistemológicos das ciêncais humanas. Florianópolis, Editora UFSC.

Dutra, L. H. A. (2022). *Verdade e Investigação:* o problema da verdade na teoria do conhecimento. 3ed. Ribeirao Preto (SP), Agrya.

Eco, U. (1990). *O signo.* Lisboa, Editorial Presença [1973].

Eco, U. (2001a). *A estrutura ausente.* São Paulo, Perspectiva, [1968]

Eco, U. (2001b). *Semiótica e Filosofia da Linguagem.* Lisboa, Instituto Piaget.

Eco, U. (2012). *A estrutura ausente.* São Paulo, Perspectiva [1971]

Eco, U. (2014). *Tratado geral de semiótica.* São Paulo, Perspectiva [1976].

Eco, U.; Sebeok. T. A. (2014). *O signo de três.* São Paulo, Perspectiva [1983]

Eymerich, N. (1993). *Manual dos Inquisidores.* (trad. *Directorium Inquisitorum,* escrito em 1376, revisto e ampliado em 1578 por Francisco de La Peña). Rio de Janeiro, Rosa dos Tempos; Brasília, Universidade de Brasília, [1376, 1578].

Ferrajoli, L. (2002) *Direito e Razão*: teoria do garantismo penal. São Paulo, Revista dos Tribunais [2000]

Ferrajoli, L. (2008). *Diritto e Ragione:* teoria del garantismo penale. Roma-Bari, Laterza.

Ferrer Beltran, J. (2017) *Prova e Verdade no Direito.* São Paulo, RT [2003].

Feuerbach, A. von (2007) *Tratado de derecho penal.* Buenos Aires, Hammurabi [1825].

Feyrabend, P. (2011) *A ciência em uma sociedade livre.* São Paulo, Editora UNESP [1978].

Foucault, M. (2013) *A verdade e as formas jurídicas.* Rio de Janeiro, Nau-PUC-Rio, [1973].

Frege, G. (1978) Sobre o Sentido e a Referência. *Lógica e Filosofia da Linguagem.* São Paulo, Cultrix-EDUSP [1892]

Freud, S. (2014). *Conferências Introdutórias à Psicanálise.* São Paulo, Companhia das Letras, [1916-1917]

Fumerton, R. (2014). *Epistemologia.* Petrópolis (RJ), Vozes [2006]

Gettier, E. (1963) Is Justified True Belief Knowledge? *Analysis, vol. 23,* n. 6. Oxford, Oxford University Press, pp. 121-123 (analysis.oxfordjournal.org)

Giacomolli, N. J. (2015) *O devido processo penal.* 2ed. São Paulo, Atlas.

Ginzburg, C. (1989). Sinais: raízes de um paradigma indiciário. *Mitos, emblemas e sinais: morfologia e história.* São Paulo, Companhia das Letras, pp. 143-180.

Ginzburg, C. (2007). *O fio e os rastros: verdadeiro, falso, fictício.* São Paulo, Companhia das Letras.

Ginzburg, C. (2007a). Micro-história: duas ou três coisas que sei a respeito. *O fio e os rastros: verdadeiro, falso, fictício.* São Paulo, Companhia das Letras, pp. 249-279.

Ginzburg, C. (2007b). O inquisidor como antropólogo. *O fio e os rastros: verdadeiro, falso, fictício.* São Paulo, Companhia das Letras, pp. 280-293.

Goldmann, A. I. (1967) A Causal Theory Knowing, *The Journal of Philosophy,* Vol. 64, No. 12 (Jun. 22), pp. 357-372.

Grice, H. P. (1957). Meaning. *The Philosophical Review,* Vol. 66, No. 3. (Jul., 1957), pp. 377-388.

Guiraud, P. (1978). *A semiologia.* Lisboa-São Paulo, Editorial Presença-Livraria Martins Fontes.

Guiraud, P. (1980) *A Semântica.* São Paulo-Rio de Janeiro, Difel.

Haack, S. (2002) *Filosofia das Lógicas.* São Paulo, Editora Unesp [1978].

Haack, S. (2011) *Manifesto de uma moderada apaixonada.* São Paulo, Loyola.

Haack, S. (2013). El probabilismo juridico: una disensión epistemológica. Vazquez, C. (ed.). *Estándares de prueba y prueba científica:* ensayos de epistemología jurídica. Madrid-Barcelona-Buenos Aires, São Paulo, 2016, pp. 65-98.

Hénault, A. (2006) *História concisa da semiótica.* São Paulo, Parábola Editorial.

Jakobs, G. (2003) *Fundamentos do direito penal.* São Paulo, Revista dos Tribunais [1996].

James, W. (2006) *Pragmatismo.* São Paulo, Martin Claret [1907].

Kirkham, R. (2003) *Teorias da verdade.* São Leopoldo (RS), Editora Unisinos [1992].

Kripke, S. A. (2012) *O nomear e a necessidade.* Lisboa, Gradiva [1972].

Kuhn, T. S. (2009) *A estrutura das revoluções científicas.* São Paulo, Perspectiva.

Lakatos, I. (1999) *Falsificação e Metodologia dos Programas de Investigação Científica.* Lisboa, Edições70.

Laudan, L. (2011) *O progresso e seus problemas*: rumo a uma teoria do crescimento científico. São Paulo, Editora Unesp.

Laudan, L. (2013). *Verdad, error y proceso penal:* un ensayo sobre epistemológia jurídica. Madrid-Barcelona-Buenos Aires-São Paulo [2006]

Lesch, H. H. (2016) *El concepto de delito:* las ideas fundamentales de uma revisión funcional. Madrid, Marcial Pons.

Locke, J. (1999) *Ensaio sobre o entendimento humano.* São Paulo, Abril Cultural [1690].

Locke, J. (2014) *Ensaio sobre o entendimento humano.* Volume II (Livros III e IV). Lisboa, Fundação Calouste Gulbenkian, [1690].

Lycan, W. G. (2022). *Filosofia da linguagem:* uma introdução contemporânea. Lisboa, Edições70.

Malatesta, N. F Dei (1996). *A lógica das provas em matéria criminal.* Campinas, Bookseller [1912].

Mannheim, K. (1982) *Ideologia e utopia.* Rio de Janeiro, Zahar [1960].

Mill, J. S. (1984) *Sistema de lógica dedutiva e indutiva* [Coleção "Os Pensadores": Stuart Mill-Bentham]. São Paulo, Abril Cultural [1843]

Mill, J. S. (2016) *A System of Logic.* [Edição Kindle] Endymion Press [1843]

Mittermaier, C. J. A. (1997). *Tratado da prova em matéria criminal.* Campinas, Bookseller [1848].

Morris, C. (1985) *Fundamentos de la teoria de los signos.* Barcelona-Buenos Aires--Mexico, Ediciones Paidós, [1938].

Neurath, O. (1981) Proposiciones protocolares. In Ayer, A. J. *El positivismo logico.* Mexico, Fondo de Cultura Economica, pp. 205-214 [1932-33].

Ogden, C. K.; Richards, I. A. (1972). *O significado de significado:* um estudo da influência da linguagem sobre o pensmaneto e sobre a ciência do simbolismo. Rio de Janeiro, Zahar [1923].

Peirce, C. S. (2008). *Ilustrações da lógica da ciência.* Aparecida (SP). Ideias&Letras [1877-1878]

Peirce, C. S. (2017). *Semiótica.* São Paulo, Perspectiva [1931-1935]

Peirce, C. S. (2017a). Princípios de Filosofia. *Semiótica.* São Paulo, Perspectiva [1931].

Peirce, C. S. (2017b). Elementos de Lógica. *Semiótica.* São Paulo, Perspectiva [1932].

Peirce, C. S. (2017c). Correspondência. *Semiótica.* São Paulo, Perspectiva [1905].

Peirce, C. S. (2017d). Pragmatismo e pragmaticismo. *Semiótica.* São Paulo, Perspectiva [1934].

Pereira, E. S. (2014) *Investigação, Verdade e Justiça.* Porto Alegre, Núria Fabris.

Pereira, E. S. (2019) *Saber e Poder:* o processo (de investigação) criminal. Florianópolis, Tirant Lo Blanch.

Pereira, E. S. (2022) *Teoria da investigação criminal.* 3ed. São Paulo, Almedina.

Pereira, E. S. (2023a). "Os sinais do crime: por uma abordagem semiótica das provas". *Revista Brasileira de Ciências Policiais,* v. 14, n. 12, p. 153-180.

Pereira, E. S. (2023b). "A complexidade da significação probatória: problemas, dimensões e conteúdo da intencionalidade da prova penal". *Revista Brasileira de Direito Processual Penal,* v. 9, n. 2, p. 913-948.

Pereira, E. S. (2023c). "Homicídio, infidelidade e sujeiras em quartos de hotel: problemas de significado probatório". *Quaestio facti. Revista Internacional sobre Razonamiento Probatorio,* n. 4, p. 95-121.

Pereira, E. S. (2023d). "Convenção, linguagem e objeto: o problema da referência probatória". *Revista de Estudos Cr*iminais, 88. Porto Alegre, Tirant Lo Blach

Pereira, E. S. (2023e). "Verdade e prova: problemas de epistemologia jurídica no processo penal". *Revista Brasileira de Ciências Criminais,* 198. São Paulo, Editora RR.

Popper, K. (1992) *Em busca de um mundo melhor.* Lisboa, Fragmentos [1988]

Popper, K. (1999) *Conhecimento Objeto.* Belo Horizonte, Itatiaia [1973].

Popper, K. (2006) Verdade, racionalidade e o desenvolvimento do conhecimento científico. *Conjecturas e Refutações.* Coimbra, Almedina, pp. 293-338 [1960].

Prado, G. (2014) *Prova penal e sistema de controles epistêmicos*: a quebra da cadeia de custódia das provas obtidas por métodos ocultos. Madri-Barcelona-Buenos Aires-São Paulo, Marcial Pons.

Quine, W. V. O. (2010). *Palavra e objeto.* Petrópolis (RJ), Vozes [1960].

Quine, W. V. O. (2011a) Sobre o que há. *De um ponto de vista lógico.* São Paulo, Editora Unesp [1953].

Quine, W. V. O. (2011b) Dois dogmas do empirismo. *De um ponto de vista lógico.* São Paulo, Editora Unesp [1953].

Quine, W. V. O. (2011c). O problema do significado na linguística. *De um ponto de vista lógica.* São Paulo, Editora UNESP [1953].

Quine, W. V. O. (2011d). A lógica e a reificação dos universais. *De um ponto de vista lógica.* São Paulo, Editora UNESP [1953].

Quine, W. V. O. (1980a) Falando de objetos. *Ensaios: Ryle, Strawson, Austin, Quine* [Os Pensadores]. São Paulo, Abril Cultural [1969].

Quine, W. V. O (1980b) Relatividade Ontológica *Ensaios: Ryle, Strawson, Austin, Quine* [Os Pensadores]. São Paulo, Abril Cultural [1969].

Quine, W. V. O (1980c) Espécies Naturais. *Ensaios: Ryle, Strawson, Austin, Quine* [Os Pensadores]. São Paulo, Abril Cultural [1969].

Ricoeur, P. (2008) Justiça e Verdade. *O justo 2.* São Paulo, Martins Fontes.

Roxin, C. (2002) *Política criminal e sistema jurídico-penal.* Rio de Janeiro, Renovar [1970]

Russell, B. (1966). *Inquiry into Meaning and Truth.* Londres, George Allen & Unwin Ltd. (https://archive.org/details/in.ernet.dli.2015.458710)

Russell, B. (1978a). Da denotação. *Lógica e Conhecimento* [Os Pensadores: Russell]. São Paulo, Victor Civita [1950].

Russell, B. (1978b) A filosofia do atomismo lógico. *Lógica e conhecimento* [Os Pensadores: Russell]. São Paulo, Abril Cultural [1950].

Russell, B. (1978c) Da natureza da verdade e da falsidade. *Ensaios filosóficos* [Os Pensadores: Russell]. São Paulo, Abril Cultural [1910].

Russell, B. (1978d) *Significado e Verdade.* Rio de Janeiro, Zahar [1966].

Russell, B. (2019) *Os problemas da filosofia.* Almedina, Edições70 [1912, 1980].

Ryle, G. (1980). A teoria da significação. In *Ensaios: Ryle, Strawson, Austin, Quine* [Os Pensadores]. São Paulo, Victor Civita [1957]

Saussure, F. (2012) *Curso de linguística geral.* São Paulo, Cultrix [1915]

Searle, J. R. (1997) *A Redescoberta da Mente.* São Paulo, Martins Fontes [1992]

Searle, J. R. (2000) *Mente, Linguagem e Sociedade*: filosofia no mundo real, [1998]

Searle, J. R. (2002a) *Expressão e Significado:* estudos da teoria dos atos de fala. São Paulo, Martins Fontes [1979]

Searle, J. R. (2002b) *Intencionalidade.* São Paulo, Martins Fontes [1983]

Searle, J. R. (2020). *Da realidade física à realidade humana.* Lisboa, Gradiva [2019]

Searle, J. R. (2021) A intencionalidade individual e os fenômenos sociais na teoria dos atos de fala. *Consciência e Linguagem.* São Paulo, Martins Fontes [2002]

Sebeok, T. A.; Umiker-Sebeok, J. (1987) *Sherlock Holmes y Charles S. Peirce:* el método de la investigación. Barcelona-Buneos Aires-Mexico.

Sellars, W. (2007a) Inference and Meaning. *In the space of reasons:* selected essays of Wilfrid Sellars. Edited by Kevin Scharp and Robert B. Brandom. London--Cambridge, Havard University Press, pp. 3-27 [1953].

Sellars, W. (2007b) Meaning as Functional Classification: A Perspective on the Relation of Syntax to Semantics. *In the space of reasons:* selected essays of Wilfrid Sellars. Edited by Kevin Scharp and Robert B. Brandom. London-Cambridge, Havard University Press, pp. 81-100 [1974].

Strawson, P. F. (1980). Sobre referir. *Ensaios: Ryle, Strawson, Austin, Quine* [Os Pensadores]. São Paulo, Abril Cultural [1969].

Tarski, A. (2007a) O conceito de verdade nas linguagens formalizadas. *A concepção semântica da verdade*: textos clássicos de Tarski. São Paulo, Editora Unesp [1970, 1944].

Tarski, A. (2007b) A concepção semântica da verdade e os fundamentos da semântica. *A concepção semântica da verdade*: textos clássicos de Tarski. São Paulo, Editora Unesp [1970, 1944].

Tarski, A. (2007c) Verdade e Demonstração. *A concepção semântica da verdade*: textos clássicos de Tarski. São Paulo, Editora Unesp [1969].

Tarski, A. (1969). Truth and Proof. *Scientific American,* Vol. 220, N. 6, June, pp. 63-77.

Taruffo, M. (2011) *La prueba de los hechos.* Madrid, Editorial Trotta [1992].

Tavares, J. (2018) *Fundamentos de teoria do delito.* Florianópolis, Tirant Lo Blanch.

Todorov, T. (2014) *Teorias do símbolo.* São Paulo, Editora Unesp, [1977]

Ullmann, S. (1977). *Semântica:* uma introdução à ciência do significado. Lisboa, Fundação Calouste Gulbenkian [1964].

Valente, M. M. G. (2020) *Cadeia de custódia da prova.* 2ed. Coimbra, Almedina.

Vazquez, C. (ed.). (2013) *Estándares de prueba y prueba científica:* ensayos de epistemología jurídica. Madrid-Barcelona-Buenos Aires, São Paulo, 2016, pp. 65-98.

Vigotski, L. S. (2005) *Pensamento e Linguagem.* São Paulo, Martins Fontes [1934, 1987]

Walther-Bense, E. (2010) *A teoria geral dos signos*: introdução aos fundamentos da semiótica. São Paulo, Perspectiva.

Wessels, J. (1976) *Direito penal:* parte geral. Porto Alegre (RS), Fabris.

Welzel, H. (2001) *O novo sistema jurídico-penal:* uma introdução à doutrina da ação finalista. São Paulo, Revista dos Tribunais [1960].

Wittgenstein, L. (1999). *Investigações Filosóficas* [Os Pensadores]. São Paulo [1945].

Wittgenstein, L. (2020) *Tratactus Logico-Philosophicus.* São Paulo, Edusp [1921].

Wittgenstein, L. (2021) *Tratado Lógico-Filosófico ▪ Investigações Filosóficas.* Lisboa, Fundação Calouste Gulbenkian.